目标、制度与激励

“规划治理”的经济学理论框架

崔 琳 著

人 民 出 版 社

目　录

第一章
导　言

如果没有高瞻远瞩的政府的积极推动，没有一个国家能够在经济上取得进展。

——阿瑟·刘易斯①

编制并实施国民经济与社会发展五年规划是中国共产党治国理政的重要方式，尤其是改革开放以来，在五年规划的引导下，我国创造了世所罕见的经济快速发展奇迹和社会长期稳定奇迹。伴随改革的深化，计划经济时代的许多制度都逐渐退出了历史舞台，但我国却从未停止制定五年规划并不断调整其内涵与定位，使其适应经济建设的步伐与改革开放的需要。作为具有制度性特征和顶层设计意义的国家治理手段，“规划治理”对于坚持和发展中国特色社会主义具有重要意义，也是破译中国奇迹的关键性制度密码。

第一节　“规划治理”与中国道路

新中国成立以来，我国在经济与社会发展方面取得了巨大成就。2021 年，中国名义国内生产总值（GDP）按照现价本币计算达到 114.4 万亿元，约是 1978 年的 311 倍，1952 年的 1684 倍，稳居世界第二大经济体；人均国内生产总值达到 8.1 万元，合 12551 美元，超过世界人均 GDP 水平，约为 1978 年的

① ［英］阿瑟·刘易斯：《经济增长理论》，周师铭等译，商务印书馆 1999 年版，第 463 页。

210 倍，1952 年的 680 倍①。从经济增速来看，改革开放 40 余年虽屡有波动，但中国经济增长始终快于世界平均水平，见图 1.1②；同时，以 2015 年不变价美元统计的中国名义 GDP 总量占世界的份额也从 1978 年的 1.5%上升到 2021 年的 18.2%，扩张了 12.1 倍；美国名义 GDP 总量占世界比重维持在 23%至 28%之间，近年来呈不断下降态势，中美经济份额占比差距从 1978 年的 26.3%缩小到 2021 年的 5.2%，见图 1.2③。中国已经成为世界经济稳定增长的重要力量。

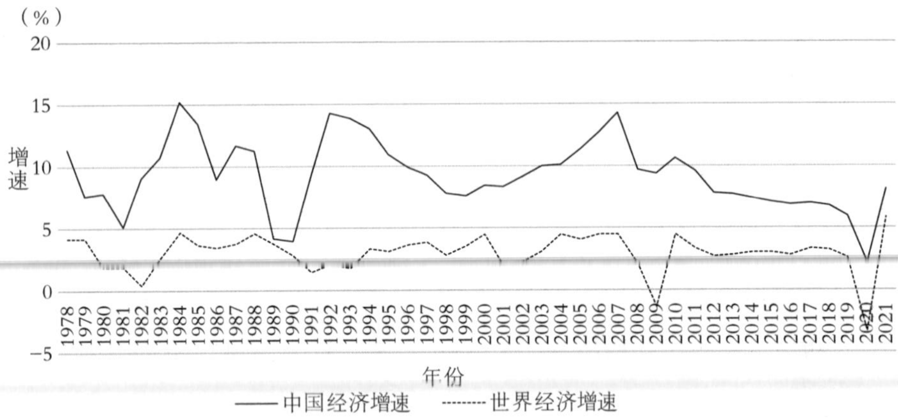

图 1.1　1978—2021 年中国与世界经济增长率对比

中国近半个世纪以来取得独树一帜的经济发展成就，离不开强大的国家能力以及对发展战略与经济转型道路的持续探索与特殊选择。新中国成立之初确立了计划经济体制，几乎从无到有地建立起相对完备的工业体系和国防基础，但计划经济体制在信息、激励方面的固有劣势也使得国民经济一度面临产业结构不合理、资源配置不科学、企业自主经营激励不足等问题。面对进一步推动经济与社会发展的重重挑战与全国人民对于经济增长、生活水平提高的迫切需求，党中央于 1978 年作出了改革开放的重要决策。家庭联产承包责任制的实

① 数据来源：国家统计局国家数据，见 https：//data. stats. gov. cn/easyquery. htm? cn = C01。

② 数据来源：世界银行国家数据，见 https：//data. worldbank. org. cn。

③ 数据来源：世界银行国家数据，见 https：//data. worldbank. org. cn。

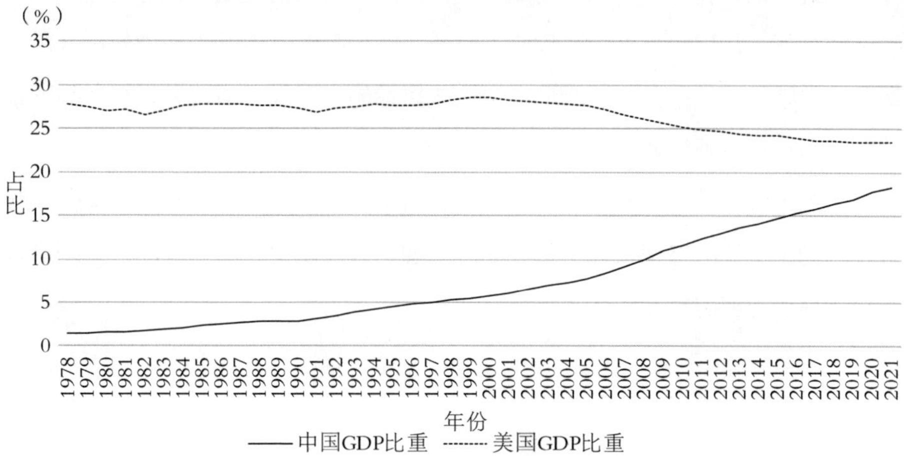

图 1.2　1978—2021 年中国、美国 GDP 总量占世界比重

施、乡镇企业的异军突起，国有企业改制、价格双轨制等一系列“摸着石头过河”的增量性改革，以及加入世界贸易组织、发挥人力资本比较优势并实行出口导向型发展等战略举措，极大地提升了资源配置效率，释放了生产要素活力，为中国经济的持续、稳定与快速增长提供了坚实的支撑。

20 世纪末苏联解体，原社会主义国家纷纷走上从计划经济向市场经济的转轨之路，而中国无疑是其中最为成功、增长绩效最为突出者之一。时至今日，新一轮科技革命与产业变革方兴未艾，世界百年未有之大变局正加速演进。中国共产党第十九次全国代表大会作出我国经济已由高速增长阶段转向高质量发展阶段的重大战略判断，明确了新时代我国中长期的发展方向，构建新发展格局，扎实推进共同富裕，建设社会主义现代化国家成为重点任务。

纵观当代中国的经济与社会发展历程不难发现，在每一个关键的历史节点，选择什么样的道路、树立何种发展目标会对未来的增长绩效与发展模式产生决定性的影响。这背后的动因在于：一方面，在党领导经济建设的过程中，国家拥有较强的资源动员能力与统一决策能力，能够把握经济改革的方向与速度；另一方面，政府会根据国内外的具体形势、面临的实际问题设定阶段性发展目标并发挥社会主义体制“集中力量办大事”的优势推动目标实现。自新中国成立至今，我国的目标体系日益完善，呈现出国家战略、五年规划、年度计划有机联动，长期、中期、短期目标密切衔接，从中央到基层各级政府共同参与的特征。在这一过程中，政府、市场、社会等各方力量的互动与耦合最终塑造了中国经济与社会的发展形态，这些目标的实现程度与效果直接影响国家的经济与社会治理绩效。

以经济增长目标为例，图 1.3 展示了新中国成立以来十三个五年规（计）划期内的年均经济增速目标与实际经济增速，可以发现改革开放以来，经济增长目标往往能够超额完成。

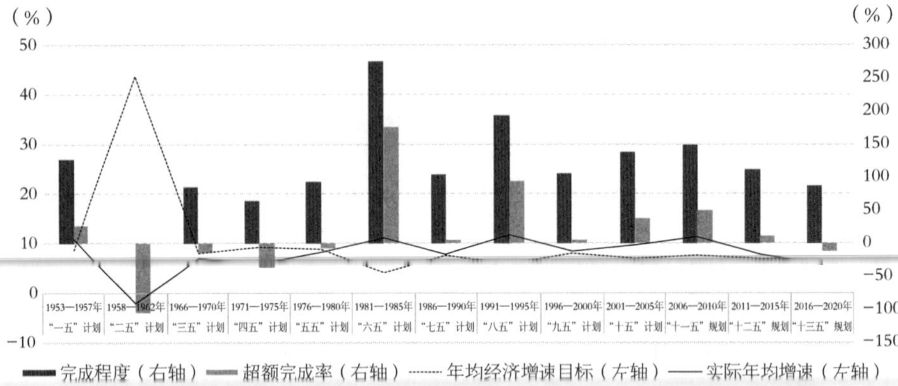

图 1.3　新中国成立以来十三个五年规（计）划经济增速目标及完成情况①

经过 70 多年的发展与改革，制定中长期发展战略与目标已经成为“中国模式”的重要特征并逐渐制度化、规范化，集中表现为制定“国民经济和社会发展五年规划”（后文简称“五年规划”或“五年计划”）。伴随改革的深化，计划经济时代的许多制度都逐渐退出了历史舞台，许多社会主义国家也相继抛弃了计划经济体制，但我国却从未停止制定五年规划并不断调整规划的内涵与定位，从而使编制并实施五年规划成为新中国历史上几乎从未间断的国家治理手段之一。党的十九届四中全会将坚持和完善中国特色社会主义制度、推

① 根据国家统计局公布的 GDP 增速数据，2016—2020 年，年均增速为 5.72%。其中，2016—2019 年，年均经济增速为 6.6%，但受新冠肺炎疫情冲击，2020 年经济增速为 2.2%，拉低了五年均值；1963—1965 年是国民经济调整时期，并未制定、执行五年计划；经济增速目标在“一五”到“五五”的规划文本中体现为“工农业总产值增长率”目标，“六五”为“社会总产值增长率”；完成程度为实际值比目标值，超额完成率（%）= 完成程度（%）-1。

进国家治理体系和治理能力现代化提高到全党的重大战略任务的高度。编制并实施五年规划正是中国特色社会主义制度的重要组成部分，科学有效地制定并执行中长期发展规划，已经成为中国国家治理的一种特殊方式，是国家能力的集中体现。“规划治理”的过程囊括了标志中国政府与政治、经济制度与经济发展绩效、政府与市场关系特征的一般性因素，是理解“中国之治”的关键。

自“十一五”规划起，规划纲要文本都会首先提出五年规划的作用和性质。“十三五”规划指出五年规划的作用是“阐明国家战略意图，明确经济社会发展宏伟目标、主要任务和重大举措，是市场主体的行为导向，是政府履行职责的重要依据，是全国各族人民的共同愿景”①。“十四五”规划将其功能表述为“主要阐明国家战略意图，明确政府工作重点，引导规范市场主体行为，是我国开启全面建设社会主义现代化国家新征程的宏伟蓝图，是全国各族人民共同的行动纲领”②。五年规划的内容包含经济发展、民生福祉、法治建设、文化发展、生态环境与资源保护、国防现代化等，几乎涵盖了国家治理的各个领域，对未来五年的经济社会发展起到了提纲挈领的作用。

如果将新中国 70 余年的发展历程比喻为水中行舟，那么十四个五年规（计）划恰恰是这一恢弘航程的完整历史记录，并起到了选择航向、统筹协调、调整航速的作用，其内容与重点的每一次变化都对应着体制改革与经济转型的逐步深化，在推进改革开放、促进经济持续增长、维护社会稳定等方面发挥了重要作用。当前我国的改革正处于全面发力、纵深推进的阶段，实现全面深化改革总目标、完善和发展中国特色社会主义制度更需要发挥五年规划的战略引导作用，通过规划将有效市场和有为政府更好地结合起来，构建高水平社会主义市场经济体制。因此，从五年规划的视角切入，探讨中国如何立足当下、擘画未来，能够为分析我国当代经济史提供更为清晰的线索，为经济发展绩效提供一种全新的制度性解释，对于理解当代中国国家治理方式，进而讲好

---

① 《中华人民共和国国民经济和社会发展第十三个五年规划纲要》，人民出版社 2016 年版，第 1 页。

② 《中华人民共和国国民经济和社会发展第十四个五年规划和 2035 年远景目标纲要》，人民出版社 2021 年版，第 1 页。

中国故事，促进国家治理体系与治理能力现代化具有重要意义。

第二节　理解“规划治理”的内涵与特征

相较于五年规划在国家治理实践中已发挥的重要作用，经济学界对于五年规划运行机制的理解仍有待深入。目前，国内关于目标治理与五年规划的研究主要集中在政治学和公共管理领域。其中，以王绍光、鄢一龙等学者为代表的清华大学国情发展研究院团队对五年规划的政策过程、治理方式与绩效进行了系统性研究，形成《大智兴邦：中国如何制定五年规划》《目标治理：看得见的五年规划之手》等重要著作①。经济学对于五年规划的研究主要分为两类：一类是基于新中国经济史，分析历次五年规（计）划的历史背景与经济绩效，如姚开建和陈勇勤主编的《改变中国：中国的十个“五年计划”》②；另一类则以实证研究为主，重点关注五年规划与年度计划中经济增长目标的决定因素，以及经济增长目标对于实际经济增长、高质量发展、产业结构升级、要素配置效率、企业创新行为等各类经济现象的影响，五年规划文本中涉及的重点产业目录也为研究产业政策的有效性提供了“准自然实验”。然而，从国家治理这一整体性、制度性视角剖析五年规划的政策过程、执行机制与实施绩效，探求规划治理内在机制的理论经济学研究仍有待丰富。对不同层级政府在规划制定、执行与验收过程中所面临的激励与约束探讨也仍有进一步深化的空间，主要原因有三个方面。

首先，五年规划的内容涉及众多关系国计民生的重大问题，各类目标相对独立但执行过程中又相互影响、密不可分，难以从整体上构建一致性的机制分析框架与绩效评估体系。“十四五”规划用 19 篇近 8 万字对我国 2021—2025 年乃至 2035 年的发展路线、重大问题、远景目标进行全面部署，包括经济发

① 参见王绍光、鄢一龙：《大智兴邦：中国如何制定五年规划》，中国人民大学出版社 2015 年版；鄢一龙：《目标治理：看得见的五年规划之手》，中国人民大学出版社 2013 年版。

② 参见姚开建、陈勇勤主编：《改变中国：中国的十个“五年计划”》，中国经济出版社 2003 年版。

展、创新驱动等经济类目标，也包括民生福祉、绿色生态、安全保障等社会性目标。这些目标的执行绩效彼此相关，难以分离，如加快发展现代化产业体系目标对经济增长有促进作用，但生态环境方面的约束性目标短期内又可能为经济增长带来约束。这些目标均为五年规划的组成部分，因此探讨五年规划作为一项整体制度对于经济和社会发展的作用并理清其内在机制是存在困难的，更可行的是从五年规划中择取具体产业政策进行经济绩效讨论和政策效果评估。这也是当前经济学领域针对目标治理和五年规划的主要研究范式。

其次，五年规划与经济社会发展绩效之间存在较强的内生性，其制定过程内生于不断变化的经济形势，实证分析中难以有效处理，从而无法判断规划治理的有效程度。例如，中央政府制定的经济增长目标包含对经济实际运行情况的预测成分①，需要从技术上妥善解决内生性问题。此外，直接作用于市场主体的各地方政府与各部门的规划目标和产业政策种类繁多、数量可观，固定资产投资、社会消费品零售总额、出口总额等目标也以本地实际经济情况为依据。这些特征决定了对于目标治理绩效的研究可能陷入“套套逻辑”，更难以对其机制进行合理检验。因此，相关研究避免直接讨论目标绩效及其机制，而是分析五年规划中重点产业政策对微观效率的影响，虽然在技术上具备因果识别的优势，但难以窥其全貌，从整体上理解、评估五年规划对于中国经济增长、改革开放与国家治理形态的影响。

最后，五年规划的政策过程涉及政府、市场与社会三类主体的策略与行为互动。规划治理机制的复杂性不仅在于精巧严密的目标设定过程和诸多旨在协调央地利益、促进规划有效实施的支持性制度，在规划目标从政府内部传导至市场主体之时，又受到地方政府的规划目标、执行方式与当地市场环境等因素影响，导致规划对经济与社会发展的影响机制链条进一步延长。因此，探讨规划治理机制与治理绩效，首先需要选定研究视角和对象范围，对规划目标在政府、市场与社会中的运行与传导机制进行集中讨论与理论抽象，才能够逐渐搭建起理解五年规划国家治理作用的经济学分析框架。

① 参见徐现祥、刘毓芸：《经济增长目标管理》，《经济研究》2017 年第 7 期。

在现有研究的启发下，笔者认为对规划治理机制与治理绩效来源进行理论经济学分析是十分必要的。编制并实施五年规划作为一项制度性治理实践，其历史之连续、空间之广泛、程序之精妙、内容之完备决定了对其政策机制的研究需要兼备历史视野、比较视野与理论视野，如此方可探其本质。本书的工作跳出了某个具体的五年规划、某项细化的规划目标或某类产业政策，对“国家治理视域下的五年规划政策机制”本身进行经济学理论抽象，探究“规划治理”的核心权衡取舍、根本机制与内在逻辑，思考其能否以及如何作用于经济与社会发展，发挥国家治理效能。具体来看，本书不对某个五年规划的完成情况进行评估，也暂不针对某项具体目标的实际作用进行定量研究。本书关心的是在中国的政治、经济制度背景下，给定五年规划的存在，结合新中国经济与社会发展的实践，应如何理解其有效发挥国家治理作用的条件、机制与潜在成本。由于自新中国成立以来，始终坚持制定并执行五年规（计）划，导致我们无法基于既定经济绩效对五年规划的作用进行“反事实”分析。因此，本书选择从制度的视角切入，使用经济学中用以分析不同主体间策略互动的博弈模型，将五年规划视为上下级政府间的目标激励合约，从而利用理论上证明的最优合约分析证明了“规划治理”的有效性及其发挥作用的条件与机制。在正式探讨该话题前，有必要对以下三个关键性问题进行概念澄清与初步探究，作为本书的逻辑起点。第一，对规划的治理绩效应采取何种评价标准？第二，五年规划的核心政策机制是什么，如何影响了国家治理的形态与绩效？第三，“规划治理”是否存在潜在的社会成本，应如何看待这些成本？

一、理解规划治理绩效

面对包罗万象的目标，如何理解、衡量五年规划的治理绩效是研究规划政策机制时一个提纲挈领的问题。如果难以构建合适的规划治理绩效评价标准，就无法寻得决定规划效果的关键机制，对规划治理绩效的认识直接决定了不同的研究切入点。一种方法是根据规划目标的完成情况、目标偏离程度、规划期间的实际经济指标构建五年规划的“绩效指数”，对历次五年规划的绩效进行比较分析①。这种评价方法具有一定合理性，例如，“十二五”规划中确定GDP 增长率目标为 7%，规划期末实际增速为 7.8%，从这个意义上说，规划目标的超额完成意味着经济增长绩效的实现，其他目标也可依此类比。然而，这种评价方式是建立在给定目标基础上的“事中”分析，如果目标本身有失科学性，即使目标实现，从社会福利最大化的角度来看也不应简单等同于实现了高治理绩效——要么没有充分利用社会资源，要么是以挤占其他社会资源为代价，但这些都无法通过目标实现程度来衡量。客观完整的评价规划治理绩效需要同时考虑成本和收益，兼顾规划效果与治理效率。因此，从制度的视角出发，应从规划的“目标合理性”与“规划执行有效性”两个方面理解规划治理绩效。其中，目标合理是五年规划发挥良好治理绩效的前提，主要涉及规划目标的设定方式。有效执行则涉及在我国的政治与经济体制下，五年规划发挥治理作用的制度性条件。

目标合理，包括是否需要制定规划目标，以及如何保持“目标理性”两个问题。“是否需要规划目标”涉及对计划与市场、政府与市场两种资源配置方式的效率讨论，这是自经济学诞生以来始终未有定论的经典命题。然而，如果将五年规划简单地看作与市场相斥的“计划”手段，则无法解释规划中提出的“健全使市场在资源配置中起决定性作用和更好发挥政府作用的制度体系”② 等目标。难以想象，“计划”的终极目标是“有计划地削弱计划”，增强市场的力量。由此可见，我国的五年规划恰恰是实现政府与市场统合平衡的关键性制度安排，不应被狭隘地理解为与市场相悖的“计划”手段，而应将其视作国家治理的重要方式。这一实践规定性地帮助我们绕开了“计划还是市场”这一抽象的理论争论，进而立足于中国特色社会主义制度下的战略规划理论与实践，重点探讨规划治理的机制与绩效。对于某一具体领域是否需要“被规划”则涉及我国宏观经济与产业发展的众多典型事实，汽车产业、造船

① 参见鄢一龙：《目标治理：看得见的五年规划之手》，中国人民大学出版社 2013 年版，第 292 页。

② 《中华人民共和国国民经济和社会发展第十三个五年规划纲要》，人民出版社 2016 年版，第 9 页。

业、高铁、航空航天领域的成果发展离不开战略规划、集中攻关的力量，但光伏产业的产能过剩、经济增长目标的“层层加码”、相关领域各类规划的重叠或冲突等现象又凸显了自上而下制定并强化目标的潜在隐患。对这一问题将在后文中进一步探讨。

关于如何保持“目标理性”，主要涉及知识获取和目标协调两方面。市场能够充分发挥个体分散知识的作用，但难以妥善解决经济外部性与公共物品供给不足等问题，在回应区域与产业协调发展上也欠缺优势。理性的规划目标建立在分散知识的科学统合基础之上，并以信息汇总后形成的“整体性知识”作为发展战略的选择依据，能够缓解高度集中的计划经济体制下为人诟病最多的信息与决策失灵问题。为达到这一效果，在规划的政策与执行机制中，需要在最大限度上降低目标的“非理性程度”，避免关键决策失误、利益协调失败、信息收集不足、集中决策僵化等问题。在我国规划制度的演变过程中，最为明显的趋势就是规划制定过程的精细化、复杂化、科学化，体现为反复进行信息搜集并纳入多元规划主体，充分协调各方利益，逐步提高规划体系与各类目标的“适应性效率”①，构成了规划治理的“目标理性机制”。在制定规划目标的过程中，也充分吸纳了来自民众与研究机构的声音，在不同政府部门、不同区域、地方和中央之间也存在着广泛的利益博弈，后文将展开详述。

二、规划执行中的治理机制

给定“目标理性”，下面较为重要的问题就是规划能否得到有力推行。五年规划发挥国家治理作用的具体机制，亦即其执行机制，是规划治理的灵魂所在，也是本书所探讨的核心问题。事实上，当今世界许多国家都曾制定过或正在制定发展规划，但几乎无法观察到这些国家经历了与中国类似的普遍且连续的增长与发展，这是因为五年规划的有效性依赖于强大的国家能力以及特殊的制度支持。在中国的政治、经济体制下，五年规划对经济与社会发展的影响是通过一系列“支持性制度”实现的。在党的集中统一领导之下，妥善处理规

---

① 参见［美］道格拉斯·诺思：《理解经济变迁过程》，钟正生等译，中国人民大学出版 2007 年版，第 6 页。

划执行过程中的央地关系、府际关系、政府与市场关系等，尤其对地方政府形成科学有效的激励与约束机制、切实增进央地“共容利益”，是促使党的意志和国家目标得以贯彻、执行、实现的根本原因。旨在促进规划执行的一系列制度安排在缓解“中央权威”和“有效治理”这对大国治理的基本矛盾方面发挥了重要作用①，从而使“规划治理”成为我国国家治理的独特方式。

在执行过程中，国家层面的规划目标被逐级细化为各级政府（市、区、县、乡）的中长期目标和年度目标，辅之以自上而下的目标绩效考核制度，同时授予各级地方政府一定程度上的规划目标设定权，并在规划执行与验收中实现灵活的政府间权力分配。这兼顾了党集中统一领导下的“中央权威”与地方政府因地制宜发展本地经济的“有效治理”，缓解了历史上大国治理的核心矛盾，在治理权的央地分配与治理行为的互动调试方面达到平衡。

在我国各项制度仍在不断完善的情况下，通过制定并执行五年规划可将国家治理体系和治理能力现代化的过程、全面深化改革的目标嵌入可控且连续的规划政策过程与具体可量化的规划指标体系中。从这个意义上讲，五年规划的施行有利于经济和社会的稳定，合理把控发展的方向与速度，降低改革与发展中的风险和不确定性，从而间接降低改革成本，兼顾改革、稳定和发展。这也是规划治理绩效的重要来源。

具体来看，行政体系内部围绕规划目标的绩效考核制度能够防止各地方、各部门利益的过度主张，创造并扩大央地共容利益，破除妨碍发展的体制机制障碍和利益固化藩篱。改革开放以来，“唯 GDP 论英雄”的政绩观经过长期实践逐渐强化，与之对应的地方经济发展理念与政企关系模式愈发稳固。当地方政府“为增长而竞争”时，局部利益成为决策的出发点，难以避免地阻碍了全国统一大市场的建设，制约了经济与社会的持续健康发展。当前，中国特色社会主义进入新时代，党中央从战略全局的高度积极推进经济发展模式由高速度向高质量转型，这一目标的达成需要克服地方政府多年来形成的追逐高增长、提高本级财政收入的行为惯性，建立起“为高质量发展而竞争”的新格

① 参见周雪光：《权威体制与有效治理：当代中国国家治理的制度逻辑》，《开放时代》2011 年第 10 期。

局。在这一过程中，"规划治理"不仅发挥了凝聚目标共识的作用，也为转变经济发展方式提供了直接的制度支撑。"十四五"规划中的各类目标力图兼顾经济、社会、环境等的协调发展，将经济高质量发展细化为可观察、可评估的具体指标。自上而下的科层结构与目标绩效考核制度紧密结合，促进了中央规划目标的分解落实，放大了纵向治理效能，有助于打破地方长期以来固化的发展思维，破除经济高质量发展的制度阻碍。通过调整目标考核制的具体机制设计，如加入新的经济社会发展目标、弱化经济增长目标考核、强化环境生态保护方面的考核、根据主体功能区和国土空间规划对不同地区考核不同目标等，规划事实上承担起推进转型、协调中央总体性目标与地方局部利益的作用。

如果只通过目标绩效考核制度激励并约束地方政府，在总体规划目标无法与各地区实际发展情况一一对应的情况下，越强的中央与上级权威反而更容易带来规划执行的偏差。例如，若上级政府提出的目标不符合下级政府实际情况，面对强激励与强约束，为完成目标，下级政府会采取不合理的执行方式或者虚报实际绩效，带来信息偏误、执行偏差甚至产生社会冲突。因此，保证规划的灵活性和有效性亦十分重要，主要通过科层内部各级政府围绕规划的权力配置来实现，包括规划目标设定权、规划执行中的激励配置权与绩效验收权等。其中，最为关键的是通过规划目标设定权的下放，形成由国家级规划、省级规划，再到市县级规划、各类专项规划组成的"规划网络"，充分吸纳各方利益，发挥地方信息优势，力求实现各主体利益博弈后的均衡状态。

对规划治理绩效和治理机制的理解与定位决定了本书的研究视角与基本思路。从研究对象来看，我们将研究重心放在规划目标对于央地关系、地区利益的协调方面。这决定了本书重点研究国民经济与社会发展的总体规划纲要，即连续制定、政策过程较为完善的十四个国家级五年规（计）划及各省市对应的五年规（计）划，而暂不考虑以"条条"职能划分的各部委制定的专项规划。从规划的性质来看，本书将五年规划理解为国家治理的制度性工具，不仅包括国家发展的中长期目标，也包含与之相关的全部政策过程与支持性制度。目标理性机制、目标绩效考核制与规划授权机制组成了规划治理的核心机制，其中目标理性机制是保障目标科学合理的前置条件，目标绩效考核制与规划授权机制保证了中央意志的贯彻执行与规划的地方适应性。“规划治理”模式帮助我国迅速适应国内外经济形势的变化，充分协调各方利益，推进国家目标的实践；同时，将改革与发展嵌入稳定的规划政策体系中，通过时空维度的目标分解，有效分散并降低了治理风险，增强治理韧性，提高治理效能。

三、规划治理的成本

事实上，规划治理仍属于政府引导经济发展的范畴，这也决定了其存在一定的成本，最显而易见的就是各类目标在时空分配、资源占用等方面的权衡取舍以及由此导致的区域、产业的非均衡发展状态。新中国成立以来，大力发展重工业的战略通过“一五”计划得以迅速推进，但也带来了产业结构失衡问题，主要表现为农业和轻工业发展缓慢，人民生活水平亟须改善；改革开放以来，在集中力量进行经济建设的过程中，各级政府对保护生态环境和提高民生福祉等目标又有所忽略。例如，虽然中央政府在“十五”计划时期就提出“主要污染物减排”的目标，但当时只有福建、江苏、辽宁、云南和浙江五个省在本省规划中明确提出这一目标。在生态环境保护上的央地利益不一致直接催生了“十一五”规划中有关环境保护的约束性指标，直到环境保护绩效也逐渐纳入到政绩考核之后，生态约束才逐渐成为“硬约束”。

规划目标与其实施方式可能并不匹配，也会产生治理成本。五年规划本质上是一个庞大的目标体系，但是文本中对各级政府、各职能部门采取何种方式实现该目标却着墨不多，多为方向性指导。地方政府是推进规划实施的重要主体，发挥着目标“一传手”的作用，需要调动财政资金、设计产业政策去影响产业和企业发展，而具体怎么做取决于地方的实际情况，这就产生了不同的规划执行力度和推进方式。各地方规划执行策略互动耦合，深刻影响规划治理绩效。以产业政策为例，各地政府基本都采取税收、土地优惠方式吸引重点产业落户本地，容易带来低水平重复建设和产能过剩。这类规划执行方式可视为“全面铺开”模式，往往对一些“供给性规划目标”是有效的，我国光伏产业就是在规划中迅速崛起的。然而，“全面铺开”模式无法发挥科学“规划需求”、有效“规划创新”的治理作用。若无法有效规范地方政府执行规划的行为、协调各地的投资方向和产业布局，引导其根据自身比较优势和发展基础理性执行规划任务，以五年规划和产业政策为核心的治理手段就难以真正适应市场需求，反而会产生各类治理成本。因此，考虑如何匹配合适的规划执行手段、发挥市场的主体性地位，更好地将有效市场和有为政府结合起来是决定规划治理绩效的关键。

规划治理的成本还体现为各类目标在科层系统内部的层层分解与下达过程中产生的偏差。最为典型的就是“层层加码”问题，目标在传递过程中被逐级抬高，任务时限被缩短，导致基层政府面临高强度的工作与难以企及的目标，规划执行效果下降，甚至带来选择性执行与“层层掺水”等扭曲行为。为提高规划治理绩效，需要针对“如何在发挥目标激励作用的同时克服执行扭曲行为”这一问题进行理论溯源并提出有效的解决方式，本书部分章节对此进行了集中探讨。此外，规划周期和干部任期不匹配的制度设计在保障政策连续性的同时，也降低了地方干部为“目标设定”负责的动机。新一届地方领导班子在任职之初，执行的是上一任制定的规划目标，在即将卸任的前两年才能够制定本届目标，但该目标设定科学与否、执行效果如何对其自身影响不大，从而无需对目标设定承担过多责任。实证研究发现，任期与经济增速目标之间存在显著的倒 U 形关系①，这一方面来源于干部卸任前的“冲刺”动机，更深层次的问题则出在制度设计上。任期与规划期的错配放松了地方干部制定合理目标的行为约束，增强了地方干部将目标作为“无成本信号”的动机。

第三节　研究框架与创新点

一、研究框架

至此，本书的核心思路已然呈现，我们将以国民经济与社会发展的五年规划为具体研究对象，对国家治理视域下的规划执行机制展开研究，探究“规

① 参见周黎安等：《“层层加码”与官员激励》，《世界经济文汇》2015 年第 1 期。

划治理"的关键制度设计与绩效来源。主要沿着五年规划发生的自然过程，在国家治理的视域下，对其治理机制、治理绩效以及对经济与社会发展的影响通路进行经济学理论分析。本书的技术路线图见图 1. 4。

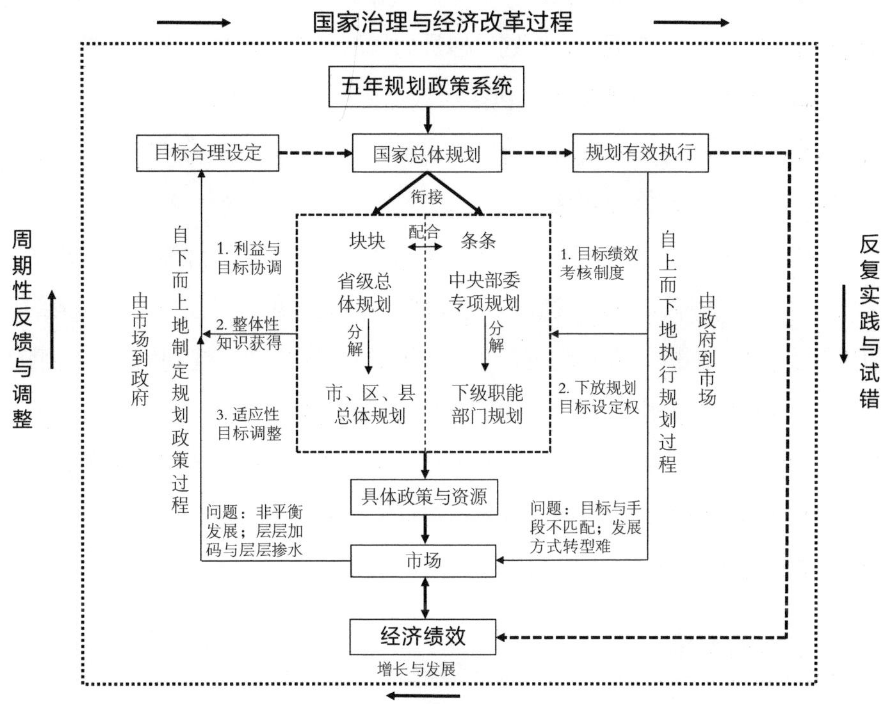

图 1. 4　国家治理、五年规划与经济绩效的关系与影响机制

图 1. 4 的意义是，编制并实施五年规划作为国家治理的重要手段，通过一系列政策过程与支持性制度建立起中央政府、地方政府与市场之间的有机联系，满足"规划目标合理""规划执行有效"等各项条件，从而带来经济增长与社会发展的治理效能。五年规划的制定与执行能够发挥社会主义集中力量办大事的制度优势，系统、稳步地推进我国经济社会体制改革，并利用反复实践、反馈与周期性灵活调整的机制安排，有效克服改革的不确定性，降低治理风险，不断提高国家治理体系和治理能力的现代化水平。

由于条条、块块的规划在执行过程中的激励与约束方面具有共性，同时涉及中央整体规划与部门规划、地方规划的衔接，以及各方利益和目标的协调，本书只重点考虑更具综合性的“块块”规划。此外，由于五年规划在概念与效力层级上高于具体产业政策，在满足目标理性、执行有效的条件后，央地利益将得以妥善协调，各地制定的具体产业政策能够基本按照五年规划的方向影响市场主体行为，实现治理绩效。因此，本书不涉及五年规划最终作用于市场的形式与绩效分析，即不讨论规划目标是如何从行政系统传导至市场的。规划目标影响市场的方式多种多样，包括行政命令、引导性规划、产业政策支持等，如何使规划更合适、更高效地作用于市场，促进有效市场和有为政府更好结合并非本书关注的核心问题。

在正式开始分析之前，需要再次明确的是，本书从整体性制度视角理解五年规划，以国民经济与社会发展的五年规划为研究对象，利用博弈论与契约理论的分析工具，剖析“规划治理”的实现机制，并尝试从规划的角度为我国的经济与社会发展提出一个综合性的解释。机制分析的落脚点在于央地关系，重点分析在五年规划的制定、执行、验收过程中，如何通过政策过程的精密设计与各类支持性制度，如目标绩效考核与规划授权，协调央地利益偏好，缓解中央权威与有效治理的矛盾，最终实现治理效能。

二、结构安排

在导言后，第二章探究“‘规划治理’的理论渊源”，重点澄清国家治理的概念内涵，梳理世界各国制定规划的实践，并从协调中央与地方、政府与市场关系的视角，论证编制并实施五年规划是中国国家治理的有效手段。在已有文献的基础上，本章从宏观上初步构建了规划治理的机制分析框架，提出规划的制定与实施客观上统合了政治、经济和社会三大体系，发挥着协调中央政府、地方政府与市场这三类资源配置主体关系的治理作用。

第三章是“规划设定过程中的目标理性机制”，重点介绍我国五年规划制定的政策过程，论证其对于保证目标理性的重要作用。进一步地，本章整理了“十五”计划和“十一五”规划期间，全国31个省（自治区、直辖市）的本级规（计）划目标并与中央目标进行文本比对，观察地方政府的自设目标行为，进而剖析规划设定过程中的央地博弈与互动。研究发现，地方政府普遍存在自设五年规划目标的行为动机，这既说明央地利益在某些领域存在不一致性，凸显了目标绩效考核制的重要作用，也侧面印证了规划授权行为的存在。自“十一五”规划起，区分了约束性目标与预期性目标，对政府履责提供了明确指向。约束性目标的提出以及对相关目标考核力度的加强使得省级规划目标与中央规划目标的协调性有所提高，央地共容利益的空间有所扩大。

第四章到第七章集中分析规划执行过程中的治理机制，重点选取目标绩效考核机制与政府间授权机制作为分析对象，利用理论经济学中博弈论和契约理论的模型对规划治理机制进行正式构造。其中，第四、五章是对五年规划的制度设计如何保障了“中央权威”的探讨，第六、七章是对其如何兼顾“有效治理”的分析。

第四章为“规划执行过程中的目标绩效考核机制：单目标激励合约模型”，采用基于完全契约的委托代理模型分析规划绩效考核制度如何保证了中央权威，促使规划目标被自上而下地有力推行。具体来看，在单一委托人、单一代理人、单一任务的建模环境下，将“目标绩效考核制”抽象为委托人利用目标和奖惩机制为代理人提供激励的完全契约，即目标激励合约，并分别求解理论上的最优目标和最优激励方案。根据我国规划实践详细刻画了五年规划目标的执行激励及绩效考核过程，以经典线性合约为比较基准，通过构建反事实，从理论上证明了目标激励合约的成本优势，为分析五年规划的执行机制、解释规划的治理绩效构建可行的理论框架。研究发现，在地方政府存在局部利益、央地偏好短期不一致的情况下，中央政府可以通过提高激励强度促使地方政府在规划任务上付出努力，强化央地共容利益。在目标激励合约下，理性的中央政府可以选择两种最优激励工具组合：高目标与强负向激励；低目标与强正向激励。在激励效果相同的情况下，目标激励合约由于增加了“目标”这一激励手段，相较于传统合约在激励成本上更具优势，有效增进了社会福利。

第五章为“规划执行过程中的目标协调问题：多目标激励合约模型”，将第四章的单任务委托代理拓展为多任务委托代理模型，更加符合规划实践，尤其是在观察各任务成本彼此相关的时候，为达到中央设定的规划目标和理想的政策产出效果，应如何为不同任务匹配目标和激励强度。本章主要对应“十一五”规划以来将目标划分为“约束性目标”和“预期性目标”的实践。预期性目标是“希望达到”的目标，如经济增长、城镇化率等，这部分目标更易与地方政府追求增长速度和财政收入的偏好相一致。约束性目标则强调政府的责任，是“必须完成”的目标，如教育、减贫、耕地保有量、单位 GDP 能耗等。本章从委托代理理论出发，重点讨论有限注意力的地方政府面对冲突性或互补性目标时如何决定努力程度的分配，中央又如何据此在两类目标中做一权衡，选择合适的目标与激励组合以最大化社会福利。

研究发现，当多任务之间成本独立时，对于低风险、央地共容利益空间大的任务，中央的最优策略是设定高目标；对于高风险、央地共容利益空间小的任务，则最优策略为低目标，这可以对中国渐进式经济体制改革的过程作出解释。改革伊始，央地就“改革”的共容利益有待建立，地方自主推进改革的风险高，从而不宜直接采取激进的改革方式；随着中央逐步推进各项改革目标，改革开放这一实践的信息和经验不断累积，预期也趋于稳定，配合中央提供的适当激励，央地利益共容程度上升，改革就可以在逐渐推进的基础上适当加快速度、扩大范围。当多任务成本相关时，以预期性目标和约束性目标为例，研究发现给定激励强度，任务的紧迫性是另一个关键制度因素。面对多个任务目标，仅靠改变其中某一项目标协调地方政府在不同任务上的努力程度具有一定的局限性，需要同时调整多项目标的数值与激励强度。这与我国近年来弱化经济增长目标及其考核、增强环境保护目标的约束性等实践相吻合，也能够为新时代促进经济高质量发展的各项具体目标提供可行的设计方案。

第六章为“五年规划政策过程中的授权机制：目标设定权与适应性效率”，分析我国规划执行过程的另一个显著特点，即一般而言，省、市等地方政府具有结合本地实际灵活制定、调整目标的权力。本章通过一个多层级委托代理框架下的完全信息动态博弈模型讨论了授予地方目标设定权将如何影响激励效果，以及在此基础上，地方政府又会如何设定本级目标。研究发现，目标设定权的下放在压力型体制下难以避免产生层层加码的现象。对于预期性目标，层层加码未必是坏的，有助于挖掘基层的产出潜力，这类“健康加码”多出现在央地共容利益强、任务产出不确定性较小的情况下；随着央地利益冲突程度加深、任务产出的不确定性增强、中央目标的提高，将出现容易扭曲地方政府行为的“有害加码”，预期性目标的正向激励越低，这种“有害加码”越易发生；对于负向激励较强的约束性目标，加码多为“健康的”，随着负向激励的提高，理性的中间层政府最终会将目标设定为与中央相同的水平。

第七章为“五年规划的执行与验收治理模式：一个正式的控制权模型”，刻画了除规划目标设定权以外，在规划执行与绩效验收的过程中，不同层级政府间的授权模式，以及其如何改善了规划治理绩效。本章通过一个多层级委托代理模型刻画五年规划执行和验收过程中，激励配置权与检查验收权在各级政府间的最优分配，探讨目标属性维度下的最优规划治理模式，也是对五年规划执行机制中“有效治理”因素的探索。研究发现，行政发包模式偏好执行难度高的目标；松散关联模式适合执行难度、验收难度低的目标；随着风险的提高，高度关联模式更具优势。至此，本书已经从规划目标的制定、规划执行到绩效验收的全过程构建了“规划治理”的分析框架，并对行政科层制内部的正式权威与灵活授权等影响规划治理绩效的因素进行了相对完整的讨论。

最后是全书的结语，总结了“规划治理”的核心权衡与理论逻辑，梳理了本书的主要研究结论，并对进一步完善“规划治理”机制提出了可行的政策建议和重点研究方向。

三、主要贡献

本书的贡献和创新主要体现在如下方面。

第一，跳出具体某个五年规划的文本或某项产业政策，对五年规划发挥国家治理绩效的主要机制进行了经济学理论分析。本书提出在政策过程不断精细化、科学化的情况下，规划目标将趋于理性，配合目标绩效考核制与目标设定权的下放、规划实施与验收过程中的权力分配，共同促进了理性目标的有效执行，缓解了中央权威与有效治理之间的矛盾。进一步地，本书从制定并实施五年规划这一制度性实践出发，对央地关系、政府和市场关系、解释中国经济增长的晋升锦标赛理论与财政分权理论等进行了综合性的思考与讨论，为理解中国经济与社会的发展提出了另一种视角。

第二，本书关注到行政科层内部自上而下的权威结构与各层级间在可接受限度内的灵活授权现象，兼顾正式的理性科层制因素与旨在提高组织适应性效率的授权因素在五年规划执行过程中的重要作用，是对科层组织内部授权行为的理论补充与实际应用。

第三，本书将五年规划抽象为目标激励合约，利用委托代理模型刻画了规划目标的设定、执行、绩效验收等过程。以对比线性合约与目标激励合约的激励成本与激励效果的方式，证明了“规划治理”的绩效来源与现实合理性，在理论上构成对目标激励合约及其应用研究的拓展。

第四，本书对层层加码行为进行理论分析，提出“健康加码”与“有害加码”的区分，从低成本防范道德风险的角度对层层加码、层层掺水等现象进行了一致性的理论解释。尤其对影响“健康加码”与“有害加码”的条件展开了详细分析，是对现有文献对层层加码行为普遍持否定态度下的一点思考与补充，对于分类精准治理层层加码、发挥目标治国的积极作用具有现实参考价值。

囿于能力与精力，本书仍存在诸多不足之处。

第一，本书没有考虑“条条”下的各部委专项规划目标设定与执行激励。这是基于本书对“总体规划与专项规划下各地政府、各部委面临的激励约束具有一定相似性”的判断。同时，笔者认为选择聚焦于总体发展规划对中央和地方的利益协调更有助于论证五年规划的治理作用。

第二，本书未对五年规划下的具体产业政策应如何选择、制定进行分析，而是在国家治理的视域下于行政系统内部剖析了规划的执行逻辑，分析其影响经济与社会发展绩效的制度性原因。具体来看，本书集中讨论在政府治理范畴内，如何通过规划目标及支持性的激励约束机制设计以实现规划绩效。但是实际上，在五年规划细化为具体产业政策并传导于市场的过程中，仍存在多种多样的“治理模式”，见表 1.1。

表 1.1 规划的市场治理模式

产品属性	知识属性	
	分散性	整体性
私人型	市场 （工农业产品产量）	预测性计划 （经济总量、物价水平）
混合型	日常政策+市场 （基础设施建设、产业政策）	指导性计划 （经济结构、创新研发）
公共型	日常政策 （具体公共服务）	指令性计划 （公共服务、环境保护）

资料来源：修改并引自韩博天（2018）①。

虽然本书对于预期性和约束性目标的讨论以及对规划授权的思考涉及了不同属性任务的规划治理方式，但没有讨论规划如何影响市场的问题。我们的假设是在满足目标理性与有效执行的前提下，规划目标能够得以落实，规划绩效也将在总体上得以实现。但五年规划究竟如何具体作用于中观产业与微观市场主体，规划与市场如何互动，规划目标如何完成从行政科层体系到市场的“惊险跳跃”，则是另一个十分重要的话题，但这并不在本书的讨论范围内。

第三，本书没有对理论命题进行完整的实证检验。本书的目标是在国家治理的视域下，对五年规划作用于经济与社会发展绩效的机制进行理论分析并结合五年规划的现实特征做出解释，实证检验仅作为结论的验证与补充。经济学界关于经济增长目标引领增长的实际效果方面的研究已相当丰富，在前人研究的基础上，结合本书提出的命题，可进一步从规划的视角，对经济增长、高质量发展、环境生态保护等国家治理的各方面绩效及其机制展开实证研究。希望能够以此书抛砖引玉，引发更多的学者参与到“规划治理”相关的研究中来，为讲好中国故事提供一个兼备理论意义与实践指导价值的新视角。

---

① 参见韩博天：《红天鹅：中国独特的治理和制度创新》，中信出版社 2018 年版，第 165 页。

第二章

“规划治理”的理论渊源

在正式分析前，需要解决的首要问题是如何定位五年规划，对这一问题的理解直接决定了本书的切入视角。本书将五年规划定位为一种中国特色的具有制度性特征和顶层设计意义的国家治理手段。这一定位并非显而易见，而是基于对规划制定、执行过程中的各类机制与特征的理论抽象并对比国家治理所囊括的各类要素后得到的。完成这一工作，需要明确两个基本问题，即何谓治理，何谓规划。

本章通过梳理国家治理、规划实践和规划治理绩效的相关文献，总结世界各国的规划实践与我国五年规划的制度完善过程，深入解析了五年规划对于政府与市场、中央与地方关系的协调作用，从“协调关系”的角度论证了编制并实施五年规划是国家治理的制度性手段，在现有文献的基础上为“规划治理”搭建起一般性的宏观理论框架。本章第一节对国家理论、国家能力理论与国家治理概念进行理论内涵溯源并提出本书所使用的“国家治理”定义：以中国共产党为领导核心，以国家权威为主导，通过各类机制体制的改革、执行与创造，妥善理顺经济体系、社会体系与政治体系之间的关系，从而增进社会福利，实现国家目标的过程。第二节探究规划的理论内涵，梳理规划的世界性实践与我国五年规划所涉及的具体内容，提炼规划的要素与特征。第三节探讨规划对经济、社会与政治体系的协调作用，构建规划治理的宏观分析框架，论证编制并实施五年规划是我国国家治理的重要手段。第四节梳理有关规划经济治理绩效的经验研究，尝试以规划的视角对解释中国经济增长绩效的典型理论进行综合性思考。

第一节 国家治理的理论内涵

一、国家理论

理解国家治理，首先需要理解“国家”。主流的国家定义由韦伯首先提出，即国家是垄断合法暴力和强制机构的统治团体，近代西方国家通过专业官僚制度和法律制度增强了国家的理性程度，这些构成了国家垄断暴力合法性的重要来源。国家的核心特征包括：专业化的制度和人事；由权力中心向外辐射的集权性政治关系；明确的领土控制区域；通过垄断暴力制定强制约束力规则的权力。国家对暴力的合法垄断决定了国家和社会、精英与市民、统治与被统治者的关系。①

国家作为具有合法权威的权力组织，可作出对领土内的个人与组织具有约束力的决定，进而实现对各方面社会关系的集权化、制度化、领土化管理。国家的实际权威主要体现为精英的专制权力（despotic power）以及对市民社会施加实际影响的基础权力（infrastructural power）。② 其中，国家精英的专制权力是指无须遵守例行程序，无须与市民社会中的各集团进行制度化协商谈判就可以采取行动的权力，强调国家与市民的统治与被统治关系；基础权力则指国家实际上渗透到市民社会，在统治领域内有效实施政治决策的能力。例如，国家对市民信息的储存调取、通过税收影响国民收入、实施国家发展战略或产业政策等都是国家基础能力的体现。对于现代民族国家而言，国家的影响已深入渗透社会生活的方方面面，表现为“弱小的专制权力”与“强大的基础权力”。后文将重点讨论国家的基础权力强弱对于国家能力和国家治理效果的决定性影响。

不同于马克斯·韦伯对国家的组织制度特征及规则制定功能的关注，马克

---

① 参见郭中华、郭台辉编：《当代国家理论：基础与前沿》，广东人民出版社 2017 年版，第 52 页。

② 参见 Michael Mann，“The Autonomous Power of the State：Its Origins，Mechanisms and Results”，*European Journal of Sociology/Archives Européennes de Sociologie*，Vol. 25，No. 2（November 1984），pp. 185–213。

思主义视角下的国家具有资产阶级压迫武器、阶级统治工具、理想的总资本家以及社会团结纽带等特征①。20 世纪 70 年代起，伴随国家发展过程中出现的各类问题，“回归国家学派”重新将“国家”带入主流政治学的视野②，最初主张从制度层面理解国家，将国家看作一系列政治、行政与法律安排。而后兴起的“新制度主义”国家理论的视角更为多元化，主要包括理性选择制度主义、历史制度主义、社会学制度主义及话语制度主义四个派别。理性选择制度主义将国家视为追求个人利益的理性行动者及其所偏好的激励约束结构；历史制度主义则更加注重国家的起源与发展，以路径依赖的逻辑解释国家的历史现象与形成条件；社会学制度主义把国家看作社会与文化的构建产物，认为政治行动者根据特定文化规范，按照适当性逻辑行动；话语制度主义则将国家视为观念与话语的动态互动③。

对现代国家理论影响颇深的“公共选择主义”是应用经济学逻辑分析国家性质、功能的典型尝试。布坎南将公共选择理论看作一门“政治失败的科学”，在政府理性与自利的假设下，寻租、政治商业周期、选举交换中的政客合谋，以及官僚制下的预算最大化动机是国家无效率的根源④。因此，该学派主张限制政府干预经济的权力，但“国家自利”假说忽略了公共利益这一国家行动的重要动机，导致公共选择理论对现实的解释能力不足。

从韦伯到布坎南，这些学派都将国家视为一个客观存在的政治实体，讨论其性质与行为，而“后结构主义国家理论”则从社会动态实践的角度去理解国家：国家不必然是理性的，而是一系列政治活动的结果⑤。这一派别认为国

---

① 参见郭中华、郭台辉编：《当代国家理论：基础与前沿》，广东人民出版社 2017 年版，第 240—243 页。

② 参见［美］彼得·埃文斯等编著：《找回国家》，方立维等译，三联书店 2009 年版，第 2—4 页。

③ 参见 Colin Hay, et al., *The State: Theories and Issues*, New York: Bloomsbury Publishing, 2006, pp. 98-117。

④ 参见 James M. Buchanan, “Market Failure and Political Failure”, *Cato Journal*, Vol. 8, No. 1 (Spring/Summer 1988), pp. 1-14。

⑤ 参见郭中华、郭台辉编：《当代国家理论：基础与前沿》，广东人民出版社 2017 年版，第 322—343 页。

家并不存在可定义的、根本性的一致元素，而是一系列传统和习惯的实践与互动，是各种合理性元素的集合。这些合理性要素与既有国家形态频繁的相互作用，导致国家具有不断演化、不可预测的特征，此即“政治权利观念去中心化”的思想。这类观点认为领导权依赖于多元化、碎片化、差异化的社会主体认知，进而对传统国家权力的概念提出挑战，认为国家和政府的行为实践渗透于整体性的社会权力网络中。这种权力不是韦伯意义上的具有压迫、暴力、限制性的主权权威，而是创造和鼓励特定行为积极运作的实际力量，认为权力的本质是行为之间的相互影响。

总体来看，“国家理论”在政治科学中经过了漫长的发展逐渐臻于繁杂，经历了“权力实体—统治工具—制度关系—理性主体—动态演化”等主要认知阶段。从权力组织的实体存在过渡到去中心化的动态元素互动演化，国家的内涵不断丰富。这提示我们对国家的理解不应局限于政府机构内部的权力安排，应放置在广泛的社会与经济关系中理解，如此才能更深入地理解“国家理论”。表 2. 1 是不同阶段国家理论主要学派的观点总结。

表 2. 1　“国家理论”重点学派及观点

<table>
<tr><th colspan="2">主要流派</th><th>研究对象</th><th>核心观点</th></tr>
<tr><td colspan="2">马克斯・韦伯</td><td>组织与权力</td><td>垄断合法暴力和强制机构的统治团体</td></tr>
<tr><td colspan="2">马克思主义</td><td>阶级关系</td><td>阶级统治工具</td></tr>
<tr><td rowspan="5">制度主义</td><td>旧制度主义</td><td>制度关系</td><td>政治行政与法律安排</td></tr>
<tr><td>理性选择制度主义</td><td>理性结构</td><td>理性偏好与激励结构</td></tr>
<tr><td>历史制度主义</td><td>历史变迁</td><td>路径依赖与国家起源</td></tr>
<tr><td>社会学制度主义</td><td>规范与文化</td><td>国家按照文化规范下的“适当性逻辑”行动</td></tr>
<tr><td>话语制度主义</td><td>观点话语</td><td>观念与话语的动态互动</td></tr>
<tr><td colspan="2">公共选择主义</td><td>自利行为</td><td>失败的政治科学与失效的国家</td></tr>
<tr><td colspan="2">后结构主义</td><td>动态演化</td><td>国家是政治的结果与各种合理性元素的集合</td></tr>
</table>

二、国家能力

随着“回归国家学派”的出现，对国家能力（state capacity）的研究也逐渐兴起，以西达·斯考切波、乔尔·米格代尔、彼得·埃文斯等为“回归国家学派”的主要代表。斯考切波认为国家不天然从属于某一特殊利益团体，国家能力存续的关键在于保持国家（中央政府）的主体性与独立性，以实现国家功能或目标，是通过克服强有力的社会集团实际或潜在的反对力量来贯彻国家目标的能力①；亨廷顿提出“各国之间最重要的政治分野，不在于它们政府的形式，而在于它们政府的有效程度”②，国家能力体现在开发资源、征用民力、创制并贯彻政策等方面，强大的政府有能力制衡政治参与和政治制度化，同时也能够保持组织的适应性。这类观点可视为“国家中心主义”的能力观，认为决定国家能力的关键因素是自主性的强弱，即不必与社会中统治阶级的利益相同，也不必与国家各种成员集团的利益相融合的特征，自主性越强，国家能力也就越强。

“社会中心主义”则主张在社会经济生活中理解国家的诞生与演化，从而在社会学范畴解构国家，提出国家目标实现于社会、经济、政治等多方因素的互动与冲突之中，相应的国家能力就是国家从社会积聚资源并利用其进行社会统治管理的能力。如米格代尔将国家能力视为“国家领导人通过国家的计划、政策和行动来改造社会的目标的能力”，国家能力包括“渗入社会的能力、调节社会关系、提取资源，以及以特定方式配置或运用资源四大能力”③。社会中心主义关注社会与国家的互动，认为国家无法独立于社会，社会势力与国家能力在互动中展开连续博弈，相互赋权、双向转化，国家能力体现在对经济、社会和政治体系的协调。

---

① 参见［美］西达·斯考切波：《国家与社会革命》，何俊志、王学东译，上海人民出版社 2007 年版，第 25—33 页。

② ［美］塞缪尔·亨廷顿：《变化中的政治秩序》，王冠华等译，三联书店 1989 年版，第 1 页。

③ ［美］乔尔·S. 米格代尔：《强社会与弱国家》，张长东等译，江苏人民出版社 2009 年版，第 5 页。

综合以上两类国家能力观，可以发现理解国家能力至少需要从以下三个方面入手。一是理解国家目标，它是国家治理的方向，其实现程度是衡量国家能力强弱的重要指标；二是关注国家目标的实现，这一过程需要协调高效的国家权力组织与行政科层体系；三是观察国家与社会的互动，即从政治、经济与社会三大体系关系的角度把握国家能力的本质与演化。

国家目标的实现过程本身就是国家治理过程，具备较强的国家能力是实现有效国家治理的前提条件，良性的国家治理也将提升国家能力。自然地，国家治理也需要包含国家目标及其实现以及对政治、经济和社会体系中各类主体利益的协调，这些内容在五年规划及其支持性制度体系中都有所体现。中国具有较强的国家能力，主要体现在现有体制内党领导下的政府拥有强大的资源动员能力和战略规划能力。强大的国家能力是中国取得举世瞩目的经济增长成就的重要原因，建立有效的制度体系以促进国家治理过程中国家与社会的相互支撑与良性互动是保障国家能力的重要途径，而五年规划已在这一过程中发挥着不可或缺的制度性作用。

三、国家治理

2013 年，中共十八届三中全会首次提出全面深化改革的总目标是完善和发展中国特色社会主义制度，推进国家治理体系和治理能力现代化。国家治理体系是“在党领导下管理国家的制度体系，包括经济、政治、文化、社会、生态文明和党的建设等各领域体制机制、法律法规安排，也就是一整套紧密相连、相互协调的国家制度”①。2017 年，党的十九大报告正式将实现国家治理体系和治理能力现代化作为“两个一百年”的重要奋斗目标。2019 年，党的十九届四中全会提出把我国制度优势更好转化为国家治理效能，将坚持和完善中国特色社会主义制度、推进国家治理体系和治理能力现代化作为重大战略任务。国家治理越来越成为政府文件和学术界使用的“高频词汇”，不仅囊括了对新中国建设发展过程中各项基本制度和经验的确认与总结，也成为新时代建

① 习近平：《切实把思想统一到党的十八届三中全会精神上来》，《求是》2014 年第 1 期。

设社会主义现代化国家的重要抓手。

对支撑我国国家治理过程的核心制度经验的整合与研究，有助于解开国家治理的制度密码，对进一步深化改革、实现建设社会主义现代化强国的中长期发展目标，进一步提升国家能力具有战略意义。为此，首先需要明确国家治理的一般性概念与中国语境下的特殊含义，理解国家治理发挥作用的制度性条件。前文已经对国家的概念进行了详细的分析，但治理（governance）实则涉及政治学、社会学与公共管理等多学科，其概念具有一定的复杂性和模糊性，似乎一切模棱两可的社会互动皆可放置在治理的分析框架内。从理解国家与国家能力的不同视角审视并界定国家治理的内涵，无疑是一种有益的尝试。

国外学界对于治理的解释存在“国家中心主义”和“国家解构主义”两类主要观点，这与上文关于国家以及国家能力的研究视角划分一脉相承。最初的治理研究围绕“国家中心主义”展开，关注拥有合法性权威的政府的组织协调与管理行为。政府为治理的核心主体，治理方式也多为正式的顶层设计，甚至在一定程度上等同于政府管理的基本范畴。如让・皮埃尔认为国家治理是“统治的思想与等级化的权力、垂直和自上而下的指挥关系，以及以整齐划一的方式推行的意志等”①。从技术角度来看，治理涵盖了法律与制度框架的建立和发展，目标在于实现法治、改进政府管理、提高政府效率。

国家中心主义的治理观关注政府组织的内部关系与公共管理方式，但到20世纪50年代，治理的内涵逐渐跳出单一、封闭的“国家”概念，开始纳入公共政策、社会各主体的互动等因素。1979年撒切尔夫人担任英国首相、1980年里根担任美国总统，掀起了为应对福利国家危机而进行的公共服务民营化改革，促使新自由主义“公共治理”（public governance）模式的流行②。以协商互动为特征的“非对抗性”治理与传统的政治过程分道扬镳，使国家与社会有机地融合起来，为公共政策的有效性、国家目标的选择与实现提供了

① ［法］让・皮埃尔・戈丹：《现代的治理，昨天和今天：借重法国政府政策得以明确的几点认识》，《国际社会科学》1999年第1期。

② 蔡拓：《全球治理与国家治理：当代中国两大战略考量》，《中国社会科学》2016年第6期。

全新的研究视角。这一阶段的治理理念，突出国家治理相对于社会的“嵌入性”特征，偏重于国家与社会的互动和交换，国家不再是凌驾于社会之上的存在。埃文斯将国家分为掠夺型和发展型两类，指出二者的差别在于发展型国家拥有韦伯式的官僚体系，但它们并未如韦伯所说般脱离整个社会，而是嵌入一系列具体的社会关系中。这种嵌入性将国家和社会紧密地联系在一起，为政策和目标的实践与反馈提供了重要条件①。此时的国家治理建立在被解构的国家概念基础上，关注国家对于社会发展的促进作用并以此作为评价治理绩效的标准。两种理论在如何处理国家与社会关系问题上存在固有的冲突。不同于国家中心主义，这类治理观念关注国家权力边界的变化，如提出好的治理应弱化政府，缩小政府规模，把私人部门的管理方式引入公共管理，加强对政府部门的绩效评估，或者将市场竞争引入公共管理，通过市场化的运作提高公共服务效率等。英国在新公共管理改革中实施了减少政府公共开支、提高公共服务效率等措施，旨在削弱国家权力、增加社会权力，与之有关的研究多支持消解政府功能，采取“没有政府的治理”②。但现实中，相当多发展中国家的失败本质上都是由于政府和国家的缺位导致的，国家的软弱无能是当今世界许多严重问题的根源③。治理的关键问题不在于是否采取民主自由的治理方式，而是在治理过程中，政府能否制定、执行有效规则并提供切实的公共服务。

对应以上观点，我们可对国内的国家治理研究从“国家中心治理”和“多中心治理”两条线索进行梳理。“国家中心治理”，关注政府组织在国家治理中发挥的核心作用，认为治理的基本主体是国家，目的是维持社会秩序、管理各类事务与实现公民需要，方式是运用合法权威，反复得以实施和确认的具体措施及过程。“国家中心治理”观点又可进一步细分为“政党中心”（如政党国家、政党宪治、权威韧性等）与“科层中心”（如市场维护型联邦主义、中性政府、地方法团主义、地方发展型政府、行政发包制、项目制、控制权理

---

① 参见 Peter B. Evans, *Embedded Autonomy: States and Industrial Transformation*, Princeton: Princeton University, 1995, p. 12。

② 参见陈进华：《治理体系现代化的国家逻辑》，《中国社会科学》2019 年第 5 期。

③ 参见 Francis Fukuyama, *State-Building: Governance and World Order in the 21st Century*, Cornell: Cornell University, 2004, p. 5。

论等）两大研究通路①。"多中心治理"则强调治理是政府、市场、社会组织、公民等多元主体参与的公共事务运行，围绕国家治理中多元力量之间的关系展开。至此，可以对国家理论、国家能力理论以及国内外的国家治理理论进行总结与对应，见图 2. 1。

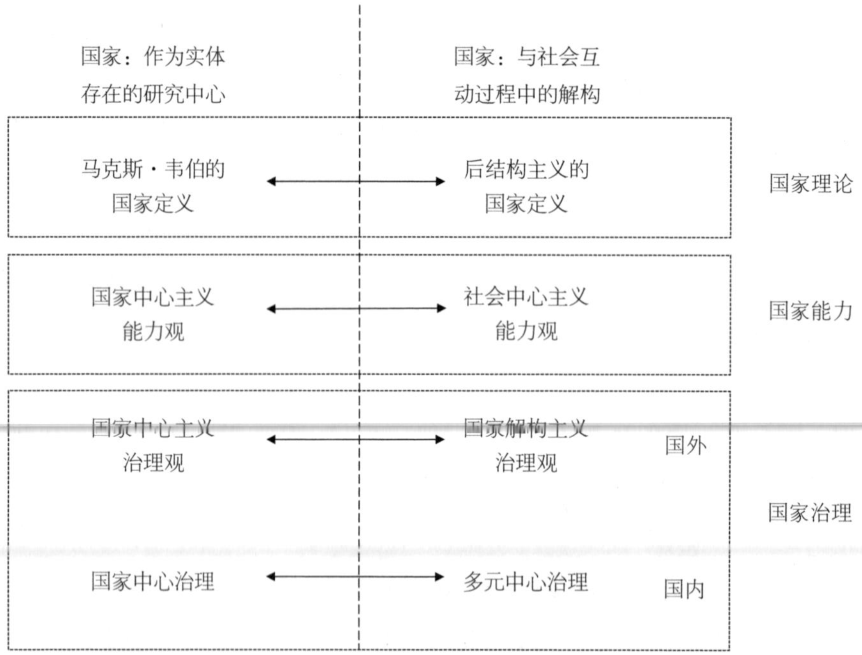

图 2. 1　两类国家概念下的国家能力与治理

具体来看，国内学者在研究国家治理时，更加关注现阶段政府在社会治理的过程中如何有效发挥作用并结合具体的治理实践、案例进行分析，涌现出了诸多兼具理论与现实意义的研究。这些研究关注国家的作用，如陈进华（2019）在对比中外国家治理理念的基础上，提出现代化的国家治理体系应在国家主导下改善国家治理结构与规则，促进社会多元主体的协商互动以达成共识②。同时，也注重对多元主体共同治理模式及其转化的探索，如邓大才（2018）分析了农村产权的社会属性及经济属性，认为在国家治理之手无法深

① 参见何艳玲：《理顺关系与国家治理结构的塑造》，《中国社会科学》2018 年第 2 期。

② 参见陈进华：《治理体系现代化的国家逻辑》，《中国社会科学》2019 年第 5 期。

入农村时，以家族或地域群体为单位配置产权的社会属性也是提供公务物品、实现社会基本治理的方式①。

从政府内部科层间治理权的协调来看，周雪光等（2012）提出了政府治理的“控制权”理论，即在政府科层内部，应对一项具体的政策任务，存在目标设定权、激励配置权和检查验收权三项基本权力。这些权力在中央、中间和基层三级政府之间的配置决定了政府的治理模式——高度关联、行政发包、松散关联、联邦制四种类型，为政府治理模式提供了统一的理论框架；② 谢岳等（2015）观察到地方政府在贯彻中央目标时，由于缺乏有效监督，经常会在私人利益的诱导下“有偏执行”，为使国家目标得到有效落实，可通过“草根动员”的方式监督地方政府，推进基层治理、促进国家治理能力的提高；③ 吕方等（2017）则基于对国家连片开发扶贫的调研，提出当政策目标不确定性强并十分复杂时，中央对地方的授权有利于挖掘信息，中央制定纲领性政策有助于减少地方政府的道德风险行为；④ 陈家建等（2019）认为在科层系统内部的“治理权”随着政府层级而提高，基层政府面临“高政策压力”与“低治理权”，造成政府购买公共服务中的困境。⑤ 以上研究重点分析如何通过权力配置、制度建设协调各级政府的偏好、利益，尤其是中央和地方关系。

以上研究主要从国家中心治理的角度出发，而在多中心治理方面，何艳玲别出心裁地从“理顺关系”的角度对国家治理进行解读，认为政府与市场、中央与地方、经济与社会、政府与社会四大关系影响着国家治理的结构，重塑了国家治理的特质。将国家治理区分为“结构”与“关系”的洞见是十分深刻的，有助于理解国家治理的内涵。一方面，“结构”是各类制度体系组成的

① 参见邓大才：《通向权利的阶梯：产权过程与国家治理——中西方比较视角下的中国经验》，《中国社会科学》2018 年第 4 期。

② 参见周雪光等：《中国政府的治理模式：一个“控制权”理论》，《社会学研究》2012 年第 5 期。

③ 参见谢岳等：《草根动员：国家治理模式的新探索》，《社会学研究》2015 年第 3 期。

④ 参见吕方等：《“复杂政策”与国家治理——基于国家连片开发扶贫项目的讨论》，《社会学研究》2017 年第 3 期。

⑤ 参见陈家建等：《“低治理权”与基层购买公共服务困境研究》，《社会学研究》2019 年第 1 期。

系统，构成了国家治理中不可或缺的元素，对治理结构的讨论主要集中在政党中心主义的治理观。政治协商制度、社会主义法治建设等制度过程的完善，促进了法治基础上的政党中心主义国家治理模式的生成与发展，而良性的党政互动则为治理提供了弹性，是有效国家治理的基础。高培勇（2014）则认为国家治理体系是囊括国家所有领域的制度安排总体，尤其关注财税制度在处理政府、企业、市民之间分配关系中发挥的作用。① 另一方面，“理顺关系”通过制度的边际改善，实现对政治经济和社会关系的协调，确立不同主体的治理边界。最为典型的事实就是在中国的国家治理实践中，对于政府与市场的关系理顺过程能够坚持发挥市场在资源配置中的决定性作用，同时保留政府的积极有为作用空间，政府和市场的边界始终处于不断明晰的动态调整过程中。我国是一个从计划经济向社会主义市场经济转轨的国家，不断深化改革是释放社会与经济活力的重要保障。改革意味着政府主导下的各类关系理顺、各主体利益的统合，所采取的工具包括各类顶层制度设计，而五年规划就是其中非常重要的一环。

除此之外，亦有学者对于国家治理的目标、特征及演化展开研究，认为国家治理的价值目标是维护分配公平正义，通过限制不适当的政治权利扩张能够有助于实现这一价值目标②；中国国家治理体现出明显的问题导向，实现平稳的危机过渡、有序推进改革的关键在于保留国家治理的制度弹性③。在漫长的历史过程中，一国的国家治理特征一定打上了民族历史与基因的烙印，对中国国家治理的历史逻辑和内生性演化的研究亦能够为当代治国理政贡献特殊的智慧，诸如运动型治理、央地关系治理等现象与问题贯穿古今，依然能够为国家治理体系和治理能力的现代化提供有益的启示④。

---

① 参见高培勇：《论国家治理现代化框架下的财政基础理论建设》，《中国社会科学》2014年第12期。

② 参见向玉乔：《国家治理的伦理意蕴》，《中国社会科学》2016年第5期。

③ 参见李友梅：《当代中国社会治理转型的经验逻辑》，《中国社会科学》2018年第11期。

④ 参见罗祎楠：《中国国家治理“内生性演化”的学理探索——以宋元明历史为例》，《中国社会科学》2019年第1期；周雪光：《寻找中国国家治理的历史线索》，《中国社会科学》2019年第1期。

随着全球化进程的加深，国家治理已经不仅是一国之治的问题，全球治理正日益成为学界关注的焦点。各国内部国家治理的有效性将有助于维护社会秩序的稳定，相反，国家内部治理的失败也将为全球秩序带来连锁的负外部性问题，国内治理和全球治理相互依赖、彼此交织，这在加速演变的世界百年未有之大变局中表现得格外明显①。对于中国而言，全球治理为国内治理提供崭新的目标和理念，如我国提出坚持绿色发展的治理理念与实现碳中和、碳达峰的目标是对全世界共同面对的气候变暖、能源供应不足问题的积极回应，而以中国目前的经济总量，我国的国家治理模式与治理绩效也将会对世界经济和政治秩序产生深远的影响。

通过对国内有关国家治理文献的整合，可以发现不同于某些国外治理理论和实践中对国家的削弱，国内现有的国家治理研究无论是采取国家中心还是多元中心角度，在讨论国家（政府）与社会权力边界问题时，均未消解国家和政府在治理中的作用，也不遵循“非此即彼”的二元选择逻辑。全球治理委员会将治理定位为个人或组织管理共同事务方式的总和，作用在于调和相互冲突的利益，治理工具既包括正式制度规则也包括激励相容的非正式规则。这一定义强调治理的本质是“协调”且并不排斥国家的作用，是对治理较为客观的理解。本书将采取这一中立的视角理解国家治理，结合国家目标与国家能力的内涵，从服务于“规划治理”分析的角度出发，对国家治理的内涵和边界进行清晰的界定。

中国特殊的制度和国情决定了在协调利益的过程中，国家扮演了非常重要的角色，通过各类基本制度、战略目标与政策措施实现对政治、经济和社会关系的不断统合与协调，发挥国家治理的作用。综上，本书认为在中国特色社会主义语境下的国家治理是以中国共产党为核心，以国家权威为主导，通过各类机制体制的改革与创造，妥善理顺经济体系、社会体系与政治体系之间的关系，从而增进社会福利，实现国家目标的过程。其中，国家权威和党的领导是国家治理的根本政治保障，具体制度与机制的设计和建设是国家治理的实现手

① 参见陈志敏：《国家治理、全球治理与世界秩序建构》，《中国社会科学》2016 年第 6 期。

段，协调各类关系是国家治理的内在机制，实现经济社会的协调可持续发展，最终实现中华民族的伟大复兴是我国国家治理的根本目标。

对于国家治理过程中发展探索的各类制度，已经有学者从项目制、政府内部权力分配制度、财税体制、产权制度等角度进行研究，而本书认为编制并实施五年规划也是实现国家有效治理的重要制度途径，国家治理的要素在规划目标设定和规划执行阶段都有较为充分的体现。目标制定过程，是对社会诉求的整合；在目标的执行阶段，不仅通过一系列机制设计平衡央地利益，又通过各类经济与社会发展目标的传导有效促进了社会主义市场经济的发展，而发展过程中所遇到的新问题、所积累的经验也为进一步调整治理目标提供了有益的信息。在这一过程中，以国民经济与社会发展的五年规划为核心的战略规划目标体系实际上协调了政治经济和社会体系中，中央与地方政府、地方政府与市场、中央政府与市场之间的多层次关系，充分发挥着统合不同利益团体的积极作用。因此，本书将五年规划视为中国特色的国家治理手段，从规划治理的机制出发，为中国经济与社会发展的特殊经验提供符合国情的理论解释。

第二节　规划的内涵与实践

经济与社会的可持续发展始终是党和国家治国理政的重要目标，而通过各类基本政治、经济制度的设计与运行促进国家目标实现的过程即为国家治理。根据前文对国家治理文献的梳理以及本书对中国国家治理内涵的理解，国家治理有效性的前提是兼具“治理意愿”与“国家能力”。同时，国家治理是一个不断发现问题、解决问题、反馈信息、总结经验的连贯过程，不间断的国家治理实践也伴随着国家能力的提升和治理弹性的增强。

国家治理不是“空中楼阁”，在我国主要通过一系列制度与政策的实施而实现，如党的十九届四中全会公报中提及的“中国特色社会主义制度”，包括中国特色社会主义根本政治制度、基本政治制度、法律体系、基本经济制度与经济体制、政治体制、文化体制和社会体制等。各项制度的确立不是一蹴而就的，而是在历史的进程中反复实践、试错调整最终得以确定并依然处于不断完善的状态。新中国成立至今，我国的战略目标体系日益完善，呈现出国家战略、五年规划、年度计划有机联动，长期、中期、短期目标密切衔接，从中央到基层各级政府共同参与的特征。中共八大提出“尽快地从落后的农业国变为先进的工业国”的建设目标，引领计划经济时期的国民经济发展；改革开放以来，按照从温饱到小康再到中等发达国家水平的“三步走战略”，我国经历了持续的经济增长与人民生活的不断改善；党的十八大以来，“新三步走战略”框架逐渐形成，即建党一百年实现全面建成小康社会，建国一百年实现社会主义现代化，并在此基础上实现中华民族伟大复兴的中国梦。在远期发展战略的基础上，每五年制定一次的国民经济与社会发展的五年规划纲要作为中长期经济与社会发展的重要蓝图，在不同的历史阶段统筹了国民经济与社会各方面的改革与发展，有效协调了政治体系、经济体系和社会体系之间的关系，促进各项基本制度的内容逐渐丰富，发挥着国民经济发展总纲领的作用，也对各项基本制度的建设与完善起到布局谋划、提纲挈领的作用。

从这个意义上讲，制定与执行五年规划本身就是国家治理的重要环节。在各项基本制度不甚完善的背景下，五年规划的文本内容是中长期国家治理的核心方略与国家目标的集中表述。除规划文本外，围绕规划的制定与执行形成了理性的政治程序与对中央政府与地方政府的激励与约束机制。这一系列关于规划的制度设计与规划目标相配合，协调了政府与市场、中央与地方的关系，彰显了社会主义国家“集中力量办大事”的制度优势和“一张蓝图绘到底”的国家能力。因此，本书选择从国家治理的角度理解规划的内涵、性质与运行机制并剖析其治理绩效的来源，以下将分别阐述规划的内涵、回顾世界各国的规划实践，从理论起源与实际应用两个方面加深对于“规划”的理解。

一、规划的内涵

规划未来是人类最为普遍的行为模式之一，从广义上讲，规划的元素包含：目标、不确定性与谋划，即为实现目标、应对未来变化而作出的具体设想与部署。国家与政府主导编制的规划则特指政府对一定时空范围内，社会各领域发展的设想，通过配合各类激励与约束机制，促进规划的有效实施。规划的实施涉及资源配置，因此也可将规划定义为与一个经济体未来某段时间的发展方向、模式有关的资源分配方面。

本书主要关注一国的综合发展规划，如我国的“国民经济与社会发展的五年规划纲要”（后文简称“五年规划”），除此之外还有旨在结合各地优势、科学开发资源的国土空间规划、主体功能区规划和区域规划等，如《长江经济带发展规划纲要》《京津冀协同发展规划纲要》；各部门结合五年规划制定的中长期规划，如《全国生态保护“十三五”规划纲要》等，我们称之为“条条规划”；以及各级政府的地区综合规划，如《北京市国民经济与社会发展的第十三个五年规划纲要》等，我们称之为“块块规划”。我国的规划体系见图 2. 2。

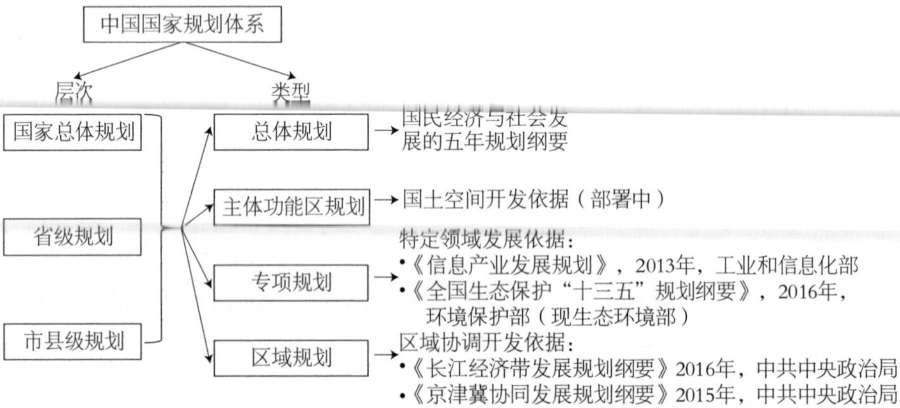

图 2. 2　我国规划体系图

本书研究的对象是“国家总体规划”，也称国家综合发展规划，是国家中长期发展的纲领，具有全局性、综合性、战略性、政策性，也是促进国家经济与社会发展的重要手段。从总体规划的意义与作用上看，首先，总体规划是一国或地区在一段时期内的“经济宪章”，是制定宏观调控政策的依据，是市场“无形之手”与政府“有形之手”有效衔接的重要方式，具有较强的“上位规划”特征。其次，总体规划具有预期性公共政策协调机制的属性，通过规划及配套制度系统协调行政科层体系内部与外部、政府与市场、中央与地方的关系，形成对未来一段时间内公共政策的预期，从而对经济和社会的发展产生重要影响。

二、规划的思想起源与世界性实践

事实上，世界上任何国家都在不同时期、不同程度上实施着对国家经济发展的“干预”，而这些“干预”背后的驱动力是需要实现的国家目标。以美国为例，从众多历史片段上看，政府干预经济、“规划发展”的行为是客观存在的。在1929—1933年的经济危机时期，受凯恩斯主义影响，美国政府采取了一系列刺激经济的手段，扩大政府公共投资、为社会提供工作岗位等，以使经济从衰退中逐渐恢复。这种政府以国家意志为基础，采取政策手段以影响短期经济与社会表现的干预行为，虽然不同于正式确认的规划体制，却也包含着以政府之手实现经济治理的内核。

如果我们从“政府职责”的角度观察美国经济体制，那么《1946年就业法》一定是其中非常重要的资料，它诞生于第二次世界大战后，由于恐惧曾经的经济危机卷土重来，社会对充分就业的需求空前增强，政府这一“守夜人”第一次正式地以积极的方式陈述自身责任：

> “联邦政府一贯的政策和职责是，使用一切可行的手段，即使用与其需要、义务和其他重要国家政策相一致的手段，使用向工业、农业、劳动者、州和地方政府提供援助和合作相一致的手段，协调和利用其所有的计划、职能和资源，采用培育和推动自由竞争企业与公共福利的方式，旨在创造和维护各种条件，为那些能够工作、愿意工作和寻找工作的人，提供有用的就业机会，包括自我雇佣，促进最大限度的就业、生产和购买力。”①

1946年经济顾问委员会的成立是美国经济与社会发展方式的重要转折点，《1946年就业法》以及后来的《1978年新法》都强调了国家能力和国家目标

① 参见刘树成：《美国〈总统经济报告〉法制化研究》，《经济学动态》2017年第3期。

对于促进经济发展的重要作用。这也引发了“自由市场主义”与“国家规制主义”的大争论，即应尊重市场自发的发展规律，还是应加强政府的作用，对市场进行补充与协调。显然，这两种观点都难以应对复杂的现实，真正应采用的是介于二者中间的政府与市场平衡理念（balanced middle view）。然而，由于历史与政治的原因，第二次世界大战后，社会主义阵营和资本主义阵营决然对立，一种全新的经济体制——计划经济，得以建立并迅速发展。至此，政府通过规划影响经济增长的行为被计划经济体制发挥到了极致：频繁到每周、细致到每种主要工农业产品产量都已经囊括在计划里，几乎全面取消市场，用计划代替市场配置资源，加强了西方政治经济学领域关于政府和市场关系的二元对立思维。在长达半个世纪的较量中，两大阵营苦心孤诣地守卫着自己的经济体制与理念，直到计划体制的崩溃，昔日的社会主义国家纷纷转轨走向了市场经济，市场大获全胜，历史似乎已经终结。简单的政府与市场二分法虽然能够最大限度引发思辨与讨论，但是与实践难以完全结合，国家规划行为依然未曾消失。而我国经济发展的实践却呈现出有效市场和有为政府并存的特征，更确切地说是强大的政府与强大的市场共存，并且通过五年规划制度体系不断整合政府与市场，这些都难以在传统二分思维的框架下得以讨论。为更深刻地理解国家规划行为，我们需要跳出政府与市场之争，从历史的线索中寻找现代国家规划经济与社会发展的理论渊源，并从当今各国规划行为实践中探寻“规划”的内涵与外延。

（一）规划思想的渊源与论辩——社会主义国家与计划经济体制

李斯特曾用树木生长比喻国家在经济发展中的作用，其中就蕴含着国家有计划的干预、培育经济与市场的思想，以及后进国家使用产业政策实现赶超的基本逻辑——如果像等待风力将种子带来一样，坐等他国产业转移，还不如让国家发挥植树人的作用，主动培育自己的“产业森林”①。“植树”的过程，可以理解为规划或计划的过程。针对“经济计划”的大范围讨论，随着社会主义国家计划经济体制的建立而逐渐引发，支持者强调国家应该对经济实行必

① 参见［德］弗里德里希·李斯特：《政治经济学的国民体系》，陈万煦译，商务印书馆2017年版，第112页。

要的调节，令国家掌控经济资源的配置过程，避免市场的盲目性。

对于计划经济体制是否有效率这一命题，当时的众多学者曾展开激励的论辩，支持者认为从德国等诸多西方国家在第二次世界大战时采取的统一配置关键性资源的方式来看，“计划主义”是十分有效的：能够迅速动员资源，实现合理分配；同时，计划经济体制下，政府当局能够对经济发展情况有更为全面的了解并收集更为充分的信息。相比于市场机制下分散于各主体间的零散知识，生产资料公有制下的计划体制能够模拟市场机制的作用并更有利于实现社会福利最大化。反对者认为计划经济无法实现有效的经济核算，至少无法持续刻画复杂变化中的供求关系，而哈耶克则对计划经济提出了更为严峻的挑战——信息。经济系统良好运行所依赖的信息往往是分散的情景知识，计划者不可避免的问题就是如何有效收集分散信息并得到整体性知识，这在避免市场盲目性的同时，也容易使信息扭曲和失灵，那么建立在此知识基础上的计划决策就是无效的。这种观点并不否认计划者在获取全局信息时的优势，但是对信息质量提出了根本性的质疑。从计划体制运行来看，“预算软约束”下的企业运行机制无法通过市场竞争实现优胜劣汰，激励的缺乏带来了生产的低效，也是计划经济被诟病的又一方面。

随着实行计划经济体制的国家从高歌猛进的工业发展到资源无效配置初现端倪，许多学者开始反思如何改进计划体制，通过更为微妙的局部改革而非简单推翻旧制度的方式实现转型①。讨论的重点在同时发挥计划与市场两方面的优势改善资源配置，提高企业自主性并发挥国家作用。捷克经济学家奥塔·锡克领导了本国经济改革，开辟计划性市场经济模式，逐渐引入市场机制并增强了计划的“引导性”。布鲁斯也提出可以设计一种“二元”的计划体制，结合分散的决策权力（个人、企业进行生产决策）与统一宏观决策（中央决策），提高计划效率。② 同时，从计划的运行方式来看，本身就存在着目标设定和实

① 参见 Janos Kornai，J. and Susan Rose-Ackerman（eds.），*Building a Trustworthy State in Post-Socialist Transition*，New York：Palgrave Macmillan，2004，p. 5。

② 参见［波］弗·布鲁斯：《社会主义经济的运行问题》，周亮勋等译，中国社会科学出版 1988 年版。

际完成效果之间的权衡取舍。制定合理经济计划需要两类前提条件，一方面，国家需要有足够的知识和训练有素的人力资本来实施经济计划，困难并不在于建立专门的计划机构与制定计划文本，而是在于通过驱动社会、经济和政治各方面能量来实现计划。这也意味着，如果没有相应的国家能力作为保障，计划也可能沦为一纸空谈。另一方面，目标设置需要合理，如果中央制定的计划过于紧绷（taut），企业与地方很可能无法达成，造成产出扭曲或产出瞒报误报，威胁中央权威；如果过于松弛（slack），虽然提高了完成概率但无法有效挖掘企业生产潜能①。因此，最优的计划需要在紧绷和松弛之间达到平衡，兼具计划的效率与协调性以促进经济体的健康运行与演化。

在对“计划”或“计划经济”的反思中，一个明显的趋势是主张发挥市场的积极性，同时保持国家规划、引导经济与宏观调控的能力，这与当代各国处理国家与市场关系的实践不谋而合。如 20 世纪后半叶东亚发展型国家（日本、韩国等）利用产业政策、出口导向或进口替代的方式发展经济的方法，以及印度坚持不懈地制定国民经济与社会规划为中长期发展提供预期等，都极具相似之处。伴随着理论上对于计划经济体制改革的反思，社会主义国家从计划经济向市场经济的转轨也在实践中艰难摸索。但由于基本政治、经济制度方面存在较大差异，高度集中的计划体制实现成功转轨何其难也。作为转型国家，回望来路，我们有理由对新中国经济建设的种种实践表示尊重，同时也需要从世界各国的行动中寻找计划经济体制的一般转型规律，更需要在纵横比较之中寻找当代中国五年规划的本质属性与特征，探寻“中国之治”的奥秘，从而为中国经济与社会发展的绩效作出解释。

（二）规划或计划的世界性实践

1. 历史上的计划经济实践

社会主义国家与计划经济体制的建立对世界的经济发展观念构成了挑战。除了战时德国统一配置资源的实践外，苏联是最早正式建立起计划经济体制的国家：1920 年提出经济复苏与发展计划，1921 年制定有具体指标的年度发展

① Keren Michael，“On the Tautness of Plans”，*The Review of Economic Studies*，Vol. 39，No. 4（September，1972），pp. 469-486.

计划，1928 年开始实施第一个五年计划。当西方国家还深陷于第二次世界大战的泥淖时，苏联的三个五年计划成功实施，从落后的农业国一跃成为工业强国，军事、经济势力迅速崛起。苏联的制度经验是，通过构建一个由上至下的“中央计划系统”（central planning），综合平衡各层级的计划。从最高层的中央政府，到中间层政府直至基层政府与企业，形成了一整套行之有效、执行有素的高度集中计划体系，随之而来的工业经济迅速崛起为许多后进国家带来了发展的希望，计划经济体制一时备受青睐。

20 世纪上半叶，占世界人口三分之一的国家曾采取了计划体制①，刘易斯在其著作《经济计划原理》中对计划经济的运行机制进行分析，该书首篇开宗明义地宣布：“事实上我们都是计划主义者”②，毫不夸张地说，当时的人类历史已进入“计划新纪元”。不仅在苏联、中国、朝鲜等社会主义国家，众多典型资本主义国家如法国、德国以及北欧国家等，也曾在一些历史阶段纳入过“计划元素”。此外，众多第二次世界大战后独立的新兴发展中国家，如印度、马来西亚、印度尼西亚、加纳、赞比亚、津巴布韦、尼日利亚与扎伊尔等亚非国家也实践过计划经济。日本、韩国等发展型国家也曾将发展计划作为促进经济增长的手段。以日本为例，实际上在 1868 年明治维新后，计划经济体制就已逐渐建立起来。在计划经济运行十余年后，出现了严重的官僚主义和经济低效。后来日本逐渐放弃了企业国有化的思路，计划经济体制演变为国家引导经济发展的经济体制。1956 年，日本实施了第一个指导性的经济计划，通产省设计的各类产业政策亦在 20 世纪 60—90 年代的日本“经济奇迹”中发挥了重要的作用。从日本的发展历程来看，政府的力量始终未曾缺位。

计划体制（社会主义国家）或国家的计划或规划手段（西方国家为主）曾经取得了巨大的成就，计划经济制度下的经济体普遍经历了工业产出、全面工业化、全民基本教育、卫生保健、住房及就业方面的改善。苏联和中国在计划经济体制下建立起了完整的工业体系，我国计划经济时期迅速集中资源打下

---

① 鄢一龙：《目标治理：看得见的五年规划之手》，中国人民大学出版社 2013 年版，第 3 页。

② ［英］阿瑟·刘易斯：《经济计划原理》，丁忱译，商务印书馆 1965 年版，第 14 页。

的工业基础为改革开放后的经济腾飞奠定了基础。可好景不长，从20世纪60年代开始到20世纪末，短短的几十年时间，计划经济的试验全面宣告失败。随着时间的推移，信息扭曲与激励不足等问题不断累积，重工业和轻工业之间发展越发不均衡，资本投资收益率下降，经济指标的下滑最终带来了人口预期寿命等社会与人类发展目标的降低。计划经济体系积重难返，低效问题暴露无遗。20世纪60年代以后，各国计划经济体制逐渐式微，计划经济体制的全球性试验在大部分国家不得不停止。社会主义国家的主要经济指标迅速恶化，实施发展规划的西方国家也遭遇了衰退，法国在1947—1992年制定了10个实施经济增长目标后停止制定经济计划；亚洲新兴经济体也因国家有计划的产业扶助与扭曲性干预而承受国际社会的外交与舆论压力；非洲实行计划体制的新型独立国家经济发展也难以为继。1991年苏联解体，撤销国家计委，大部分社会主义国家都放弃了制定计划或规划的努力，重新转为非集中性的市场经济，经过“泪谷”，艰难地走上了转型道路。随着冷战的结束，历史已经终结，人类只有资本主义民主和市场经济这一条路，可事实真当如此吗?

2. 规划的“遗产”

虽然20世纪末计划经济体制宣告失败，但并不意味着国家规划经济与社会发展的实践完全停止。淡出历史舞台的只是高度集中的国家资源配置体制和不当且低效的国家直接干预企业行为，实际上，科学的经济规划在明确政府责任边界、弥补市场失灵、提供经济增长预期等方面仍然具有不可替代的作用。规划的力量正在以一种全新的、超越了传统计划经济体制的形态，重新塑造着世界经济形态，也许有一天，规划的遗产将会重新为世人所挖掘，计划的理念也会以更为科学合理的方式得到复兴。

国家规划的“遗产”，直到今日仍在深刻地影响这个世界，至少是这个世界的第一与第二大经济体（按照经济总量核算），那就是美国与中国。

美国的每一个经济年度，有三份最为重要的报告：《国情咨文》《联邦政府预算》《总统经济报告》（*Economic Report of President*），构成美国总统的三大咨文。其中，《总统经济报告》建立在《1946年就业法》和《1978年新法》的基础之上，是“联邦政府关于经济形势和宏观经济目标的分析与展望，阐述其国内与对外经济政策的权威性报告”。

以下分别是2020年和2022年时任美国总统特朗普和拜登所作的《总统经济报告》中，前言部分的最后一段对政府当局的责任和施政纲领作了描述：

> 正如报告所展示的，尽管美国正处于经济实力最强的时代，本届政府的工作依然任重道远。只要我们持续聚焦于提高经济增速、增加就业机会与提高工人素质，美国的强大将势不可挡。——2020年《总统经济报告》

> 本届政府承诺对人力资本、创新思维、21世纪的基础设施与应对气候变化等方面作出关键性的努力，确保经济增长的成果为所有美国人民所共享。——2022年《总统经济报告》

这份报告具有影响未来经济发展的“议程”作用，大部分篇幅对过去一年政府履责期内的经济指标（减税、就业、放松管制、金融监管等）进行总结并提出中长期经济增长的目标。这个增长目标实现的前提是报告中所有的经济政策都能够得到有效落实，如2019年报告中提到：“2023年，假设本报告中的所有经济议程都能够得到完整的实施，那么GDP的预期增长率将达到3.0%。”这是利用国家政策，规划、引导经济增长，提供经济增长预期的典型表述，与中国在“十三五”规划中提及的2016年到2020年，五年年均经济增长率在6.5%左右，并提出一系列政策以实现该目标具有异曲同工之妙。本质上都是制定未来一段时间的政策方向和增长目标，属于广义的“规划”行为。2022年报告中还特别讲到危机中的市场失灵问题，强调政府通过为中小企业提供贷款和补贴的方式支持其渡过难关，也是政府支持市场发展的重要举措。

刘树成（2018）的研究发现，从历史趋势来看，美国联邦政府逐渐加强了对宏微观领域的干预，尤其是医疗保健、环境、劳工市场等方面，利用国家力量对经济发展和公共事业进行引导。美国的经济虽然呈现以自由市场为主导的特征，并不存在作为正式制度的中央计划体系，但是联邦政府仍保留了对市场进行规制的权利与能力，通过对市场结构、环境保护、消费者权益等方面的规制，联邦政府在经济发展中发挥着不可或缺的作用①。

《国情咨文》则不提出具体的经济目标，往往是对一年工作成效的总结，对目前遇到的问题进行回应并提出未来一段时间大致的政策关注重点。主要为《联邦政府预算》获取舆论支持，而后者直接决定了政府提出的各项政策目标能否得到议会的财政支持，从而影响资源配置的方向和效率。三大咨文呈现了一个完整的“政策逻辑”——总结绩效、指出问题与挑战；提出针对性政策与经济目标；获取财政资源以支持目标政策的实施。虽然与中国的五年规划体制存在诸多差异，但仍然体现了国家在经济发展过程中发挥的作用，尤其是对经济政策的使用以及对中长期经济走势的把握与引导方面。

美国与中国的显著不同在于政治体制。以美国为代表的多党轮流执政的体制导致难以实现强有力的中央规划并实行连续的经济政策。这与政党之间的竞争有关，周期性的选举和政府更迭、三权分立的政治体制，使中长期规划难以落实。同时，美国政府无法事无巨细地规定每一项指标，这是由于过于详细和透明的指标相当于政党对国民的承诺，一旦无法完成，将造成选票的流失。因此，从宏观层面，对经济增长、失业率等提出预测目标往往是执政党的占优策略。

以上主要关注美国总统的三大咨文，但实际上美国在城市规划方面的经验更为丰富，并开发出许多具有启发意义的规划理念。如规划既要培育和促进增长，同时也要管理增长；规划要驾驭平衡，使经济增长、基础设施、资源环境、公共服务、人口互相均衡等。美国城市规划已经形成了从全面到具体（综合规划、系统规划、分区规划、详细工程规划）、制定过程完善（包括调研与预测、确定目标指标与具体方案、方案评估比较、选择方案并细化、通过公私手段推行规划、持续评估）的规划体系②。此外，荷兰、德国、法国等也存在相对完善的国土空间规划体系，平衡区域发展与环境保护。这对中国也具

① 参见刘树成：《美国〈总统经济报告〉法制化研究之二——兼对“中国应取消 GDP 增长目标”的回应》，《经济学动态》2018 年第 5 期。

② 参见陈刚等：《美国地方政府的规划实践》，《北京规划建设》2002 年第 1 期。

有良好的借鉴意义，即应将城市的均衡发展纳入规划治理的核心方面，从而推动区域高质量均衡发展。

除美国外，印度对于“规划遗产”的继承更为全面。自 1951 年至今，印度几乎从未间断地制定五年计划，其目标涵盖了经济增长、环境保护、民生服务等各个方面，联邦政府和地方政府之间已经形成了一套完整、可协调的计划体系。同时，印度政府试图改善计划制定方式，让民众的意见发挥作用，但是由于本质上还是“精英政治”，民众的参与度仍有待提高。

欧洲 2020 战略则是欧盟在 2010 年制定的第二个十年经济发展规划，确定了“智能增长”“可持续增长”与“包容性增长”三个发展重点，并对劳动就业率、研发投入、温室气体排放、教育、减贫等任务提出具体的数字指标，督促各国完成。日本的新增长战略也制定于 2010 年，包括经济增长、物价水平和就业三大目标，并将绿色创新、生命创新等战略作为未来十年的发展目标，同时制定了评估和实施保障体系。以上国家的经济规划与政策是对“计划”的继承，意味着即使高度僵化的计划体制宣告失败，多国也用行动证明了合理制定国家经济规划，利用国家力量引导经济发展预期对于促进经济长期、稳定发展具有重要作用。而这一作用的发挥依赖强大的国家能力，因此在当代中国具有最为淋漓尽致的体现——五年规（计）划一直是中国国家治理中不可或缺的方式与内容。

第三节　“规划治理”的理论机制

通过制定规划的方式以国家力量推进经济与社会建设是当代国家治理实践中普遍存在的现象。我国以五年规（计）划为主要代表的战略规划系统，本质上是一个包罗万象的目标动力体系，为经济与社会的中长期发展提供宏伟蓝图、可行路径与有效激励。其中，中央政府制定的国民经济与社会发展规划纲要作为“规划的规划”，起到了提纲挈领的作用。无论是从规划文本还是从支持规划执行的一系列制度体来看，五年规划都蕴含着显著的国家治理因素。

一、规划治理的宏观分析框架

自党的十八届三中全会首次将发展并完善中国特色社会主义制度，推进国家治理体系与治理能力现代化作为全面深化改革总目标，至党的十九届四中全会进一步提出到二〇三五年基本实现国家治理体系和治理能力现代化，国家治理愈受重视。国家治理体系和治理能力现代化作为一种全新的政治理念，是中国共产党对于马克思主义国家理论的重要创新。国家治理体系和国家治理能力的现代化目标是基于新中国建设的实践经验而提出的，是“道路自觉”的体现，也是对中国智慧、中国方案的特殊经验总结与理论创新。

上一节基于当代中国国家治理实践和学界对国家治理的普遍认知，提炼了国家治理的具体内涵，即以中国共产党为核心，以国家权威为主导，通过各类机制体制的改革与创造，妥善理顺政府与市场、政府与经济、经济与社会等关系，从而增进社会福利，实现国家目标的过程。五年规划与这一过程密切相关，其作用主要体现在三个方面：提出国家目标、依靠支持性的激励制度实现国家目标、协调各治理主体间的利益关系。五年规划在维护中央权威的同时促进了有效治理，客观上增强了国家能力，其制定与实施的过程本质上就是动态的国家治理过程。这就回答了本章最为核心的问题：为何编制并实施五年规划是中国国家治理的重要手段。为了更清楚地看清这一点并剖析其内在机制，本节将社会体系划分为“政治体系”“经济体系”与“社会体系”三部分。如果不考虑家庭的资源配置作用，则政治体系中的中央政府和地方政府、经济体系中的市场是经济资源配置的三类重要主体。

图 2. 3 解释了五年规划以及国家财政这两类制度性安排对于各体系、各主体关系的统合与协调作用，构成了宏观意义上的国家治理过程。其中，经济体系是市场性的人际关系，按照竞争原则组织与运行，具有营利性、非强制性与有偿劳动特征；政治体系和社会体系都是非营利性的，区别在于政治体系属于强制统合范畴并依靠有偿劳动维持；社会体系则以感情为纽带，依靠家庭无偿劳动维系，兼具非强制性。三者之间存在普遍的互动和冲突，而财政发挥了协调作用，将三大体系统合为一个“闭环”：政治体系利用财政为经济体系和社

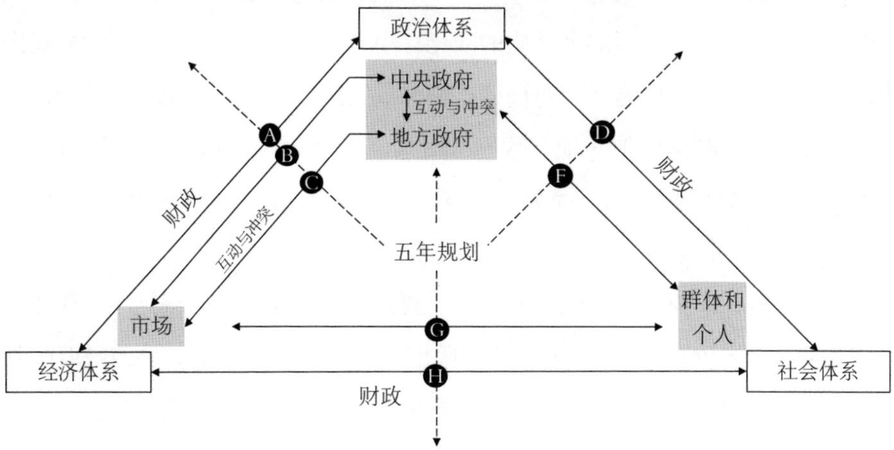

图 2. 3　五年规划的治理作用

会体系提供公共服务，通过财政资源的再分配调和社会体系内部以及社会体系和经济体系之间的矛盾，又从经济体系强制筹措税收资金。从这个意义上讲，现实中的财政行为、各级政府间的财政关系是国家治理的“无形媒介”，联结了不同的社会体系，促进良性的社会互动。

五年规划也起到了类似的作用，这主要体现在两个方面：首先，五年规划中提及的目标同时涉及经济、社会与政治体系，是对三者的调和与平衡。以“十三五”规划为例，有一条目标是“厘清基层政府和社区组织权责边界，建立社区、社会组织、社会工作者联动机制”，这是基于现实中基层政府和社区自治之间的诸多矛盾之处，调节了政治体系和社会体系的关系；关于缩小收入差距、完善再分配制度的要求则对应经济体系和社会体系关于有限资源分配公平性的冲突；关于改革政府职能、发挥市场配置资源的基础性作用的目标意在协调经济体系和政治体系之间的关系。这类协调作用是相对宏观的，对应图中最外侧的 A、D、H 三点。

进一步地，五年规划协调作用的具体发挥是通过协调政治体系中的中央政府与地方政府、经济体系中的市场以及社会体系中的群体与个人之间关系实现的，对应图 2. 3 内侧的 B、C、F、G 四点。中央政府、地方政府和市场是资源配置的三类主体，资源的有限性带来配置经济资源权力的稀缺性，这意味着三者之间存在彼此冲突的可能性。其中，中央政府和地方政府之间权力的此消彼长对应着中央权威和有效治理矛盾的演化；中央政府和市场之间的权力分配则表现为基本经济制度的选择，对应我国由计划经济体制向市场经济的转型；地方政府和市场的冲突体现为地方政府面对经济发展时在“攫取之手”与“扶持之手”之间的权衡。从这个意义上看，五年规划是三大体系的“有形媒介”，对这三类冲突进行了有效的协调和治理。

具体来看，中央和地方政府的冲突主要体现在目标函数的特异性。在计划经济时期，地方政府就存在扩张投资的动机，实行财政分权后，地方政府的利益主张、权力范围进一步扩大。五年规划可以通过目标绩效考核制统合央地利益并通过权力的“收放”调整地方政府行为，发挥中央和地方两个积极性（对应图 2.3 中中央和地方政府之间的互动与冲突）；对于地方政府和市场的冲突，五年规划通过强调地方政府的公共服务职责、对改善政商关系提出要求等方式进行协调，在规范地方政府不适当引导、干预市场行为的同时也着重发挥地方政府对于市场基本秩序的监管与维持作用（对应点 C）；中央政府和市场的冲突则有赖于五年规划对于各项改革的推进程度。计划经济时期，中央政府的权力较强，市场基本缺失，在改革开放的过程中社会主义市场经济体制逐渐确立，政府与市场均成为配置资源的重要手段，五年规划对改革的进度调整促进了中央政府和市场关系的平衡（对应点 B）。央地冲突、地方政府与市场的冲突、中央政府与市场的冲突往往相互交织，甚至需要同时解决，五年规划恰好能够为理顺三者关系提供全景式的目标与要求，增进了国家治理效率。

除此之外，点 G 和 F 对应着个人和群体同市场、政府之间的冲突协调。其中，市场和个人、群体之间最显著的冲突之一是经济增长与分配公平之间的平衡，这关系到能否让百姓享受到改革发展的好处，提高国民的获得感，共同富裕的目标就是为了解决这一问题。政府和个人、群体之间的冲突则体现为政府能否更好地为百姓提供社会公共服务，促进社会治理体系建设。五年规划中对促进就业创业、完善社会保障体系、促进税收体制改革、创新社会治理等问题的关注都体现了这一点。

总体而言，五年规划在宏观上对政治、经济和社会体系起到了统合作用，主要通过对中央政府、地方政府和市场三种资源配置主体间矛盾与冲突的协调而实现。五年规划与财政体系共同发挥着协调与治理的作用，财政体系和财政关系是“无形”的，是财政资金的动态配置；五年规划则是“有形”的目标动力系统，对各类关系提出了明确的协调要求。五年规划是适合中国国情的制度创新，具有顶层设计的意义；财政关系则更为一般，是任何社会都需要的基础治理方式，也是国家政权维持运作的基本条件。

实际上，在政治、经济与社会之间存在着“条件—目的”之间的关系，每个体系的内在发展都需要其他两个体系的稳定作为条件。快速增长的经济需要有稳定的政治环境作为保障，也需要社会体系的支持——调动个人和群体创造财富的积极性；而政治统治的合法性、合理性需要来自社会体系的认可以及良好的经济绩效；政治体系与经济体系又能够为社会体系提供良好的发展环境与公共服务。三类关系的互动构成了国家治理的主要方面，财政关系和五年规划起到了维持三者良性互动与平衡的作用，因此也成为国家治理的重要手段。

二、规划与治理：来自历史与现实的证据

五年规划作为中国国家治理的有效手段，通过理性的规划目标和有效的激励约束机制，实现了对政治体系、经济体系和社会体系中各主体（中央政府、地方政府、市场、个人、群体）关系的协调与统合。尤其是从央地关系的角度来看，五年规划及其支持性制度缓解了大国治理中有效治理和威权体制之间的固有矛盾，因此是适合中国国情的国家治理制度性表达。周雪光（2011）提出大国治理的核心逻辑是权威体制和有效治理之间的矛盾，扭住了我国国家治理的关键。① 五年规划有助于实现“决策统一性”和“执行灵活性”的平衡，这是其影响国家治理绩效的主要途径。

本节将从历史和现实中的实践出发，结合对五年规（计）划的文本分析回答两个关键性问题。第一，为何五年规划适合中国的国情，即在社会主义国家普遍抛弃计划体制的情况下，中国的五年规划仍然存在并焕发活力的原因是

---

① 参见周雪光：《权威体制与有效治理：当代中国国家治理的制度逻辑》，《开放时代》2011 年第 10 期。

什么；第二，五年规划是否是及如何具体成为国家治理的有效手段，这部分已经在前文进行过宏观上的理论探讨，在此将结合史实与规划文本做进一步论证。

第一个问题，为何五年规划在中国从未间断？计划经济体制在20世纪末似乎走到了历史的尽头，但却在中国的经济体制改革过程中得以沿用、转型与升华，从指令性计划变为指导性的发展战略规划，成为当代中国国家治理的重要制度组成，也成为理解新中国经济社会发展绩效的一把钥匙。那么为何中国的五年规划体制能够持续运行并不断焕发活力？

一方面，新中国成立初期的五年计划体制是具有灵活调整的可能性的。新中国成立后，采取计划经济体制迅速推进工业化。这是一种具有分权特征的计划经济体制，我国并没有像苏联等社会主义国家一样制定事无巨细的计划，地方政府在一定程度上拥有自由裁量的权力，这为中国的改革提供了韧性和空间。五年计划提供了在中央控制下实行渐进式改革的低风险方案，在中国特有的央地关系模式下，其延续与演变是可以预期的。苏联失败于执政党的领导被削弱和快速走向市场化，高度集中的计划体制使央地关系过于紧绷，反而为改革增添了重重阻力。

对中央和地方权力分配的调整始终贯穿着中国从古至今的国家治理过程，无论是“权威体制与有效治理”的矛盾还是“治官权与治民权”的分离①，都捕捉到了中央与地方关系在大国治理中的重要性。“一五”计划期间，实行高度集中的中央计划经济体制，地方政府的财政预算、财政收支差额都由中央统一调剂，不利于调动地方政府积极性。中共八大上，毛泽东提出了著名的《论十大关系》，重点对中央和地方关系进行了讨论，从1958年开始逐渐调整央地关系，将部分管理权（项目审批、投资计划管理权等）下放到地方和国有企业，但各项权限的快速、大范围下放造成了决策混乱的局面；1962的国民经济调整时期，中央重新上收了管理权，实行集中统一的计划管理。随着经济的稳定和生产的恢复，为调动积极性，1966年，中央第二次下放地方和企

① 参见曹正汉：《中国上下分治的治理体制及其稳定机制》，《社会学研究》2011年第1期。

业管理权，以“大权独揽，小权分散”的方式重新定义央地关系。短短十余年的时间，就经历了“收—放—收—放”两轮央地权力调整。由此可见，中国的五年规（计）划体制中，央地权力的分配模式具有可灵活调整的弹性空间，而这一基本特征始终贯穿着国家规划治理的各个历史阶段。五年规划也从“国家工厂的产量计划”逐渐演变为协调央地关系、为地方政府提供激励与约束的重要国家治理手段。

另一方面，计划的保留也符合经济体制改革初期降低风险和改革成本、保证中央对改革的有力控制之要求。计划能够最大限度确保中央对改革方向与节奏的把控，在转型与过渡时期发挥了关键性的稳定作用。如果当时抛弃了五年计划，将可能影响中央政府对经济改革的把控力，难以妥善处理改革、稳定与发展之间的关系，使改革风险与阻力大为增加。保留五年计划并根据经济与社会发展不断完善、丰富其内容，是中国改革开放之路的重要经验，也是符合当时国情的必然选择。

改革开放后，五年规（计）划对社会各方面的转型起到了统筹与谋划的作用，与此同时，五年规划制度本身也经历了改革与调整。“六五”计划时期，“国民经济发展计划”更名为“国民经济与社会发展计划”，并把“社会发展”纳入了目标体系。党的十四大第三次会议提出转变政府职能，发挥市场的基础作用，计划由国家主导、排斥市场向建立良好政企关系、促进和培育市场发展的观念而转变。“十一五”规划时期，“五年计划”变为“五年规划”，强调规划的指导性。时至今日，五年规划的内涵逐渐丰富，兼具战略性、全面性与可操作性，在国家治理的过程中发挥着不可替代的作用。五年规划目标体系的变革、五年规划配套制度的完善都是我国国家治理过程中的必然要求，这增强了国家能力，促进了国家目标的实现。

第二个问题更为重要，即为什么说五年规划是中国国家治理的重要手段。前文已经在理论上加以论证，现在我们将从中国现实入手，客观评估五年规划在国家治理中的作用。

首先，科学编制和实施五年规划是党治国理政的重要方式和中国特色社会主义制度的重要体现，五年规划本身就是中长期的国家目标，代表着发展的方向与道路。改革开放以来，中国经历了由计划经济体制向社会主义市场经济体制的转型，焕发了巨大的经济增长活力，实现了良好的经济绩效。转型过程中，许多制度和机构已不复存在，但编制并实施五年规划却一直延续至今并仍以一种更为积极、重要的方式继续发挥作用。

中国的经济制度存在三个重要的特征：强大的国家和强大的市场共存、公有制经济和非公有制经济共存、计划手段与市场调节共存。在这样的经济制度下，五年规划是连接党的政策、政府、市场与社会的重要方式，众多关系国计民生的重大问题都在其中得以体现，五年规划正逐渐成为社会共同的行动纲领和政府履行社会职能的重要依据。从这个意义上讲，五年规划制度已成为适应经济社会发展的特殊治理方式，也自然构成了评价国家治理绩效的重要指标。细读五年规划文本，甚至感觉打开了一本“简明中国现代经济史”，许多国家治理的细节跃然纸上，尤其是国家目标随着环境和时代的变迁而逐渐丰富，凸显了国家治理中的适应性效率。

其次，五年规划协调了政治体系、经济体系和社会体系中各主体之间的关系。设定规划目标、执行规划任务涉及行政系统内部各级政府利益与行为的协调、激励与约束，而规划的绩效实现则与政府与市场的关系密切相关。本节重点关注五年规划对于政府与市场、中央与地方两类关系的统合作用。政府与市场的关系是贯穿市场经济发展过程中的核心问题之一，市场配置资源的方式即为“看不见的手”，依靠供求规律与价格自发调整，可以自发保持有效运行，但也存在着市场失灵；政府配置资源的方式为“看得见的手”，通过宏观经济调控、政府投资、市场监管等手段纠正市场失灵与资源配置扭曲。

关于政府和市场关系的思想论辩主要来源于西方经济学且并无定论。新古典经济学认为在竞争充分的前提下，市场自发的调节机制能够实现资源的有效配置，政府只需要做好“守夜人”，维持市场竞争秩序；凯恩斯主义认为现代市场经济存在有效需求不足的问题，如果不加管理容易进入非充分就业的状态，甚至周期性地爆发经济危机。因此，政府应积极发挥需求管理与宏观调控的作用，制定经济政策纠正市场失灵，维护市场稳定；新自由主义则认为政府对市场的过度干预可能会带来“政府失败”，仍需要发挥发挥市场的作用。

中国“发展中的大国”的特殊历史进程决定了我们无法照抄照搬他国经验，经历了现实中的不断实践后，我国寻找到了适合中国经济与社会发展的有效方式：在改革过程中，既要发挥市场在资源配置中的基础性作用，又要发挥政府的引导作用。五年规划起到了平衡政府与市场“两只手”，推进政府与市场关系向良性有序方向发展的作用。这主要体现为从“七五”计划提出转变政府职能开始，几乎每一个五年规（计）划都会专门就政府与市场关系进行重点论述，见表 2. 2。

表 2. 2 五年规划对政府与市场关系的表述

五年规（计）划	关于政府与市场关系的核心思想
“七五”计划（1986—1990 年）	转变政府职能，管理方式从直接管理转向间接调控
“八五”计划（1991—1995 年）	实行政企职责分开，健全在国家指导和管理下的全国统一的市场体系与经济调控体系
“九五”计划（1996—2000 年）	政府运用经济、法律及必要的行政手段，对国民经济实行宏观调控，深化计划体制改革
“十五”计划（2001—2005 年）	政府要为规划实施创造良好的体制、政策、市场等环境；在国家宏观调控下，充分发挥市场配置资源的基础性作用
“十一五”规划（2006—2010 年）	健全国家宏观调控体系，各级政府不得直接干预企业经营活动
“十二五”规划（2011—2015 年）	推进政企分开，深化行政审批制度改革，减少政府对微观经济活动的干预
“十三五”规划（2016—2020 年）	划定政府与市场、社会的权责边界，深化行政审批制度改革，最大限度减少政府对企业经营的干预
“十四五”规划（2021—2025 年）	坚持和完善社会主义基本经济制度，充分发挥市场在资源配置中的决定性作用，更好发挥政府作用，推动有效市场和有为政府更好结合

在五年规划的框架下，政府和市场能够得以充分融合。明确政府和市场的边界，有计划地推进政府职能从“微观管理者”向“宏观调控者”与“公共服务提供者”的角色转变是五年规划的重要内容。一份由政府主导制定的国家发展纲要，会不断推进经济体制改革，限制政府不当干预经济的行为，这一现象放在政府与市场二元对立的逻辑下是难以被理解的。这恰恰是五年规划对

于推进中国经济体制改革起到的特殊作用，从五年计划向五年规划的过渡，也正对应着从计划经济体制到社会主义市场经济体制的转型。在这一过程中，五年规划协调了政府与市场的关系，明确国家推进市场化渐进改革的方向，保护并促进市场的发展，带来了经济改革40多年以来的国民经济发展。这足以证明我国特殊的政府和市场关系之合理性，而五年规划制度有助于让我们跳出传统西方经济理论中的二元思维，为理解政府与市场关系提供不同的理论视角，并积累宝贵的实践经验。

此外，五年规划及其配套的激励约束机制，有效地协调了中央和地方关系，在最大限度保障中央目标贯彻的同时，兼顾地方因地制宜制定规划与决策的灵活性。这也是后文利用委托代理模型所刻画的重点与本书立论的关键——五年规划制度体系缓解了有效治理和威权体制之间的矛盾，增进央地共容利益，极大地减少了改革与发展阻力。五年规划政策过程包括规划的制定、执行与绩效实现三个过程，在中国的规划设计中，三个环节都发挥了中央和地方的积极性。

五年规划对中央和地方关系的协调体现在两个方面。首先是“信息协调”，主要体现在规划的前期调研和制定过程中，中央和地方之间会进行较为充分的信息沟通。五年规划的编制方式是高度分权的，前期调研是各级政府同时层层向下搜集信息的过程。调研不是“一次性”的，而是多部门、反复、多次进行。早在中央规划建议出台前，就有国家发展改革委组织的重大课题调研、各省自我开展或委托智库进行的专题调研、中央政治局常委赴各地的调研以及人大和政协的调研等多样化信息收集过程。在规划基本思路稿形成后，国家发展改革委也会牵头集中召开地区片会，再次征求地方建议。在这一过程中，中央能够最大限度收集到各地区的经济与社会发展信息，明确需要解决的重点问题，为规划者提供相对充足的时间、信息以判断未来方向并对重要议题进行理性选择①。科学、谨慎、复杂的规划制定过程有助于收集准确的信息，保持相对客观中立的规划立场设计高效、科学的规划制定政策过程和机制，是

① 参见刘鹤：《提高中等收入者比重和扩大国内市场：“十二五”规划〈建议〉的基本逻辑》，《中国民营科技与经济》2011年第4期。

提高规划绩效的重要前提。事实上，规划制定过程的完善并非一蹴而就，而是逐渐趋于理性化、科学化与稳定化的。

其次是“利益协调”，包括行政体系内部“自下而上”的意见输入与“自上而下”的利益把控两方面。下级政府可以在前期调研阶段使得本级的中长期发展目标被纳入上一级政府的规划当中，例如在制定基层政府五年规划时，会列出拟发展的重点领域并事先提交给上级政府审批。这是因为就政策试验和创新而言，得到上级规划的“正名”，相当于获得了“合理合法”的授权，将降低地方政府所面临的风险和政策推行阻力。在规划目标确定后，地方政府也会同中央政府就某些目标进行再讨论，如“十一五”规划中广东和上海就对节能减排20%的目标与国家发展改革委进行了协商①。同时，地方政府在规划的制定、执行和验收过程中能够得到部分授权，从而使规划与当地情况更为符合。自下而上的意见输入能够将地方政府的利益诉求层层反映给中央政府，形成“嵌入式利益融合机制”，从而使五年规划具有了“现实合理性”，更加充分地将地方利益纳入其中，为规划执行奠定基础、减小阻力。

由于各地都有自己的诉求，如果全部吸纳，难以实现整体性的国家目标。尤其是对于部分限制地方经济快速发展的环境与资源保护类约束性指标，需要通过自上而下的权威保障其实施，建立“权威式利益融合机制”——将规划目标的完成绩效和地方干部的政绩考核结合起来，根据规划任务的优先级及地方实际情况灵活调整对下级政府的政绩考核重点。在“下管一级”的行政制度背景下，围绕规划目标对各级政府官员进行绩效考核是推动五年规划中各项国家目标实现的根本性激励与约束。如果从委托代理的视角理解中央和地方政府就某项规划目标形成的关系，那么不同于讨论较多的经典线性合约，五年规划框架下的“合约”是以目标是否完成为拐点的目标激励合约，两种状态下提供的合约激励是不同的，后文将对此进行详细分析。

如果央地之间存在较大的利益冲突且无法协调，那么将对国家目标的贯

---

① 参见韩博天：《红天鹅：中国独特的治理和制度创新》，中信出版社2018年版，第161页。

彻、改革的推进带来阻力。五年规划及其配套机制正是起到了协调不同层级政府利益的作用——通过“嵌入式利益融合”能够最大限度保障规划目标理性，而“权威式利益融合”能够兼顾中央权威，从而构建央地共容利益，发挥国家治理效能。“七五”计划以来，随着改革开放进程的不断深化，五年规划对央地权力分配和利益调节也更为关注，不断理顺中央和地方政府间的财权、事权关系（见表 2.3），同时逐步加强了对地方政府规划绩效的考核，保证实施。“七五”计划至“九五”计划并没有专门就如何保障地方政府执行规划作出要求，自“十五”计划开始，将“规划实施”作为单独一篇，旨在督促地方政府创新规划机制、转变政府职能，为有效落实规划构建良好的政策、体制与市场环境，首次引入中期评估制度。“十一五”规划首次将规划目标划分为“约束性”和“预期性”两类并明确将具有法律效力的约束性指标纳入地方综合评价和绩效考核中，实行“单位能耗目标责任和考核制度”“环保绩效考核、环境执法责任制和责任追究制”。“十二五”规划则进一步提出了层层分解落实约束性目标的要求，配合经济发展方式转型改革现有考核体系——弱化经济增速，突出经济结构调整、民生、资源环境与公共服务绩效，并明确考核结果为各级政府领导干部任用、选拔、奖惩的依据。“十三五”规划中明确提出“加强领导班子和干部队伍建设，完善政绩考核评价体系和奖惩机制”。“十四五”规划则对“加快发展规划立法”首次作出要求，为编制并执行五年规划提供法律依据与保障。

表 2.3　五年规划对中央与地方关系的表述

五年规（计）划	关于中央与地方关系的核心思想
“七五”计划 （1986—1990 年）	明确中央、地方和企业的投资范围，按照税种划分中央、地方的财政收入，明确中央、地方的财政支出范围
“八五”计划 （1991—1995 年）	理顺中央和地方之间的关系，形成合理的利益分配格局。按照保持全国经济的统一性和灵活性、发挥中央和地方两个积极性的原则，对各层次事权、财权和经济调控权进行必要的调整和明确划分
“九五”计划 （1996—2000 年）	提高财政收入占国民生产总值的比重，以及中央财政收入占全国财政收入的比重

续表

五年规（计）划	关于中央与地方关系的核心思想
“十五”计划（2001—2005年）	界定中央和地方政府的事权范围，完善分税制和转移支付制度，加强财政再分配功能。提高国家财政收入占国内生产总值的比重和中央财政收入占全国财政收入的比重。合理划分中央与地方的事权，充分发挥地方政府的积极性
“十一五”规划（2006—2010年）	界定各级政府的事权，调整和规范中央与地方、地方各级政府间的收支关系，建立健全与事权相匹配的财税体制
“十二五”规划（2011—2015年）	强化基本公共服务绩效考核和行政问责，合理划分中央与地方管理权限，健全地方政府为主、统一与分级相结合的公共服务管理体制
“十三五”规划（2016—2020年）	解决中央地方事权和支出责任划分、完善地方税体系、增强地方发展能力等问题，建立健全中央对地方节能环保考核和奖励机制
“十四五”规划（2021—2025年）	建立权责清晰、财力协调、区域均衡的中央和地方财政关系，减少并规范中央和地方共同事权，明确中央和地方在公共服务领域事权和支出责任

至此，本章已经全面梳理了国家治理、五年规（计）划的相关文献，并结合新中国经济史与各个五年规划的文本，论证了编制并实施五年规划是中国国家治理的有效手段。在这里有必要再次对五年规划制度、国家能力、国家目标和国家治理等概念及其关系做一澄清，并为全文思路的展开奠定基础。

首先，五年规划文本就是国家目标的表达，五年规划的形成建立在充分吸纳地方信息的基础上，实现了国家目标的理性化。其次，五年规划的有效落实就是国家能力的重要体现。国家能力是国家贯彻执行其目标和意志而不受潜在利益集团阻力影响的能力。围绕规划目标的责任考核、由上至下的政府间规划授权等配套制度，对于保障规划有效执行具有重要意义，是国家能力的外在体现。最后，五年规划的制定、执行与绩效实现过程，就是利用国家能力，实现国家目标的过程，即国家治理过程。在规划执行中遇到的各类新问题，包括目标调整、执行方式变更等，又会进一步推进五年规划及配套制度的改进，体现了国家治理过程对国家能力建设的积极作用。以五年规划为缩影，我们可以理清国家治理、国家目标与国家能力的辩证统一关系，见图2.4。

综上，从协调政府和市场关系、央地关系的角度来看，五年规划的制定、

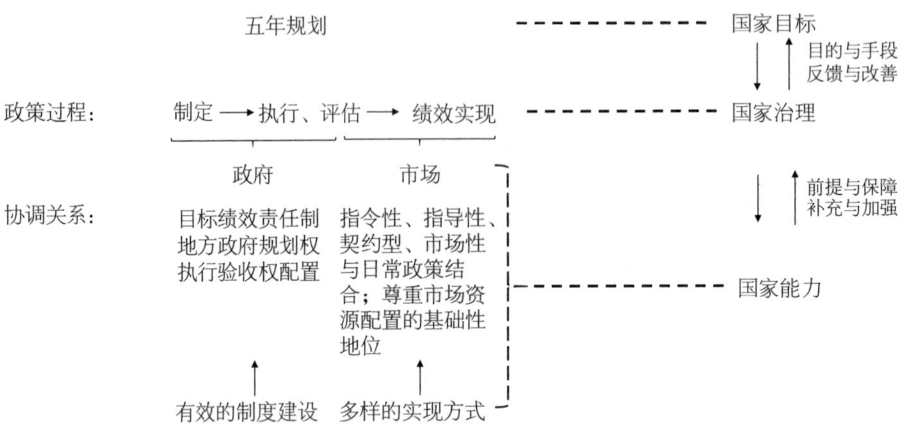

图 2.4　五年规划与国家治理

执行过程及相关的激励约束机制设计，符合国家治理的特征，五年规划是国家治理的重要方式。我们需要进一步追问：如果国家目标的实现仅是围绕五年规划的政治过程，难免令人对其治理绩效产生怀疑，存在“以规划落实规划”的可能性。规划发挥治理作用的最终标准是规划目标及政策选择是否符合市场规律，能否带来良好的经济绩效。如果无法科学有效地作用于市场，再精密的政策过程、再科学的激励约束机制也无法证明五年规划制度存在的合理性。由于五年规划制度始终未有间断，我们无法通过构建反事实、排除诸多内生性问题对其绩效进行整体性评价。为解决该问题，下面将从各个五年规（计）划所涉及的目标完成情况以及现有实证文献对五年规（计）划具体目标和所涉产业政策的实际作用分析入手，论证五年规（计）划事实上通过对央地利益和政府与市场关系的调节，对资源配置方式、市场主体预期与行为产生了切实影响，从而作用于中国的经济增长和社会发展。

第四节　五年规划的治理绩效

我国的五年规划发挥了协调央地关系、政府和市场关系的作用，统合了政治、经济与社会三大体系，是国家治理的重要方式。规划的治理绩效是评判规划质量与功能的重要指标，五年规划的内容涵盖了经济与社会发展的各个方面，目前学界研究较多的是其经济绩效。本章将从规划目标的完成情况以及五年规划对经济发展的作用两方面剖析五年规划的治理绩效，试图为理解规划的治理作用提供更为直接的现实依据。

一、规划目标的完成情况

对五年规划治理绩效的评价，最为直接的方式就是观察规划目标的完成程度。如果不考虑无法准确衡量的规划成本，五年规划的治理绩效可以等同于其完成程度，也就是国家目标的实现程度。根据笔者测算，在计划经济时期（“一五”到“五五”），五年计划的平均完成程度为39.6%；经济体制改革时期（“六五”到“十五”），平均完成率为76.2%，而在“十一五”“十二五”时期，平均完成率达到了88.5%。不同阶段五年规（计）划完成程度的提高，是五年规划制度逐渐稳定、科学的结果，也是五年规划国家治理效能的重要体现。在历年五年规（计）划中，笔者整理出那些没有完成的指标见表2.4，并分析影响目标执行效果的主要因素。

表2.4 历次五年规（计）划未完成指标总结①

五年规（计）划	主要未完成指标
“一五”计划	（1）社会商品零售总额增长；（2）农村购买力增长；（3）新增铁路；（4）新建高等院校；（5）派遣留学生人数
“二五”计划	全部未完成
“三五”计划	（1）基本建设投资；（2）财政收支；（3）铁路、水路和公路货运量；（4）小学在校生数；（5）中等专业在校生数；（6）高等学校在校生数；（7）职工平均工资；（8）职工平均水平提高；（9）农民平均生活水平提高
“四五”计划	（1）工农业总产值；（2）财政收入；（3）铁路货运量
“五五”计划	（1）工农业总产值增速；（2）财政收入
“六五”计划	（1）港口吞吐能力增加；（2）总共毕业研究生；（3）人口自然增长率；（4）医院病床新增

① 由于“十四五”规划纲要中并未如前公布“十三五”规划目标的完成情况，为严谨起见，暂未对“十三五”时期的目标完成情况进行评价。

续表

五年规（计）划	主要未完成指标
“七五”计划	（1）新增铁路通车里程；（2）电气化铁路；（3）沿海港口深水泊位与吞吐能力增加；（4）人口自然增长率；（5）农民纯收入年增长；（6）职工实际平均工资年增长；（7）全国居民消费水平年增长；（8）农村居民消费水平年增长
“八五”计划	（1）医院新增病床数；（2）新增专业技术卫生人员
“九五”计划	（1）第二产业增长率；（2）第三产业增加值；（3）社会保险覆盖面
“十五”计划	（1）第一产业增加值比例减少；（2）第三产业比例增加；（3）通航机场；（4）新增供水能力；（5）城市燃气普及率；（6）二氧化碳减排；（7）化学需氧量
“十一五”规划	（1）服务业增加值比重；（2）R&D 经费占 GDP 比重
“十二五”规划	（1）R&D 经费占 GDP 比重

在计划经济时期，经济增长的目标是有可能完不成的，但“六五”计划以后，经济增长目标基本都能够得到完成。但是涉及基础设施建设、政府公共服务、产业结构调整、居民生活水平提高的目标，在“一五”计划到“十五”计划中，完成绩效相对差一些。“十一五”和“十二五”规划增强了约束性，除创新相关目标未完成外，其他约束性指标基本得以实现。而“十三五”规划的部分核心指标受到新冠肺炎疫情冲击未能如期完成，但总体完成率也超过80%。目标完成程度的提高一方面是由于规（计）划目标的制定更为合理，另一方面是由于加强了规划绩效的考核，使地方政府更倾向于履行自身职责。

二、规划的经济治理绩效与中国经济增长的制度性原因

决定经济增长的要素都有哪些呢？以索洛模型为代表的经典的增长理论告诉我们，国家之间经济绩效的差异来源于各国技术、物质与人力资本，但对于限制落后国家取得这些优势的原因却难以得到妥善解释，而恰恰这些才是广大发展中国家在制定经济政策时最重要的落脚点。由此可见，除了技术、劳动力和资本外，还有其他更为本质的因素制约着一国的经济增长，而界定社会激励结构的制度框架正是决定经济变迁的主要因素。制度泛指能够影响经济激励的规则、规制、法律、政策等，往往通过改变支付规则和资源配置方式直接影响

人的行为决策。制度对于现实中的经济增长是重要的，主要基于可观察到的各国通过制度变革影响经济绩效的实践。短期的制度变革可以采取国家主导的方式实现，包括产权制度、市场监管制度、社会保障制度、宏观经济稳定制度与社会冲突管理制度的建立与改善能够为市场提供支持①。本书将五年规划及其配套的激励约束机制看作完整的“制度体系”，从制度影响经济治理绩效的角度理解五年规划的经济绩效。

规划的实施为发展提供了正确的理念、持续的变革意识，能够充分动员潜在的、分散的经济资源以实现发展目标，而这是构成国家之间存在经济发展差距的根本原因。中国的经济变革过程并没有照搬西方国家的制度设计，但是中国并没有走向贫穷，反而跃升为世界第二大经济体，并且这一过程只用了40年。毋庸置疑，中国走出了独具特色的发展之路。对于中国的经济增长，许多国内外学者都给出了解释，代表性的观点有“财政分权”与“政治锦标赛”两大理论，它们互为补充，刻画了中国经济发展的基本特征和特殊的增长逻辑。中国的地方政府财政支出比例和责任在世界范围内都是居于前列的，甚至超过美国地方政府，我们可将其理解为一个经济上的“高度分权”状态②。“财政分权”理论③认为财政分权赋予了地方政府发展经济的能力、辖区间的竞争激励地方政府保护市场的行为，发挥“扶持之手”的作用，是推动中国经济增长的主要原因。然而有学者观察到，在变革的过程中，中央和地方的财政关系始终处于变动之中，从财政包干到分税制，地方政府面对的中央承诺并不稳定，似乎并不足以为其发展经济提供持续激励，但地方政府几乎都是毫不动摇地促进经济增长。“政治锦标赛”理论认为地方干部出于晋升的目的，围绕经济增长等上级关注的目标展开竞争是实现地方经济增长的主要原因④。这一理论强调了在经济分权的情况下，中央对于各地方人事任免的实际“控制

① 关于制度对经济增长的影响，主要思想参见 Daron Acemoglu，*Introduction to Modern Economic Growth*，Princeton：Princeton University，2009。

② 参见张军：《分权与增长：中国的故事》，《经济学季刊》2007年第7期。

③ 或称保护市场的财政联邦主义、地方发展型政府理论。

④ 参见周黎安：《中国地方官员的晋升锦标赛模式研究》，《经济研究》2007年第7期。

力”对于地方决策者行为的影响，虽然这一理论受到部分质疑①，但仍为解释中国地方官员行为动机提供了有益的补充，捕捉到了行政科层系统内“对上负责”的强激励。在高度集中的政治体制下，自上而下的目标分解、实施与考核是普遍存在的，尤其是对于基层政府的约束性目标而言，“对上负责”的激励客观发挥作用。20 世纪 90 年代，中央改革干部管理体制，规范了政绩考核体系，“十一五”规划引入了约束性目标，保护耕地、节能减排和减少污染等任务绩效进入了地方干部考核，成为干部问责甚至一票否决的内容。如国家发展改革委在《单位 GDP 能耗考核体系实施方案》② 中曾提出将降低能耗作为对省级领导班子、国企负责人工作绩效的考察内容，对于完成或超额完成的地方政府进行表彰，而对于未完成者则取消年度评优资格，并暂停审批新建高能耗项目。当时的环保总局（现生态环境部）也颁布了《“十一五”主要污染物总量减排核查办法（试行）》③，明确对各级政府“十一五”期间主要污染物减排情况的考核方案，对于整改不力、造成不良社会影响者追究相关人员责任。

以上两种理论能为中国经济增长提供较为完整的解释，而五年规划及其支持性制度的运行，实现了对以上两种理论的整合，对中国故事给出更为完整的叙事带来了新的可能。五年规划制度体系协调了政治体系、经济体系和社会体系中各主体的关系，发挥了国家治理的作用，缓解了中央权威与有效治理之间的固有矛盾，正是对于财政分权理论和政治锦标赛理论的整合，也构成规划治理绩效的核心来源。

自秦始皇统一中国建立郡县制后，中央统一领导下的地方分权体制就已经确立下来，经过历代建制而不断强化。基层政权的“嵌入”能力还需借助社会自治的力量，可以说中国自古至今的国家治理模式就是围绕着中央—地方—

① 参见陶然等：《经济增长能够带来晋升吗？——对晋升锦标竞赛理论的逻辑挑战与省级实证重估》，《管理世界》2010 年第 12 期；杨其静等：《地方领导晋升竞争是标尺赛、锦标赛还是资格赛》，《世界经济》2013 年第 12 期。

② 《单位 GDP 能耗考核体系实施方案》，2008 年 2 月 22 日，见 http：//www. mofcom. gov. cn/aarticle/bh/200802/20080205391239. html。

③ 《关于印发〈“十一五”主要污染物总量减排核查办法（试行）〉的通知》，2007 年 8 月 16 日，见 http：//www. mee. gov. cn/gkml/zj/wj/200910/t20091022_ 172473. htm。

社会三个层次的合作、冲突、权力分配与利益妥协而不断展开的。央地权力的“收放”循环，成为中国国家治理中非常清晰的历史线索。计划经济体制下，在一个区域差异较大的大国建立起高度集中的资源配置体系，尤其需要解决央地关系的协调问题，而这也构成我国经济体制改革的一个重要方面。

在这样的背景下，平衡“中央权威”和“有效治理”是能够实现国家有效治理的基本前提。当代中国地方政府的经济分权最突出体现为财政分权制度，中央权威则体现为党中央对人事任免权的绝对控制、中央政策与国家目标的落实、上级政府所保留的对下级政府事权执行过程中的部分干预权等。在政治上与中央保持一致，保持对党的忠诚，克服困难努力完成重大政治任务是地方政府义不容辞的责任。在五年规划的执行过程中，目标设定过程充分吸纳信息，回应了经济分权下的地方利益；规划执行过程中的目标绩效考核制，利用中央权威促进国家目标实现，克服地方政府出于本级利益忽视整体性诉求的动机；同时，规划执行与验收中伴随着自上而下的授权行为，使地方政府可以因地制宜制定、执行规划，使事权与财权相互配合，发挥经济分权在政策适应性效率方面的灵活度①。

由此可见，五年规划通过一系列制度设计缓解了中央权威与有效治理的矛盾，创建并扩大央地共容利益，从而带来规划的治理绩效，编制并实施五年规划因此构成了解释中国经济增长的又一个更具综合视角的制度性原因。此外，五年规划还协调了政府与市场的关系，为经济增长释放市场活力，但限于篇幅，这部分并不是本书论述的重点。

三、五年规划的经济绩效：来自现实世界的证据

主流经济学的分析范式是从数据和现实出发，对某项政策的实施效果进行评估，对五年规划治理绩效的研究也不例外。从现有的经济学研究来看，目前

---

① 比如“九五”计划后，中央已不再制定固定资产投资目标，在后续的历次五年规（计）划中，大部分省、自治区和直辖市以及其下级政府都无一例外地将固定资产投资设为规划目标，且经济增长目标也都高于中央。央地规划目标的一致性程度及其背后的机制将在第三章进行集中讨论。

国内外学者对五年规划实际绩效的研究总结见表 2.5，从中我们可以找到五年规划影响经济绩效的特征、途径以及未来研究方向。

表 2.5　五年规划的绩效文献总结

主题	文献
五年规划与全要素生产率	宋凌云等（2013）：受五年规划中产业政策支持行业的全要素生产率相对较高
	余泳泽等（2019）：经济增长目标的“硬约束”性越强，越容易降低全要素生产率；经济增长目标层层加码带来投资扭曲、资源错配抑制了全要素生产率的提升
五年规划与创新	黎文靖等（2016），余明桂等（2016）：受五年规划产业政策支持企业的专利申请数量相对更多
	晏艳阳等（2018）：五年规划中的产业支持阻碍受支持企业的创新效率，促使企业寻租
	吴建南等（2018）：五年规划中发明专利授权量目标设置显著提高了发明专利授权量
经济增长目标与实际增长	徐现祥等（2017）：经济增长目标与实际经济增速同向同比例变化，主要机制是资本的积累
经济增长目标与发展质量	徐现祥等（2018）：经济增长与发展质量的关系取决于政府所运用的政策工具是要素投入还是技术进步
经济增长目标与均衡发展	徐现祥等（2014）：中央可信的重视地区均衡发展，偏向经济欠发达地区时，发达地区会降低经济增长目标
经济增长目标与财政分权	詹新宇等（2020）：财政分权对增长的正向效用主要来自推动投资及工业化促进了经济增长目标的实现
五年规划的治理绩效	陈升等（2018）：规划的可行性、操作性、客观性影响实施情况
	唐啸等（2018）：中国各省区五年规划完成率总体上升，省区差距缩小
	普赖斯等（Price et al.，2011）：大部分省份都完成甚至超额完成了“十一五”规划的减排目标
	陈升等（2019）：规划执行主体对规划绩效具有显著影响
	余泳泽等（2017）：市委书记对经济增长目标制定的影响较大；市委书记年龄与经济增长目标负向相关；市委书记任期同经济增长目标及完成情况呈倒 U 形关系
	周黎安等（2015）：层层加码与官员任期呈倒 U 形关系
五年规划与企业出口	施、徐（Shi & Xu，2018）：以“十一五”规划对不同省份节能减排目标的设置差异为准自然实验，发现对于污染密集型产业，环境规制降低企业出口

续表

主题	文献
五年规划与金融发展	切纳等（Chena，et al.，2017）：五年规划重点支持产业中的国有企业，其因贷款利率优势获得更快发展
五年规划与环境	胡鞍钢等（2010）：五年计划的指标加快了“六五”以来我国能源强度的下降
	张涛等（2017）：“十二五”规划首次纳入“每万人口发明专利拥有量”，提高了有效发明量
五年规划与资源配置	张莉等（2017）：重点产业政策显著提高城市工业用地出让的宗数和面积；地方政府会将工业用地更多配置在地方提及而中央未提及的重点发展产业上
	胡深等（2019）：高经济增长目标会促使地方政府扩大出让土地的规模，降低协议出让单价
五年规划与企业并购	钟宁桦等（2019）：受五年规划重点产业政策支持的企业支付高并购溢价，但并购完成的概率低
五年规划与地方行为动机	陈等（Chen et al.，2018）：对二氧化硫的绩效考核评价导致二氧化硫排放与经济增长率的显著下降，且在“双控区”更明显

对于五年规划经济治理绩效的研究主要可以分为两大类：一是五年规划发挥作用的程度与其影响机制，讨论规划主体的特征、目标的“约束性”强弱、规划的可操作性、地方在落实规划的“自由选择”空间、地方政府行为动机等对规划目标完成程度、具体目标设定的影响；二是五年规划对实体经济的影响，包括经济增长、全要素生产率、企业创新、环境、资源配置、出口与并购等方面。这些研究关注五年规划文本提及的众多具体领域，就好似组成拼图的各个部分，正逐渐形成解释规划治理机制的完整图像，而本书把五年规划作为国家治理手段，探究其产生经济治理绩效的整体机制。从五年规划的政策发生过程出发，对其政策过程与执行机制，包括目标理性（规划设定过程、中央政府和地方政府的目标设定差异）与目标执行中的支持性制度（中央与地方之间关于五年规划目标形成的激励约束机制）进行理论分析，重点关注五年规划如何通过协调央地关系，为地方政府带来执行国家目标的激励与约束，进而影响经济治理绩效。从这个意义上说，本书的研究路径和以上实证研究有所区别。以上实证研究仿佛组成拼图的各个部分，正在由部分到整体逐渐地还原

规划治理的全貌。而本书的工作则可理解为拼图的“简介”或者“说明”，也许笔者所提炼的权衡取舍并不能概括规划治理的全貌，但采取了从整体到局部的分析方式，从理论上与现有实证研究形成呼应和衔接，深化对于规划治理模式的认识。

第 三 章

规划设定过程中的目标理性机制

在社会主义市场经济体制内各项具体制度仍在不断完善的状态下，编制并实施五年规划能够将国家治理嵌入相对可控的政策过程与可量化的目标体系中，从而有效把握中长期发展方向，降低改革过程中的风险与不确定性。规划设定的目标是否合理，是影响规划治理绩效的关键因素。本章将着重分析规划设定过程中的目标理性机制，包括规划设定的政策过程设计对于保障目标科学合理性的作用，以及目标设定阶段中所呈现的央地关系特征。通过对中央和地方"十五"计划与"十一五"规划的文本分析，探讨在规划权逐级下放的情况下，地方和中央在规划目标上的差异。由于直接作用于经济社会发展的目标体系是地方根据中央目标而提出的本级目标，观察地方规划目标与中央目标的差异至少能够体现出一段时期内央地的利益偏好差异，识别出地方政府所看重的局部利益或地方政府根据本地特有信息对规划内容的调整，这类调整也是影响目标理性程度的关键。之所以选定"十五"和"十一五"两个阶段，是因为自"十一五"规划起，通过设立约束性目标，中央政府强化了对地方政府执行规划的法律责任，五年规划的完成率也有所提高。这有助于观察在中央政府通过强调规划的约束性以敦促地方政府与中央保持一致以后，央地共容利益程度是否有所提高，在央地规划目标的一致性程度上又将呈现何种变化趋势，从而为后文关于目标绩效考核制和规划授权的正式模型化研究提供现实依据。

第一节 目标理性机制的基本内涵

在五年规划的制度演变过程中，规划制定过程的规范化和程序化是较为突出的历史趋势。五年规划能够发挥国家治理作用的重要前提之一，就是“目标理性”，即规划目标是在充分整合各类信息、统合社会诉求的基础上确认的理性的目标优先级。五年规划的制定作为政策过程的首要环节，其流程与机制设计能够基本上为其目标体系奠定理性基础。其一，各层级政府同时展开反复多次的调查研究，并有选择地汇总信息至中央，使中央得以发挥整体性知识在克服市场失灵与协调失败等方面的优势；其二，规划制定权分散在各级政府手中，有利于地方结合实际情况、因地制宜调整规划内容；其三，每五年制定一次并细化为各年度指标的规划内容将根据国内外经济形势的变化得以定期灵活调整，从而保持五年规划制度的“适应性效率”，将长期目标与短期目标有效地结合起来。适应性效率来源于一个整体能够在面临不确定性时，为不断的试错创造条件并调整那些已经无法解决新问题的制度。五年规划的制定、调整过程恰恰体现了这种因时因地、相机决策而带来的效率。

我国当前五年规划的决策模式是由国家发展改革委牵头，涉及国家各部门、各地区，经历反复调研与修订最终通过全国人民代表大会审查通过的完整法律过程。目前，五年规划的制定过程已经较为稳定，形成了从中期评估、前期调研、编制规划建议，再到编制规划纲要的完整政策过程，图 3. 1 以“十三五”规划为例对这一过程进行总结。

中期评估：“十三五”规划的政策过程始于对“十二五”规划的中期评估。中期评估一般是在上一个五年规划运行的第三年年初进行，对“十二五”规划的中期评估开始于 2013 年 3 月，主要采取多部门、第三方评估相结合的方式。2018 年全国人大常委会审议了《“十三五”规划纲要实施中期评估报告》，报告对主要的规划指标做统计与评价。截至 2018 年 12 月 24 日评估报告发布之时，2 项指标提前完成：互联网普及率和森林蓄积量，4 项指标进度落后：服务业增加值比重、研发经费投入强度、新增建设用地规模、地表水劣 V

流程	中期评估 →	预调研与基本思路 →	中央建议制定 →	规划纲要编制
参与主体	国家发展改革委、各部门、各地方、第三方机构	国家发展改革委、各研究机构、国务院	党中央各部门、国家发展改革委	国务院、国家发展改革委、国家各部门
具体操作	国家发展改革委起草，国务院审核，全国人大常委会审议	国家发展改革委发布课题、实地调研、形成思路，经国务院报送党中央	党中央起草、征求意见，提交中共中央全会审议	国务院组织、国家发展改革委牵头、各部门参加，提交全国人大审查
时间点	2013.3—2013.12	2013年底—2014年底	2015年初—2015.10	2015.5—2016.3

图 3.1　“十三五”规划制定流程图

类水体比例。通过对五年规划实施效果的中期评估，可以对接下来 2—3 年时间的政府工作方向作出战略部署，适度调整指标及激励约束方式，促使规划按时保质完成。

预调研与基本思路：在中期评估后，就正式进入“十三五”规划的编制过程。首先是“预调研与基本编制思路的形成”，即对经济与社会发展中的具体问题展开调研和前期研究，这一过程由中央和地方同时开展，为五年规划的编制打基础。从中央层面上看，由国家发展改革委组织，发布五年规划的重大课题，采取公开投标、定向委托、国际合作等形式委托相关部门、智库、国际组织及重点企业展开调研。“十三五”规划累计公布课题 84 项，承担者包括中国社会科学院、清华大学、北京大学、中国人民大学等研究机构，阿里巴巴集团，国务院发展研究中心与宏观经济研究院，以及麦肯锡咨询公司、亚洲开发银行等国际组织。

在前期研究的基础上，国家发展改革委负责深入基层单位开展重大问题的预调研。预调研一般持续一年左右，“十三五”规划的预调研从 2013 年年底开始一直到 2014 年年底，进一步明确重点问题、为形成编制思路做准备。编制思路主要包括未来五年发展的指导思想与具体措施，由国家发展改革委制定后上报国务院常务会议审议，报送党中央。

预调研和基本编制思路的形成本质上是中央和地方围绕五年规划任务的信

息和意见交换，以达到“兼听则明”、整合分散知识，最终形成下一阶段全景式发展思路的效果。具体来看，中央与地方几乎同时开展预调研和前期编制，地方政府按照国家发改委的指导意见对各部门、辖区内下级政府展开前期调研，形成规划编制思路并层层向上报送。在这一过程中，下级政府会主动与上级政府沟通，通过正式或非正式的沟通方式促使本地拟发展的项目有机会加入上级规划中。一旦成功，地方政府就能够取得在上级规划甚至国家规划中的确认，获得相应的政策资源支持，实现自上而下的目标下达与自下而上的偏好传达之间的平衡，达到统合不同层级政府利益的目的。

中央建议制定：在前期调研和基本思路形成后，下一步是起草并出台中共中央关于制定五年规划的建议（以下简称《建议》）。就“十三五”规划而言，这一过程自 2015 年年初启动，到党的十八届五中全会（10 月）出台，历时 9 个月左右。“十三五”规划建议直接由中央政治局牵头负责。规划建议是对五年规划编制思路的确认，具有指导性和纲领性的意义，体现了党对未来五年经济社会的发展战略，其制定过程也经历了反复的党内外意见征求与广泛的调查研究。在中央出台《建议》后，各地结合中央精神和地方实际，分别制定本地的《建议》，需要体现中央建议的精神，但地方五年规划的文本出台却有可能早于中央。

规划纲要编制：国民经济和社会规划纲要（草案）的编制几乎与《建议》同时，但其编制过程更长，一直持续到两会前。在《建议》出台前，规划纲要已存在一个大概的框架，后续根据《建议》进一步修改调整。征求意见稿形成后下发到各地区、各部门，广泛征求国内外专家学者、企业、群众等建议后，形成规划草案，报国务院、政治局、全国人大审议并不断调整。最后，在两会期间由全国人大正式审议通过。

以“十三五”规划为例，五年规划的编制历经 3 年有余，从中期评估、前期编制、《建议》出台到纲要出台，历经十余个步骤，其中最为重要的特点是充分、反复的意见交换——对地方实际情况和诉求的调查、党内外人士的建议听取、国内外专家对重大项目的研究结果、企业群众代表的声音倾听，等等。在这一过程中，国家发展改革委通过收集众多分散信息，对关系中长期经济社会发展的重大问题有所了解，这是保证五年规划目标理性的关键。充分的意见交换也意味着中央政府可以将地方政府的利益诉求部分地纳入国家规划的层面，实现央地利益的初步统合，有利于设定合理目标的同时，减少目标推行的阻力。

五年规划政策过程的确立与完善并非一蹴而就。“一五”计划以来，规划制定的方式与程序、规划执行的激励机制等经历了从无到有、从不成熟到逐渐稳定与制度化的过程，为发挥规划的治理效能提供了结构性条件。“一五”计划至“五五”计划是规划制度程序的探索与起步阶段，虽然编制程序并不稳定，但确立了五年计划对国民生产的调控作用，为五年计划的编制与实施建立了基本的组织与制度框架。“六五”计划至“十五”计划期间是规划定位与规划程序的关键确立期，规划所涉领域有所扩大，规划制定、评估与考核程序逐步健全。在规划定位方面，自“六五”计划起，“国民经济发展五年计划”更名为“国民经济和社会发展五年计划”，在经济增长的基础上引入了包括经济体制改革、财政收支、科教兴国、环境与民生等目标，逐渐具备公共治理特征。“十五”计划中首次将五年计划定性为“国民经济和社会发展的宏伟蓝图，全国各族人民共同奋斗的行动纲领”，作用在于“阐述国家战略意图，明确政府工作重点，引导市场主体行为方向”。这一时期的规划制定程序与决策模式也逐步走向稳定与完善。“七五”计划的编制持续三年，经过反复调研、多次计算与调整，充分吸纳了党内外、各地方多群体的意见，恢复了由党中央提出五年计划建议，再由国务院制定五年计划草案并提交全国人民代表大会审查通过的模式。“十五”计划首次向社会公众征求五年计划的编制建议，五年计划的编制、衔接、论证、审批、评估程序在“十五”期末首次得到制度化确认。同时，“十五”计划时期首次引入五年计划中期评估制度，即由国家计委（后改组为国家发展改革委）组织政府各部门和各地方政府展开内部评估并对各项指标进行初步审核。在规划实施方面，“十五”计划至“十四五”规划都将保障规划实施的制度安排作为一篇单独列出，包括对保障规划实施的措施、规划实施的评估考核。“十三五”规划在此基础上对规划实施的财政保障与民众参与等方面首次提出要求。“十四五”规划则对“加快发展规划立法”

首次作出要求，为编制并执行五年规划提供法律依据与保障。从指令性计划到发展规划，从单一经济目标到涉及经济与社会发展各方面的综合指标，从不稳定的制定程序与有限范围的集体决策到逐渐完善的政策过程与广泛问计于民，五年规划的制定与执行日益制度化，有效地保障了目标理性，促进了国家治理效能的发挥。

第二节　目标设定过程中的央地关系

五年规划的制定过程是高度分权的，中央和地方几乎同时展开五年规划的编制，地方人大通过的五年规划不需要特意报告国家发展改革委①，且地方五年规划先于国家五年规划通过的现象不在少数。影响经济社会生活的不仅是国家层面的五年规划，更在于各地方层面的五年规划及各类具体的产业、区域发展政策，这些政策相互配合形成“规划系统”，通过协调市场主体的激励而发挥作用。在地方政府拥有部分规划权的基础上，对地方规划目标的研究将有助于理解目标，以及五年规划及其支持性制度对于央地关系的协调作用。

本节选取全国31个省（自治区、直辖市）“十五”计划和“十一五”规划的各类目标、指标进行分析。自“十一五”开始，“计划”更名为“规划”并详细区分了预期性和约束性两类指标，五年规划的性质和作用机制发生了明显的转变，承担了促进经济发展方式转型的重要作用。通过统计、对比“十五”和“十一五”时期同一省（自治区、直辖市）不同时期、不同省（自治区、直辖市）与中央规划的重点五年规划目标，我们能够加深关于地方政府的利益偏好、规划权下放后不同性质的规划目标对于地方自设目标行为的影响、规划目标如何体现央地利益的统合程度等问题的理解。

---

① 地方政府五年规划在地方和中央《建议》的基础上，体现中央精神的同时，结合自身实际情况与地方利益而制定，但如果地方规划某些指标与中央目标偏离过大，国家发展改革委会主动与省份协调、调整。

一、“十五”计划各省（自治区、直辖市）自设目标特征

“十五”计划中，中央政府（国家层面规划）提出了5大类、25项指标，具体见表3.1。

表3.1 “十五”计划中央目标

类别	序号	指标名称	数值
宏观调控	1	经济增长速度	7%左右
	2	国内生产总值	12.5万亿元左右
	3	人均国内生产总值	9400元
	4	城镇新增就业	4000万人
	5	转移农业劳动力	4000万人
	6	城镇登记失业率	5%左右
经济结构调整	7	第一产业增加值占国内生产总值比重	13%
	8	第二产业增加值占国内生产总值比重	51%
	9	第三产业增加值占国内生产总值比重	36%
	10	第一产业从业人员占全社会从业人员比重	44%
	11	第二产业从业人员占全社会从业人员比重	23%
	12	第三产业从业人员占全社会从业人员比重	33%
科技教育发展	13	社会研究与开发经费占国内生产总值比例	1.5%以上
	14	初中毛入学率	90%以上
	15	高中阶段教育毛入学率	60%左右
	16	高等教育毛入学率	15%左右
可持续发展	17	人口自然增长率	9‰以内
	18	全国总人口	13.3亿人
	19	森林覆盖率	18.20%
	20	城市建成区绿化覆盖率	35%
	21	主要污染物排放总量减少（比2000年）	10%
提高生活水平	22	城镇居民人均可支配收入年均增长	5%左右
	23	农村居民人均纯收入年均增长	5%左右
	24	城镇居民人均住宅建筑面积	22平方米
	25	全国有线电视入户率	40%

各省（自治区、直辖市）政府与中央政府同时展开五年规划编制，地方政府的五年规划在体现规划《建议》的要求外，也是本省利益偏好与主政官员执政理念的反映。本节对比了地方政府与中央政府具体的五年规划指标，将地方指标分为四类进行数量统计与比重分析：自设指标、相符指标、加码指标和减码指标，此外也对地方未提及的中央目标进行统计。以安徽省为例进行说明，自设指标是指地方政府在规划中明确提及的核心目标，但不在中央的五年规划中，比如“非公有制经济占经济总量的比重”；相符指标是指与中央提出的目标数值完全一致的指标，如“人口自然增长率”；加码指标即在中央指标基础上，提高本地指标，如“国内生产总值增速”；减码指标则相反，表现为本地指标低于中央指标，如“第三产业增加值占国内生产总值比重”等①。

从总体上看，各省（自治区、直辖市）的“十五”计划平均设定 31.5 个目标，高于中央制定的目标总数，四类指标占比情况见图 3.2。

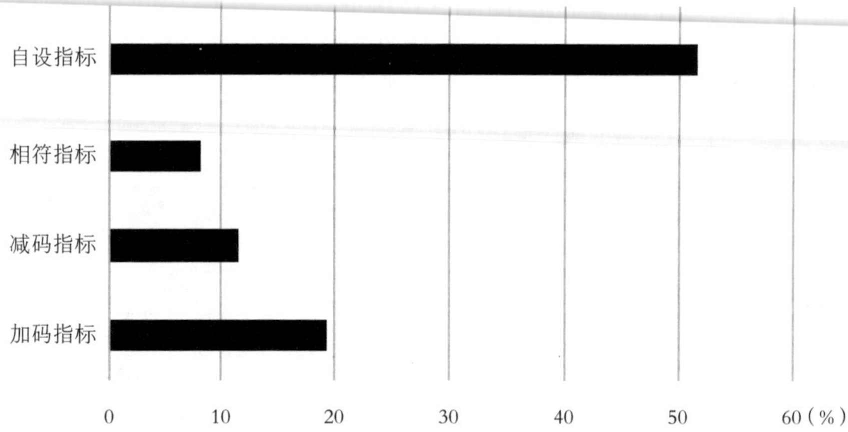

图 3.2 “十五”计划指标类型分布

① 这是一个较为宽松的分类，仅关注地方政府五年规划报告中提出的主要目标与中央目标在文本表达和数值上的不一致性。地方根据自身情况灵活设计的指标被放入“自设目标”范围，如“十一五”规划中，创新的指标是研究与试验支出占 GDP 比重，有的地方政府则会使用“每万人专利申请量”“高新技术产业占比”等目标。另外，对于总量目标（人均 GDP 总值、GDP 总值、城镇新增就业与农业劳动力转移等），由于地方与全国不具备可比性，因此并不做讨论。这也是四类指标比重相加小于 1 的原因；未提及的目标包含大类相同，但具体指标不同的情况，笔者认为这也体现了央地利益的不一致性，如地方提出“每万人专利申请量”的目标，但没有提出中央规划中的“试验与研究支出占比”，笔者依然认为“试验与研究支出占比”属于未提及目标。

由图 3.2 可知，地方规划中占比最高的是自设指标，达到50%以上，之后占比由高到低依次为加码指标、减码指标和相符指标。对于中央规划而言，未被地方政府原封不动纳入省级规划中的指标数均值为 9.87 个，占中央规划指标总数的 31.8%。这说明省级政府享有较为充分的规划权，在制定规划的时候会加入地方诉求并有权结合自身情况灵活调整中央设定的具体指标。“十五”计划的分权特征明显，也带来中央规划目标对地方约束力不足的问题。

从指标特征上看，笔者总结了以下 18 个主要的中央指标，涵盖宏观调控、经济结构、科学教育、可持续发展与民生五大方面，按照地方加码、减码、央地相符、地方未提及四类划分后的省级规划指标统计情况，见表 3.2。

表 3.2　“十五”计划中央目标分类统计　　单位：个

类型	序号	指标名称	未提及省份	加码省份	减码省份	相符省份
调控	1	经济增长速度	0	31	0	0
	2	城镇登记失业率	5	11	0	15
结构	3	第一产业增加值占比	4	15	10	2
	4	第二产业增加值占比	4	1	23	3
	5	第三产业增加值占比	4	21	4	2
	6	第一产业从业人员占比	23	7	1	0
	7	第二产业从业人员占比	23	0	7	1
	8	第三产业从业人员占比	23	3	5	0
科教	9	社会研究与开发经费占比	13	4	5	9
	10	初中毛入学率	22	2	5	2
	11	高中阶段教育毛入学率	19	2	6	4
	12	高等教育毛入学率	7	8	8	8
发展	13	人口自然增长率	4	14	8	5
	14	森林覆盖率	7	17	6	1
	15	城市建成区绿化覆盖率	14	3	10	4
	16	主要污染物排放总量减少	25	2	1	3
民生	17	城镇居民人均可支配收入年均增长	7	16	0	8
	18	农村居民人均纯收入年均增长	8	13	4	6

对于经济调控类目标而言，大部分省份都采取了加码或相符策略制定本省规划目标，尤其是经济增长目标，全部31个省（自治区、直辖市）都进行了不同程度的加码，这与现有文献中观察到的对增长目标层层加码的现象相一致。在本书的框架下，其原因在于以经济建设为中心的政策导向、中央对经济增长目标的强激励以及在此目标上央地利益共容程度较高有关。

对于经济结构类目标而言，67.7%的省（自治区、直辖市）选择在“第三产业增加值占比”上加码，74.2%的省（自治区、直辖市）对“第二产业增加值占比”进行减码，可以看出大力发展服务业是“十五”计划期间中央和地方政府都十分重视的一项目标。但第二产业增加值占比的调整却略有困难。从就业的角度来看，产业结构调整的目标几乎没有发挥作用，74.2%的省（自治区、直辖市）都没有制定就业方面的三次产业比例目标，但城镇登记失业率却没有省份减码，这说明地方政府对于就业机构的调整动机不强，“稳就业”是其制定目标时的主要考虑。这是由于产业和就业结构调整与地方本身的产业特征、发展历史、人口结构密切相关，难以作出统一规划，其目标实现在短期内较难实现，且需要更多借助市场力量。

在科教领域，就“社会研究与开发经费占比”目标而言，有41.9%的省（自治区、直辖市）没有制定，45.2%的省（自治区、直辖市）目标与中央相同或低于中央目标，只有北京、福建、上海、天津四地对该目标进行加码。这说明“十五”计划期间，地方政府转变经济发展方式、提高科研投入的动机并不强烈，粗放的经济发展模式改革困难。其中，北京和上海毫无疑问是引领中国经济增长的重要地区，其发展科研创新领域的内生动力强，前期基础好，与中央保持一致的程度也较强。

可持续发展目标中，“主要污染物排放减少”的约束力并不强，80.6%的省（自治区、直辖市）都没有制定该目标。污染物减排在短期内可能约束经济增速进一步提高，相对于所有省市对经济增速的层层加码，对节能减排目标的忽略是可以预见的。特别地，辽宁和山西对该目标进行加码。两地发展对资源的依赖强，尤其是煤炭行业造成的空气污染较为严重，放大了环境污染对于可持续发展的约束。

最后，对于民生指标，超过40%的省（自治区、直辖市）都选择了加码，说明地方政府也较为关注居民收入的提高。

我们用各个指标中“未提及”的省（自治区、直辖市）占比作为“央地利益偏离”的测度发现，经济增长类为8.1%，经济结构类为43.5%，科教类为49.2%，发展类为40.3%，民生类为24.2%。这意味着在经济增长方面，中央和地方的共容利益空间是最大的，其次是民生，经济结构调整、科教、可持续发展方面央地偏好的不一致程度高，直接影响相关指标的落实，而这三个方面正是深化改革、转变经济增长模式的重要领域。

从地区特征上看，我们可将各省（自治区、直辖市）“自设目标占比”以及“未提及中央目标个数”作为地方利益偏好的衡量指标，见图3.3和图3.4。

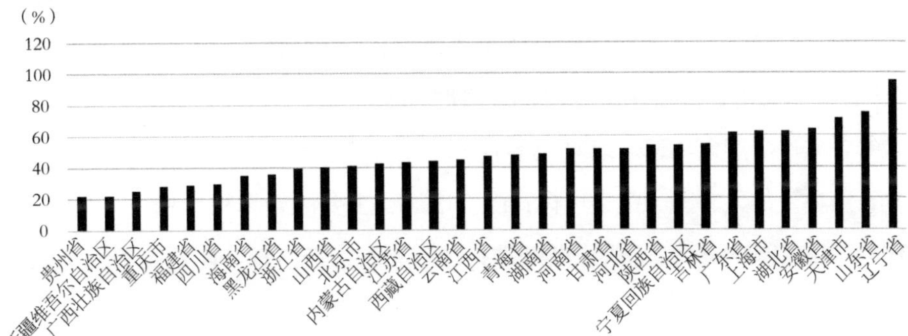

图3.3　“十五”计划各省（自治区、直辖市）自设指标占比

两幅图中省（自治区、直辖市）的排序、分布存在差异，我们可以将其分为四个区间，见表3.3。

表3.3　省级政府类型（目标维度）

自设目标 \ 未提及目标	未提及个数多	未提及个数少
自设目标占比高	偏离履责	高度履责
自设目标占比低	高度偏离	高度一致

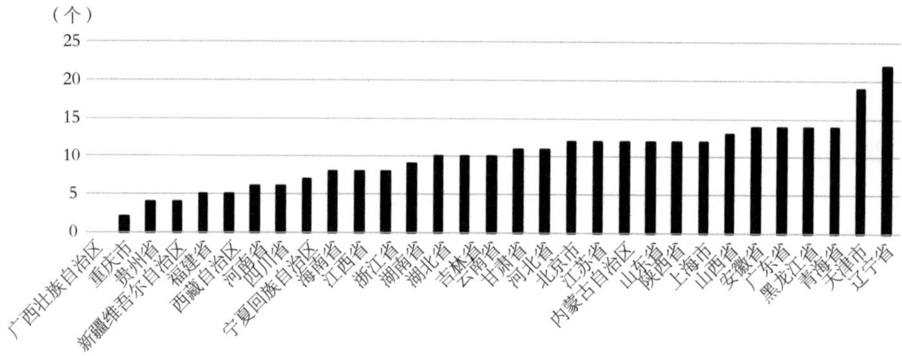

图 3.4　“十五”计划各省（自治区、直辖市）未提及中央目标个数

当地方政府的自设目标占比较高同时未提及的中央目标较多时，我们认为地方政府的发展理念、局部利益与中央存在较高的不一致性，但是能够按照自己的方式，按照符合本地情况的原则积极履责，即“偏离履责”类型。辽宁省就符合这一特点：自设指标占比与未理会的中央指标都最多。在辽宁省的“十五”计划中，仍然保留着计划经济时期的“特色”，包括石油、煤炭、钢铁等各类产品产量增速、绝对值等目标，仍然类似于“国家工厂”的生产计划，所提及的只有三个中央目标：经济增速、主要污染物减排和森林覆盖率。作为“共和国长子”、老牌工业基地，辽宁省的经济体制、计划体制改革任务是较为艰巨的。

当地方政府自设指标占比高且未提及的中央指标个数较少时，即为“高度履责”类型。如山东省有 39 个自设目标，仅次于辽宁省，但是中央所提出的目标超过半数都在山东本省的规划中有所体现，吉林省也呈现类似的特征，这些省份的规划兼顾了地方与中央的利益偏好。

当自设目标占比低同时未提及的中央目标也较多时，我们称这类省份为“高度偏离”型。中央目标构成其规划中的大部分内容，但并不能被一一对应、全部接纳，说明该地方政府并没有结合自身情况合理调整中央目标，而是采取“接纳符合本地情况的中央目标，拒绝不符合地方利益的中央目标”的方式。黑龙江省就表现出如此特征，目标总量仅有 17 个，是全国最低值。其中，近 60%的目标来自中央，但未提及的中央目标个数在全部省份中是第四高的。

最后一种“高度一致”型是地方自设目标占比和未提及的中央目标个数都较低的省（自治区、直辖市），如重庆、福建、广西等，它们与中央的利益相符程度较高，对中央规划《建议》的精神把握较好。

这四类典型的地方政府目标设定行为告诉我们，在经济改革的过程中，地方政府与中央“步调不一致”的情况是普遍存在的，主要受规划编制过程的分权特征以及经济上的财政分权制度影响，体现了规划的灵活性与适应性效率。由于精力有限，本书未对地级市指标进行类似整理，但文献中大量的田野观察发现，越接近基层的政府，其治理权越低，来自上级政府的绩效指标考核压力就越大。在这种情况下，只有经济增长这类央地共容利益空间较大的目标才能够得到较为充分的实现。对于环境保护和可持续发展类的目标，在缺乏严格激励考核的情况下，在省一级已经“打折扣”，更难以调动省以下各级政府落实相关指标的积极性。正因如此，“十一五”规划将部分央地共容利益程度不高、地方政府激励不足的目标设定为“约束性”目标，以促进目标达成。

二、“十一五”规划各省（自治区、直辖市）自设目标特征

“十一五”规划中，中央关注的核心目标有所减少，共22个，见表3.4。

表3.4　“十一五”规划中央目标

类别	序号	指标名称	数值
经济增长	1	国内生产总值	26.1万亿元；7.5%
	2	人均国内生产总值	19270元；6.6%
经济结构	3	服务业增加值比重	43.3%；[3%]
	4	服务业就业比重	35.3%；[4%]
	5	研究与试验发展经费支出占国内生产总值比重	2%；[0.7%]
	6	城镇化率	47%；[4%]

续表

类别	序号	指标名称	数值
人口资源环境	7	全国总人口*	0.8%以内
	8	单位国内生产总值能源消耗降低*	[20%]
	9	单位工业增加值用水量降低*	[30%]
	10	农业灌溉用水有效利用系数	0.5；[0.05]
	11	工业固体废弃物综合利用率	60%；[4.2]
	12	耕地保有量*	1.2亿公顷
	13	主要污染物排放总量减少*	[10%]
	14	森林覆盖率*	20%
公共服务人民生活	15	国民平均受教育年限	9年
	16	城镇基本养老保险覆盖人数*	2.23亿人
	17	新型农村合作医疗覆盖率*	大于80%
	18	五年城镇新增就业	4500万人
	19	五年转移农业劳动力	4500万人
	20	城镇登记失业率	5%
	21	城镇居民人均可支配收入	13390元；5%
	22	农村居民人均纯收入	4150元；5%

表3.4中标注*的为约束性目标，共8个，其余14个为预期性目标，中括号内的指标为累计增速。对比“十五”计划，最为明显的变化是在可持续发展方面，增加了节能节水、耕地保护，最后确立7个指标，除农业灌溉用水和工业固体废弃物综合利用率外，均为约束性目标，即要求地方政府必须达成的。

此外，中央政府将经济结构调整的目标弱化了，只关注服务业增加值和就业的比重。这是由于上一个五年计划关于三次产业结构调整的指标，尤其是就业方面，大部分省级五年规划都未做过多强调，说明该指标实现难度大或指标设计的合理性有待商榷。关于教育的目标，取消了初高中以及高等教育毛入学率的指标，更换为国民平均受教育年限。这可能是由于高校扩招，义务教育逐渐普及，之前指标的适用性降低，且受教育年限指标在各省（自治区、直辖市）之间更具有可比性。

中央层面五年规划的结构调整与约束性的增强对地方自设目标行为带来影响。从总体上看，“十一五”规划各省（自治区、直辖市）的平均目标约为30个，其与“十五”计划的对比见表3.5。

表3.5 “十一五”规划与“十五”计划各省（自治区、直辖市）目标分类对比（指标平均数量）

指标类别	未提及	自设	财政指标
“十五”计划	9.9	16.3	1.3
“十一五”规划	6.3	12.9	0.9

可以看出，“十一五”规划中，各省（自治区、直辖市）政府平均自设目标、未提及的中央目标个数明显下降，在地方自设目标中最为普遍的财政收入和财政支出指标个数也相应下降。这说明“十一五”规划增强了国家对省级规划目标设定行为的约束力，主要由于实施了预期性目标和约束性目标的分类，加强了对地方落实约束性指标绩效考核。

分指标来看，本节重点选取了国内生产总值、服务业增加值比重、研究与试验发展经费支出占国内生产总值比重、单位国内生产总值能源消耗降低、主要污染物排放总量减少和新型农村合作医疗覆盖率6个指标。它们包括了增长、结构、环境和民生（公共服务）四大类。其中，部分指标与“十五”计划重合，只不过变为约束性指标，如污染物排放减少，另一部分则为新指标。通过观察地方政府在这些目标上的设定行为，可观察“十一五”时期对地方政府目标考核激励与约束的变化，见表3.6。

表3.6 “十一五”规划中央目标分类统计 单位：个

类别	序号	指标名称	未提及省份	加码省份	减码省份	相符省份
增长	1	经济增长速度	0	31	0	0
结构	2	服务业增加值占比	12	5	13	1
	3	研究与试验发展经费支出占比	4	6	15	6

续表

类别	序号	指标名称	未提及省份	加码省份	减码省份	相符省份
发展	4	单位国内生产总值能源消耗降低*	1	6	7	17
	5	主要污染物排放总量减少*	11	8	2	10
民生	6	新型农村合作医疗覆盖率*	17	7	0	7

注：加*代表约束性目标。

在这6项指标中，经济增长速度作为预期性目标，仍然是全部省（自治区、直辖市）加码，经济增长依然最符合央地的共容利益；经济结构类的“服务业增加值占比”指标设定情况不容乐观，80.6%的省（自治区、直辖市）都选择不提及该指标或者进行减码，对比“十五”计划中的“第三产业增加值占比”，减码省（自治区、直辖市）比例为25.8%。这表明在将产业结构调整明确为预期性目标后，省级政府在设定目标时反而采取减码的策略，降低对该目标的重视程度。从激励理论来看，一旦某项任务的责任边界被明确划分，将导致代理人对于需要承担责任的目标予以更多重视与资源倾斜，相反那些原来由于责任边界不清晰而需要努力完成的任务，反而由于明确为不需要承担法律责任的范围而在一定程度上被忽视。同时，这可能与产业结构调整较为依赖地方政府的实际经济发展情况、经济发展模式转型困难有关；对于“研究与试验发展经费支出占比”指标，相符或加码的省（自治区、直辖市）与减码的省（自治区、直辖市）数量相当，“十五”计划中有13个省（自治区、直辖市）忽略了该指标，但是“十一五”规划中只有4个省（自治区、直辖市）未提及，说明科技创新已经逐渐成为地方政府的内在激励，央地共容利益程度有所提升；对于三项约束性目标，由于“十一五”规划期间，中央政府极为重视“能耗降低”，几乎所有省（自治区、直辖市）都制定了这一目标，54.8%的省（自治区、直辖市）直接将减排目标定为20%，与中央保持一致。这说明在约束性目标的制定中，“底线思维”促使地方政府将目标刚好定在中央要求考核的水平上。

“主要污染物排放总量减少”和“新型农村合作医疗覆盖率”目标却呈现

了完全不同的情况，未提及相应目标的省（自治区、直辖市）占比分别为35.5%和54.8%。虽然比“十五”计划时期［未提及减排目标有25个省（自治区、直辖市）］已经改善了很多，但是这仍说明约束性目标未必都是“硬约束”。这提示我们中央和省（自治区、直辖市）政府之间就约束性目标也存在一定的协商空间，要使目标真正得以落实，需要辅之以行之有效的激励约束措施，也即本书始终强调的目标执行中的支持性制度。值得注意的是，我国1995年实施了《中华人民共和国大气污染防治法》，1998年开始进行双控区管理，划定几乎涵盖所有省份的175个市区为双控区，即酸雨控制区和二氧化硫污染控制区。2005年，双控绩效被纳入市委书记与市长的考核，有力促进污染物减排目标的推进。虽然这已是“十一五”期间的措施，但文本分析的结果显示仍不是所有省（自治区、直辖市）都设立减排目标，可能的解释是双控区绩效考核政策对于具体市区的约束更强，对于其所在省（自治区、直辖市）则约束力有限。

进一步地，针对预期性目标、约束性目标，我们分别对加码、减码、与中央目标相符、中央目标未被省级规划提及这四种情况的比例进行统计，见图3.5和图3.6。

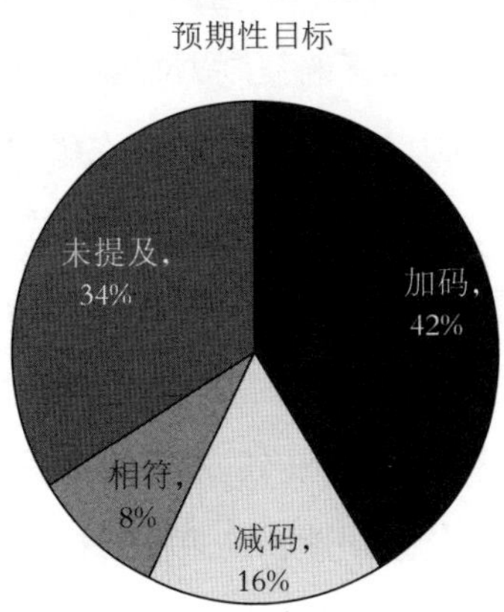

图3.5　地方政府关于预期性目标的设定行为

由此可知，在预期性目标中，被地方政府加码的比例为42%，大于约束性目标中的加码比例（35%）；与中央政府提出的目标相同的比例为8%，小

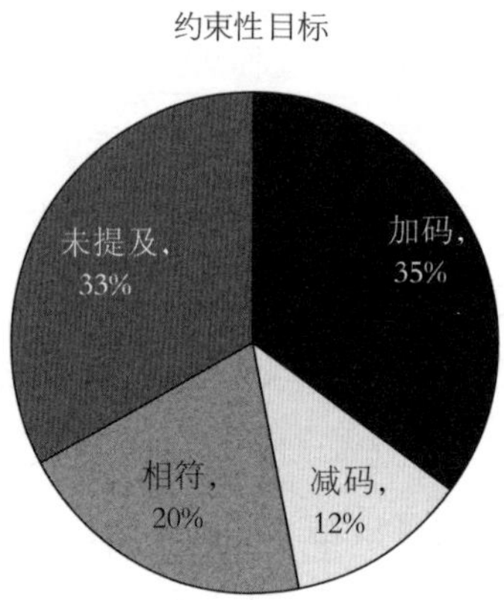

图 3.6　地方政府关于约束性目标的设定行为

于约束性目标（20%）；被地方政府减码的目标比例为 16%，大于约束性目标（12%）。这说明，相对于约束性目标，地方政府对预期性目标的可调整空间较大，选择在约束性目标上加码、减码或未提及的行为要小于预期性目标。这体现出“约束”的意义：目标一般是由上至下层层下拨分解的，调整空间有限。在现实操作中，中央和省（自治区、直辖市）之间在规划目标设定阶段实际上处于一种可协商的状态。因此，在省（自治区、直辖市）五年规划中也可以看到地方对于约束性目标的调整。随着对省（自治区、直辖市）约束性目标考核的逐渐严格化，约束性目标的强制力有所增强，这在部分省（自治区、直辖市）的“十三五”规划中有所体现。如山东省“十三五”规划关于“生态文明”的 10 项目标中，有 4 项目标表述为“完成国家分解任务”，山西省则有 6 项是“具体按照国家下达的目标任务执行”或“控制在国家下达的目标以内”。

反过来，我们也可以从加码、减码、未提及和相符四类地方政府目标设定行为的角度，看每类行为下的预期性和约束性目标分布，见图 3.7 至图 3.10。观察发现，地方政府减码、加码以及未提及中央目标的行为，主要针对预期性目标；地方政府与中央相符的规划目标中，则是约束性目标比例高于预期性目标，这也印证了地方政府在预期性和约束性目标上的设定行为存在显著差异。

从地方的情况来看，“十一五”期间，地方政府自设目标比例为 39%，比

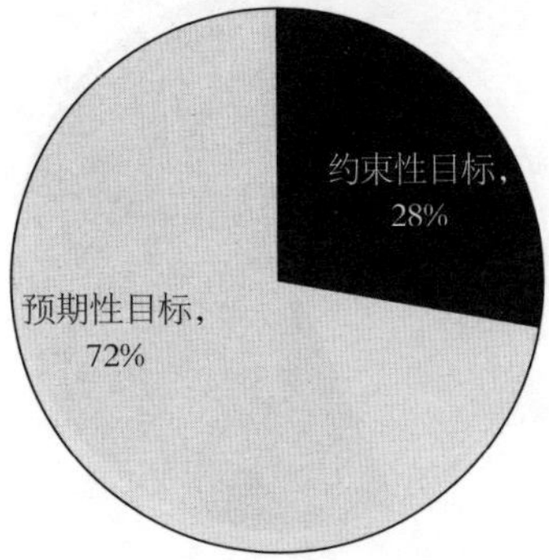

图 3.7　地方规划减码目标的类型分布

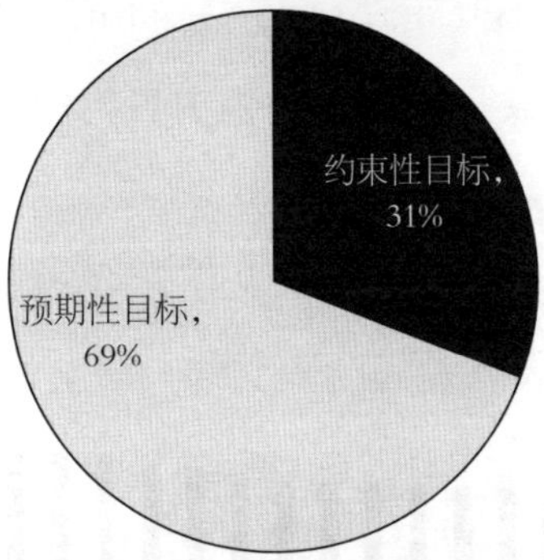

图 3.8　地方规划加码目标的类型分布

图 3.9　地方规划未提及目标的类型分布

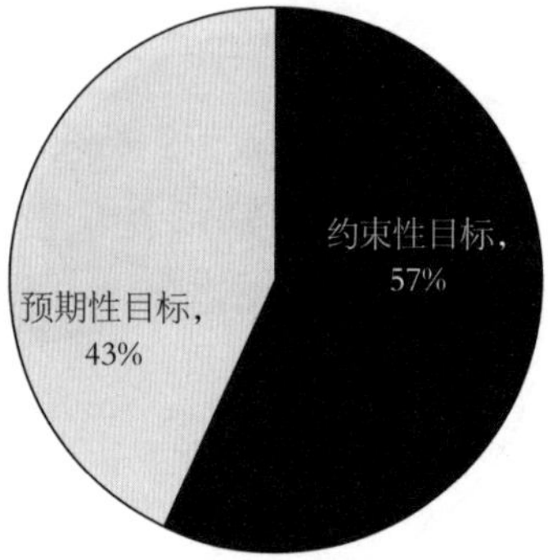

图 3.10　地方与中央相符目标的类型分布

“十五”计划期间降低了 8.5%，说明通过五年规划目标及其支持性制度的变革，央地共容利益程度总体上有所提高。我们可以作出各省（自治区、直辖市）自设目标所占比例以及未提及的中央目标数量分布图，见图 3.11 与图 3.12。

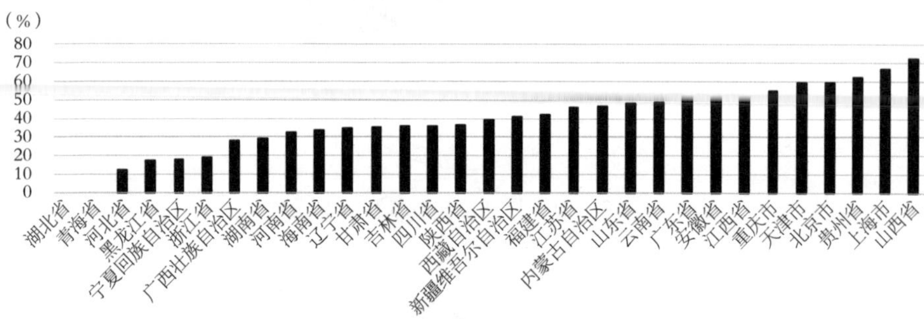

图 3.11　地方“十一五”规划自设指标比例

对比发现，“十五”计划中自设目标比例较高的辽宁、山东、湖北等省份，在“十一五”规划中的自设目标比例均有所下降，而广东、上海、天津等省（自治区、直辖市）依然保持着较高的自设指标比重；新疆、西藏、海南在“十五”计划时期，本级规划中未提及的中央指标数是较少的，但是在“十一五”规划中反而成为前三名。这说明“十一五”规划更加注重全国各省（自治区、直辖市）协调均衡发展，尤其是主体功能区的划分和逐步推行，使不同地区的发展各有侧重，规划的适应性效率进一步增强。这

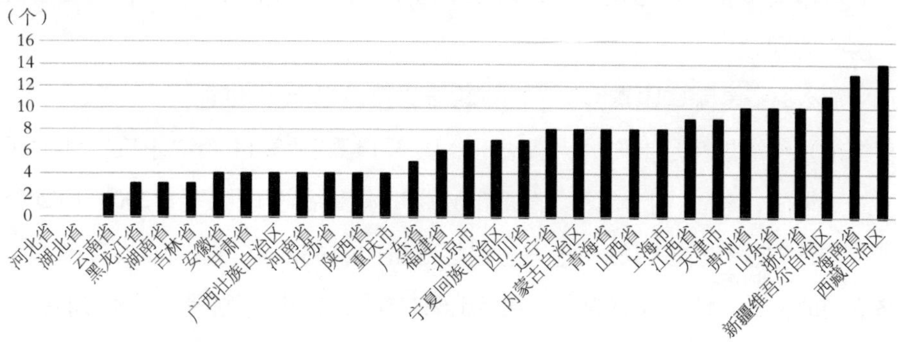

图 3.12　地方“十一五”规划未提及的中央指标数

也可以理解为，中央统一的目标无法完全适应各地实际，在明确划分了约束性和预期性目标及其责任的情况下，反而增强了各地因地制宜调整本级目标的能力。

本章小结

本章围绕规划设定过程中的目标理性机制，对五年规划的编制过程及地方政府五年规划目标与中央五年规划目标之间的关系进行了初步的文本分析和描述性统计，进而对不同时期、不同任务、不同地区的央地共容利益程度进行判断。五年规划的编制过程是高度分权的，中央与地方之间通过反复的调查研究、意见交换与偏好传达，就目标设定展开正式或非正式的协商，其均衡结果一定程度上体现为央地目标的相符程度。

“十五”计划时期，央地共容利益主要集中在经济增长方面，对于可持续发展目标，地方政府的执行激励较弱。为解决这一问题，“十一五”规划将目标划分为预期性和约束性两类，把涉及生态环境保护的指标纳入约束范围。地方政府在预期性目标上的自设空间较大，而对于约束性目标则可操作空间相对较小。因此，相比于“十五”计划，约束性目标的设计较为显著地促进了减排任务的实现，也提高了规划整体完成绩效。然而，并非所有约束性目标都能够得到地方政府本级规划的重视，诸如新型农村合作医疗覆盖率、城镇基本养老保险覆盖率以及主要污染物排放总量减少等仍存在无法贯彻落实的问题。

那么究竟是哪些因素影响了地方政府的自设目标行为呢？各省（自治区、直辖市）经济规模是重要的因素之一。图 3.13 和图 3.14 为“十五”和“十一五”期间，各省（自治区、直辖市）GDP 规模占全国比重（2000 年/2005 年）与地方政府自设目标占地方总目标数量比重的散点图，可以发现随着经济规模的扩大，地方政府的自设目标比例有提高的趋势。原因在于地方的经济体量大意味着可支配的资源增加、可使用的政策灵活度提高，在规划目标设计上同中央政府的谈判力上升、对我国整体经济的影响力增加。同时，也意味着治理范围的扩大与治理难度的提高，因而对因地制宜制定本地规划的要求较高。通过对比这两个五年规（计）划，可以明显感觉到“十一五”规划的地方政府自设目标行为模式发生了改变，反映出规划理念的转变，也基本能够解释规划绩效的变化。

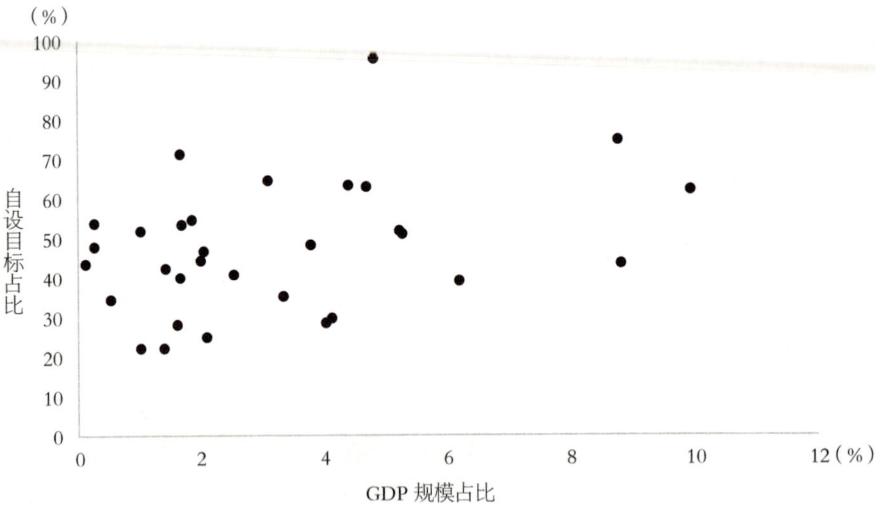

图 3.13 “十五”期间地方自设目标占比与 GDP 占比散点图

本章的主要发现是地方政府与中央政府规划的目标并不完全一致，但“十一五”规划中引入了约束性目标并加强考核后，地方政府平均自设目标数量有所降低，提高了央地利益偏好的一致性程度。这证明了地方政府局部利益

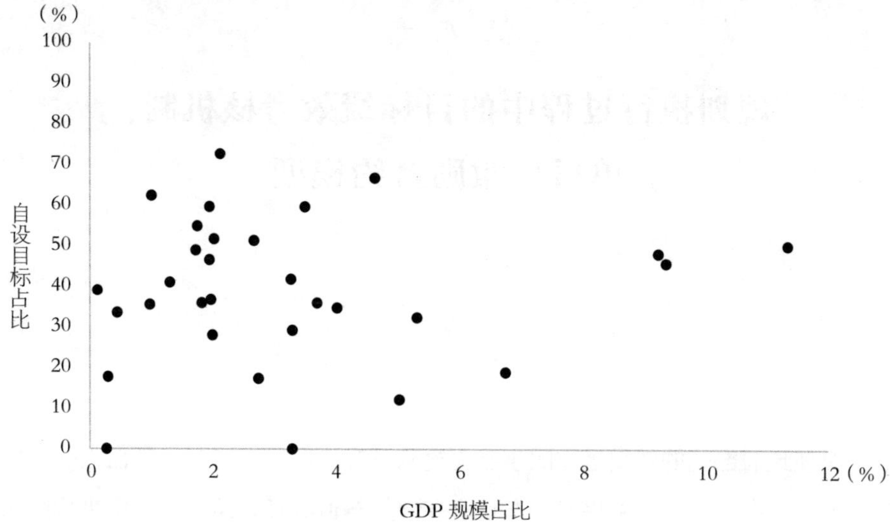

图 3.14　“十一五”期间地方自设目标占比与 GDP 占比散点图

的存在，也体现出五年规划对于央地关系的协调作用，构成全文的基本假设，也是以下第四章至第七章对规划执行机制的理论研究起点。

第四章

规划执行过程中的目标绩效考核机制：单目标激励合约模型

纵使政府部门的效用函数比企业更复杂多样，但在面对某一项自上而下的五年规划任务目标时，中央与地方政府在效用与偏好较为清晰——中央政府希望地方政府努力完成该目标，地方政府权衡成本与收益后，根据效用最大化原则选择执行力度。因此，可以认为中央与地方政府就五年规划任务之间存在着一项合约。经典的委托代理理论主要是在线性合约的框架下讨论最优的合约设计，而较少涉及存在目标激励的委托代理问题，然而以目标作为激励方式的做法在现代企业、政府部门中十分常见。五年规划从抽象意义上讲，就是一个多目标的激励体系。“目标激励”作为一种分段式激励合约，与委托代理理论中较为常用的线性合约具有明显的差别。

线性合约要求委托人和代理人按照固定比例分享产出，这意味着委托人和代理人得到的收益都是随着产出连续变化的①。在委托人和代理人都是风险中性的时候，他们面对不确定性时的收益规则是对等的，产出风险由两方共同承担，即使代理人是风险厌恶的，线性合约也能够通过提供相对稳健（robust）的激励促使代理人投入努力。这意味着在线性合约下，委托人和代理人存在着较多的共同利益和目标（alignment goal between the principal and agent）。

以目标为激励手段的合约则并非如此，只有当实际产出达到委托人设定的目标时，代理人才会获得收益，这部分收益的规则可能满足与线性合约一样的

---

① 参见 Gabriel Carroll，“Robustness and Linear Contracts”，*American Economic Review*，Vol. 105，No. 4（February 2015），pp. 536-563。

条件，即代理人分享产出的固定部分，也可能是与产出无关的固定收益。不同于线性合约的是，当实际产出没有达到委托人目标的时候，代理人只会得到微小数额的固定收益（类似于一种低产出惩罚机制）。如果不考虑代理人事后隐瞒真实产出的机会主义行为，此时代理人面临的风险是更大的，尤其在产出受随机因素干扰的情况下，委托人和代理人在风险承担方面并不对等。在标准的接受或退出（take-it-or-leave）合约下，可以推断面对两类合约，除非完成目标后的期望收益足够高，否则同一个理性且非风险偏好型代理人都会选择线性合约。

在科层制的行政管理体系中，地方代理人基于个人职业长期发展的考虑一般不会选择退出与中央的"目标激励合约"，为了晋升，他们往往会努力执行上级布置的任务。基于此，我们提出了本章拟解决的关键问题：如果目标激励相对于线性合约给代理人带来的风险较高，激励效果不佳，那么为何在五年规划中，中央政府不是仅给出发展目标，而是根据每个省份地方政府的实际任务产出，以线性合约的方式分别和各省份缔约呢？进一步地，哪些任务更适合采取目标激励的方法，哪些又不适合呢？即"目标激励合约"的应用边界是什么。

我们观察到现实中，五年规划的大部分关键性发展目标都伴随着具体的数字指标。除了作为中央政府对作出的未来五年关键发展绩效的承诺，这些数字指标更重要的作用体现在为地方政府建立激励和约束机制。建立在目标绩效考核制度基础上的"目标激励合约"会对各级政府的行为产生重要影响，尤其在环境生态保护、民生保障方面的约束性目标领域。本章主要对此现象及其背后的经济学含义进行分析，第一节是文献综述，对线性合约和目标激励合约的相关文献进行梳理；第二节从现实的角度，对配合五年规划执行而实施的目标绩效考核制度进行回顾与分析，观察其运行的特点及问题；第三节构建了作为反事实的目标线性合约基准模型；第四节以目标激励合约刻画规划治理过程，对比不同合约模式下的社会总福利，得到目标激励合约应用边界；最后是本章小结与引申性的结论。

第一节 关于线性合约与目标激励合约的理论探讨

一、最优合约的“难题”：不确定性下的合约稳健性

在合约理论中，关于线性合约适用性条件的讨论是一个非常基础的问题。这源于一个曾经的难题：由于最终产出包含了代理人行为的信息，而要使激励有效，必须使合约设计直接同代理人的行为信息高度关联。因此，在代理人行为无法直接观测的情况下，最优合约需要随着产出而不断变化（contingent on output）。这使得即使在最简单的设定下，最优激励合约的形式也十分复杂，从而使模型难以得到扩展，也很难满足某些限制条件，无疑加大了最优合约的讨论难度①。更重要的是，从现实逻辑和理论逻辑出发，最优的合约安排至少应该在多种情况下都呈现优势，维持基本的稳健性。委托代理模型下，最优线性合约的复杂性与现实中稳健性线性合约的普遍性的矛盾限制了委托代理模型的应用范围。

对这一问题的较早讨论来自莫里斯（Mirrlees，1971），他证明了线性收入税的最优性②。进一步地，Mirrless（1974）讨论了在存在信息不对称和不确定性下的社会福利问题，对阿罗德布鲁提出的福利经济学一般框架进行了有益的补充与拓展③。如果将福利经济学的研究问题理解为政府如何选择一系列替代性政策以在消费者之间合理分配资源，那么在信息完全时，市场竞争总会得到帕累托有效的结果；而在资源分配与自然状态的分布有关且信息不完

---

① 参见 Bengt Holmstrom，Paul Milgrom，“Aggregation and Linearity in the Provision of Intertemporal Incentives”，*Econometrica*，Vol. 55，No. 2（March 1987），pp. 303 - 328；Sanford J. Grossman，Oliver D. Hart. “Implicit Contracts under Asymmetric Information”，*The Quarterly Journal of Economics*，Vol. 98（1983）pp. 123-156。

② 参见 James A. Mirrlees，“An Exploration in the Theory of Optimum Income Taxation”，*The Review of Economic Studies*，Vol. 38，No. 2（April 1971），pp. 175-208。

③ 参见 James A. Mirrlees，“Optimum Accumulation under Uncertainty：The Case of Stationary Returns to Investment”，in *Allocation Under Uncertainty：Equilibrium and Optimality*，Jacques H. Drèze（ed.），London：Palgrave Macmillan，1974，pp. 36-50。

美（imperfect information）的情况下，社会最优的政策安排是不存在的。此时，可以通过设计一个给予少数群体（产出低于阈值）极低支付、多数群体（产出高于阈值）社会最优（first-best）支付的政策机制，无限逼近最优的资源配置方式。他的意思是惩罚那些不幸运或者懒惰的人，同时给其他所有人相同的支付。这种两支付（two-wage）的缔约方式能够解决不完全信息条件下委托代理中的道德风险难题——对于那些遵守政策安排的群体，其收益风险较低，而对于选择偷懒、卸责的群体，收益风险很大。但矛盾的是，这种机制安排难以为风险厌恶代理人提供真正的最优激励，通过降低产出的“惩罚阈值”可以无限逼近但永远无法达至最优。同时，两支付机制只能避免以极低概率出现的低产出，而无法在大概率出现的产出区间内为多数代理人提供有效的激励。

在此基础上，霍姆斯特罗姆、米尔格罗姆（Holmstrom，Milgrom，1987）通过建立存在道德风险的连续多期、代理人多维度行为（multidimensional action）的动态委托代理模型，从数学上证明：在一个动态合约的框架下，当满足委托人和代理人都是不变绝对风险厌恶（独立于时间的效用函数和努力成本）的情况时，且委托人仅能观测到不同时期产出、成本或利润等变量的线性加总时，最优的补偿规则是这些加总变量的线性函数①。线性合约的最优性是相对稳健的，与之对应，最优的分段补偿规则会随着代理人行为的微小变动而偏离最优，且与产出的分布假设密切相关②。例如，当产出服从标准正态分布的时候，由于代理人越努力得到低产出的概率越低，因此两支付合约极大地降低了代理人卸责的可能性。霍姆斯特罗姆和米尔格罗姆的工作建立在动态最优化问题可转化为一系列同质的单期最优化问题的假设下，证明了在长期博弈中，随着代理人的行动集扩大、最优合约的限制条件增加时，线性合约是更为合适的。这对现实中线性合约的普遍性提供了理论解释。后续也有学者对线性

---

①　参见 Bengt Holmstrom，Paul Milgrom，“Aggregation and Linearity in the Provision of Intertemporal Incentives”，*Econometrica*，Vol. 55，No. 2（March 1987），pp. 303-328。

②　如两支付合约：当产出很低的时候，委托人支付给代理人很低的报酬，在产出不是很低的时候支付固定报酬。

合约的最优性问题进行了不同方向的拓展，如戴蒙德（Diamond，1998）证明了当产出同时依赖代理人的选择（choices）和努力（efforts）时，最优的合约会收敛于线性支付规则①；卡罗尔（Carroll，2015）从“最差收益保证”（worst-case payoff guarantee）的角度进一步证明了即使在委托人无法完全得知代理人行动集的情况下，线性合约仍然是最优的②。

在中国五年规划的执行过程中，我们非常明显地观察到一个类似于两支付模式的上下级政府之间就某项任务目标而设立的“合约”。尤其对于“十一五”规划开始提出的“约束性目标”而言更是如此，涉及从上而下的指标分解与绩效考核，如环境保护领域的“一票否决”制等。如果线性合约在多数情况下是最优的，那么为何五年规划中不根据下级政府实际任务产出而设计线性合约予以激励呢？原因可能有以下四点。

1. 委托人与代理人固有偏好不一致，地方政府非“完全代理人”

在财政分权的制度背景下，通过对比中央和省级政府的五年规划文本已经发现各级地方政府都存在局部利益，无法与上级政府的偏好完全保持一致。中央政府在五年规划的制定过程中掌握了更多的信息，能从整体上设定符合国家未来发展的目标并协调各方利益。但地方政府更注重地方本地的发展和本地干部的培养，完成中央的目标可能妨碍在增进局部利益方面的精力投入。因此，中央和地方政府的利益可能不一致，甚至存在冲突，这也决定了中央政府需要设计目标激励考核制度为地方政府完成中央目标提供约束。

如果将中央政府看作委托人，地方政府看作代理人，则委托人和代理人利益不一致程度较高，且不同于莫里斯和霍姆斯特罗姆的讨论，省级政府不是中央政府的“完全雇佣者”——除了中央下达分解的五年规划具体指标外，省级政府仍有其他事权需要履行，包括提供日常社会公共服务和基础设施建设、促进财政收入增加等。此时，目标激励合约的优势不仅在于“惩罚少数”与

① 参见 Peter Diamond，“Managerial Incentives：On the Near Linearity of Optimal Compensation”，*Journal of Political Economy*，Vol. 106，No. 5（October 1998），pp. 931-957。

② Gabriel Carroll，“Robustness and Linear Contracts”，*American Economic Review*，Vol. 105，No. 4（February 2015），pp. 536-63.

减少卸责，引申的意义还在于“惩罚目标偏离”。具体来看，当地方政府与中央政府利益差异较大时，地方政府有可能将更多的努力投入个体任务而非中央下达任务。根据莫里斯（1974）的讨论，当产出风险服从正态分布的情况下，低努力程度使中央下达的任务产出大概率会落在正态分布的尾部。线性合约对位于正态分布中间部分的产出激励是有效的，而在特殊的分布尾部，目标激励合约能够提供更为有效的激励。因此，通过设计以目标为阈值的目标激励合约，中央政府实际上可以克服“非完全代理人”的地方政府关注个体利益的动机，调整实际规划产出的分布范围，创造并扩大央地共容利益，促进国家目标的实现。

2. 目标激励合约能够降低激励成本

给定中央设计五年规划的总目标（如经济增长、环境改善等），如果中央政府不进一步设计具体指标数值，而是围绕总目标为地方政府提供线性合约①，虽然避免了事前设定指标的谈判成本，但大大增加了事后验收成本。上级政府需要与下辖若干下级政府针对五年考核期末各项绩效逐一谈判、认定，工作量大、成本高。而目标激励合约以指标是否完成及完成程度作为统一的绩效衡量标准，节约了事后绩效认定成本，只需要制定指标即可以较低激励成本带来较强的激励效果，将协商过程前移也有助于减少目标推行阻力。

3. 多任务情况下，线性合约难以实现全面有效激励

现实中，诸如促进经济增长、提高城镇化率、加强环境保护等五年规划任务都是相关联的，它们有时相辅相成，有时相互制约。如果采取线性合约形式，难以根据各项产出分离出地方政府在各任务上的努力程度。我们可以设想这样一种情况，比如某省份“单位 GDP 能耗”降低了 25%，但 GDP 出现负增长；或者 GDP 增长 10%，但“单位 GDP 能耗”增长了 20%，那么在线性合约的情况下，这两种情况下该省份得到的收益所带来的效用很可能在同一条无差异曲线上，无法达到多目标同时激励的效果。

① 即根据各地方政府期末实际产出给予“报酬”（奖金与工资、非物质荣誉奖励、晋升资格等）。

4. 目标激励合约能够保证多代理人“产出竞争”的公平性

按照“政治锦标赛”的逻辑，地方干部的晋升围绕 GDP 增长的绩效展开，而现实中五年规划任务的情况的确成为考核干部的重要方面，这在规划文本中就有非常明显的体现，面对荣誉、晋升等稀缺“政治资源”，规划绩效也是衡量地方政府履责情况、为干部所竞争的指标之一。产出竞争的有效性需要满足一系列的条件，如政治晋升承诺的可信性、考核指标的透明性与可比性等。在五年规划的执行过程中，围绕规划目标的激励合约降低了事后验收时上下级政府之间的合谋概率，限制了上级干部根据个人偏好行使提拔、处分下级干部的权利，保证了多代理人产出竞争的相对公平。采取线性合约激励则会带来极强的契约不完全性和大量的事后再谈判，从而削弱“产出竞争”制度的公平可信性，即使在高度集中的人事控制权下，仍无法带来有效的行政激励。

基于以上四点，在五年规划给出了未来五年经济社会发展的大方向后，需要辅以具体的目标、指标激励，才能够协调地方政府和中央政府之间的偏好差异，以相对较低的成本实现多任务、多代理人竞争环境下的有效激励，这是五年规划在执行过程中得以增进中央权威，进而基本得到落实的重要原因。现实中，随着治理权限的逐级下沉，市、区、县等基层政府之间围绕规划指标的绩效考核制度尤为明显。

本章根据中国五年规划制度体系中的各类指标与对应的激励考核机制，建立以“目标激励”为特点的委托代理模型并与围绕总目标笼统设计的标准线性合约进行激励成本的对比分析。本章的工作是对五年规划目标绩效考核制度的刻画，有助于理解五年规划制度在行政体系中的运行逻辑；同时，也能够从委托人代理人偏好差异的视角对目标激励合约的讨论进行理论上的补充。五年规划系统下的目标不仅是为了激励代理人付出最优努力，也是未来五年国家发展的重大蓝图，集中体现了中央政府的偏好。虽然莫里斯（1974）对于分段合约的最优产出阈值几乎没有讨论，只是从最优解存在性的意义上给出了相应的预测，在本章的分析中如何选择合适目标以协调央地偏好是十分重要的，是对分段式激励合约中阈值选择问题的补充性研究。

二、计划、目标与激励

（一）规划合约

与本章直接相关的文献是关于计划或者规划的目标选择问题。在 20 世纪六七十年代，时值苏联正在进行适度分权的计划经济体制改革，众多学者对此展开了探讨，汇集了对制定经济发展计划与目标问题的诸多重要洞见，后续随着计划经济体系逐渐退出历史舞台，这类计划目标类的文献也大幅减少。发展经济学的理论内核在于将发展中国家和发达国家面临的经济问题加以区分，认为在市场机制不甚完善的条件下，发展中国家面对的是如何制定政策实现发展而非传统意义上的增长问题。亨特（Hunter，1961）讨论了发展经济学的基本问题：即一个低收入转型国家应如何通过制定合适的发展计划（developmental planning）与经济策略以实现赶超目标，主要关注经济目标的“紧张度”（tautness）和“灵活度”（flexibility）之间的权衡①。在这篇文章中，“经济计划”的性质和作用被“再认知”，经济计划不是市场的替代手段，经济增长也不是计划模仿市场配置资源的“副产品”。计划发挥着帮助政策制定者有意识地确定技术更新速率与创新方向、实现国家技术转型，从而“主动”促进经济增长的重要作用。在这个意义上，为发展计划构建一个不同于新古典框架下的修正理论是十分必要的。

在 Hunter 之后，许多学者也将视角投向了经济计划目标的激励作用及目标实现的效果，试图找到最优的计划目标。核心的权衡取舍是，当目标较“紧”（taut）时，会起到较强的激励作用，在经济发展初期能够调动生产积极性，促进增长；但当目标高过一定限度时将无法实现，或者引起多种产品生产比例、价格系统等的扭曲。因此，不同发展阶段与需求决定了计划目标的“松紧程度”和执行效果，这也构成了计划经济体制下追求经济效率的核心权衡取舍。具体来看，韦茨曼（Weitzman，1976）认为设计有效的激励机制不仅是计划经济需要面对的问题，而且是普遍存在于经济世界中的。以苏联改革后

---

① 参见 Holland Hunter，“Optimum Tautness in Developmental Planning”，*Economic Development and Cultural Change*，Vol. 9，No. 4（July 1961），pp. 561-572。

的计划体制为例，Weitzman 讨论了在单任务目标下的静态、动态激励问题。尤其重要的是，他提出了企业的努力程度可以改变产出、克服不确定性对产出带来的不利影响，由此设定目标激励企业管理者付出努力是具有意义的。最优的目标激励系统应该满足边际激励效应同社会最优产出水平相适应①。米勒、桑顿（Miller，Thornton，1978）建立了简单的数学模型，刻画了新型苏联激励系统下的企业管理者激励问题，以及不确定性如何影响中央产出目标的选择。不同于认为完成计划目标的概率提升仅可通过设定低目标实现的观点，Miller 和 Thornton 发现通过改变目标绩效考核中的各项基本激励参数，中央计划者可以激励企业设定高目标、提高期望产出及完成目标的概率。但由于中央计划者无法准确知道风险的具体分布情况，只能近似判断应如何改变激励参数，而这可能是不准确的②。

克伦（Keren，1972）提出计划的意义在于改变技术，从而拓展生产可能性边界，通过计划的执行（effort or exertion），中央计划者可以达到“改变未来”的目的③。以此为出发点，Keren 探讨了计划产出目标能够提高实际产出的可能机制，即通过设计与目标相配合的报酬系统和奖励机制，使目标在小于一定范围时，代理人的努力和产出都会随目标的提高而上升；但当目标超过最优范围，目标的提升将对努力带来负向激励，甚至引起产出的下降。Keren（1979）进一步讨论了在多于一种商品的情况下，管理者将如何对计划产出目标及相应的激励体系作出反应，尤其在目标强度加大或者上级计划者明确给出了不同产出任务优先级的情况下，管理者的生产决策将如何变化。④

以上讨论并未涉及目标设定过程中的各主体互动与代理人的事后机会主义行为。法恩（Fan，1975）设计了一个线性的目标激励体系，$B(\pi)=\alpha\pi_0+$

① 参见 Martin L. Weitzman，“The New Soviet Incentive Model”，*The Bell Journal of Economics*，Vol. 7，No. 1（Spring 1976），pp. 251–257。

② 参见 Jeffrey B. Miller，James R. Thornton，“Effort，Uncertainty，and the New Soviet Incentive System”，*Southern Economic Journal*，Vol. 45，No. 2（October 1978），pp. 432–446。

③ 参见 Michael Keren，“On the Tautness of Plans”，*The Review of Economic Studies*，Vol. 39，No. 4（Sepember.，1972），pp. 469–486。

④ 参见 Michael Keren，“The Incentive Effects of Plan Targets and Priorities in a Disaggregated Model”，*Journal of Comparative Economics*，Vol. 3，No. 1（March，1979），pp. 1–26。

$\beta(\pi - \pi_0)$ ，其中 π 代表实际产出，π_0 为产出目标，α、β 为激励强度。Fan 指出，为了防止代理人高报产出，需要将与目标相关的固定报酬部分设定为较高水平，减少产出不一致时的奖励或惩罚，即令 $\alpha > \beta$ 。① 博宁（Bonin，1977）在 Fan 的基础上，讨论了“自下而上”计划模式中（planning from below，PFB）应如何设计最优的激励机制。这种计划模式是分权式的，在计划制定阶段，中央计划者与企业管理者互动交流，主要体现在私人信息搜集和管理者自设绩效标准（下层目标）方面。具体来看，中央计划者根据整体经济运行和系统性目标的知识以及从管理者处得到的知识以制定决策、影响经济活动。管理者有权根据自己设定的绩效标准代替中央计划者的目标，以作为绩效评价的基础，中央需要面临两个任务：一是制定合理的激励机制以使管理者设计合理绩效标准，二是使绩效反映出管理者的真实产出能力。此时，在一个信息高度分散且存在不确定性的环境中，在计划目标处存在拐点的分段线性激励系统能够达到以上两个目的②。Bonin（1979）就此问题进一步展开研究，讨论管理者的预测目标与实际产出将如何随着激励系统中具体参数的改变而调整。这类文献也关注当期绩效与长期目标之间的关系，如一旦代理人采取虚报当期产出以“套取”更多当期收益的策略，那么下一期中央计划者将提高目标。棘轮效应（rachet effect）的存在一定程度上能够限制代理人的事后机会主义行为。③

从方法论的意义上，五年规划下的目标激励合约与以上文献一脉相承，但不同于既有文献对企业产出计划的讨论，我们需要考虑的是在央地治理的视域下，目标是如何激励地方官员的，规划（计划）又发挥了哪些作用。随着我国五年规划制度的不断转型与完善，我国已经放弃直接对主要工农业产品产量

① 参见 Liang-Shing Fan，“On the Reward System”，*The American Economic Review*，Vol. 65，No. 1（March 1975），pp. 226-229。

② 参见 John P. Bonin，“The Visible Hands，Quantity Targets as Coaxing Tools”，*Journal of Comparative Economics*，Vol. 1，No. 3（September 1977），pp. 287-308。

③ 参见 John P. Bonin，Alan J. Marcus，“Information，Motivation，and Control in Decentralized Planning：The Case of Discretionary Managerial Behavior”，*Journal of Comparative Economics*，Vol. 3，No. 3（September 1979），pp. 235-253。

设定指标的做法，在总体五年规划中也不对国有企业的经营、绩效指标设定预期目标。目前，五年规划更多起到了战略设计、宏观调控、引导经济资源流动的作用，主要通过与五年规划配套的目标绩效考核制度实现了对地方官员的激励与约束、增进央地共容利益。从企业生产到地方官员治理，目标激励的基本逻辑是一致的，但也存在诸多不同之处，主要体现在：

1. 地方政府的效用函数较为复杂

不同于企业目标激励的文献中的货币支付或资源转移，地方政府在追求货币支付外（一般是固定工资与绩效工资相结合的形式），更在意长期建立的声誉、荣誉奖励与晋升机会。中央在设定五年规划指标时，需要考虑不同类型官员偏好的异质性，即物质与非物质奖励所带来效用的边际替代率，以提供最有效的激励目标。这无疑增加了为地方政府制定目标的难度。

2. 各地方政府都具有自身偏好，目标协调相对于企业产出的协调更难以实现

在为产出制定计划时，中央计划者需要得到具体的企业成本、生产能力信息，然而这些信息都是与相关原料、要素配给、市场需求等相关、可明确计算的指标。但在制定国家发展规划、为地方政府制定目标时，“事无巨细”是永远无法实现的，协调也十分困难，这就决定了在本质上两类计划是不同的。我国的五年规划更类似于“目标清单”，地方政府在目标清单中，评估自身利益和中央计划者的利益，重新调整目标的优先级，在多目标中达到平衡以实现效用最大化。我国五年规划不是指令性的，而是引导性的，其目标激励机制和实现途径也与指令性的产出计划存在差异。

3. 激励契约存在一定程度的不完全性，即事后再谈判的可能

以上文献主要考虑事前的激励机制设计，隐含假设是该机制能够严格执行。但在五年规划中，地方政府也拥有目标设定权，可在事前同中央政府进行谈判协商，或者事后改变本地指标、说服中央调整考核标准等。这是基于规划目标的策略性可调整特征，在提高目标适应性的同时，也带来了规划的法律定位不清晰、验收过程存在再谈判等问题。这三点都是在模型中需要慎重考虑的，本章重点将在标准委托代理框架下研究目标激励的作用，在传统产出计划

目标激励模型的基础上，着重从代理人效用函数、央地偏好异质性两个方面进行拓展。

（二）公共部门目标绩效考核制

事实上，目标绩效考核制作为组织产出的一种评估与管理方式，普遍存在于企业与政府管理的实践中。现代企业中，董事会对于职业经理人的年度绩效往往采取非线性的目标考核模式，并使经理人的收益与绩效挂钩，以达到激励经理人、挖掘企业家才能的效果①。典型的机制设计如美国较大规模公司普遍使用的企业“年度激励计划”（annual incentive plans，AIP），其由绩效测度、绩效目标、绩效与薪酬关系三部分组成。基本规则是只有当年度计划指标得以完成时，职业经理人才会获得绩效奖励（bonus），本质上是董事会为职业经理人提供的一份目标激励合约②。作为一种激励方式，AIP 客观上达到了激励经理人努力实现绩效目标的作用，但从企业到非营利性的政府或公共组织，这类目标激励合约的有效性以及面临的各类约束都需要重新考量。从行为人动机和偏好的角度来讲，私人部门和公共部门之间的差异主要体现在公共部门目标的复杂性、多样性，具有独特的政治组织特征，而非企业的单一利润最大化目标。此外，对公共部门的产出难以实现准确的测度，公共服务最终的落脚点是市民的满意程度，而政府部门目标体系的多元性意味着难以将各类绩效妥善的区分开来，尤其在各项目标可能存在冲突的情况下③。

目标、计划并不是社会主义国家的“专利”，而是具有方法论意义的国家治理方式。肇始于 20 世纪 80 年代的英国“新公共管理改革”（new public

① 参见 Daniel Sungyeon Kim，Jun Yang，“Beating the Target：Performance Management around the Annual Incentive Target”，*Kelley School of Business Research Paper*，No. 19（February 2014）。

② 参见 Xiumin Martin，et al.，“Target Performance Goals in CEO Compensation Contracts and Management Earnings Guidance”，*Kelley School of Business Research Paper*，No. 17－19（March，2017）。

③ 参见 Simon Guilfoyle，“On Target? — Public Sector Performance Management：Recurrent Themes，Consequences and Questions”，*Policing：A Journal of Policy and Practice*，Vol. 6，No. 3（September 2012），pp. 250－260；Peter M. Jackson，“Governance by Numbers：What have We Learned over the Past 30 Years?” *Public Money and Management*，Vol. 31，No. 1（January 2011），pp. 13－26。

management，NPM）通过设定明确具体的公共服务产出绩效测度并加强对产出的验收与控制，将企业等私人部门的管理方式引入公共领域，强调公共部门的责任、产出与竞争①。这项改革的初衷是缓解传统科层制政府管理结构下的责任主体缺失、效率低下等问题，并在健康卫生、教育等众多公共服务领域实行形式多样的“目标绩效考核制”，包括平衡记分卡（balanced scorecard）、绩效评级制度（star rating system）、提出五年计划目标等类似于计划经济体制中的激励与约束机制。通过引入对公共部门的数字化绩效目标作为衡量公共服务质量与效益的测度，有利于将竞争因素引入政府管理，从而达到提高政府效率的作用。在文献中，这种机制被称为“target and terror”，类似于“胡萝卜加大棒”。这与我国五年规划下的目标绩效考核制度以及干部晋升的竞争机制具有异曲同工之处，本质上是通过中央控制者（central controller）设定目标，考核具体的管理者（manager）以实现对公共产出的控制。不同之处在于，英国的新公共管理改革主要停留在公共服务领域。

基于客观实践，在经济学与公共管理领域涌现出诸多文献，对“目标绩效考核制度”以及抽象意义上的“目标治理”（governance by target）展开理论性思考。首先，一个重要的问题是政府组织是否需要目标治理。支持者认为，目标的缺失，模糊了政府的责任边界，加之政府过程的这一“黑箱”的复杂性，致使政府处于一种近似于对行政事务的垄断状态。通过目标治理有助于促进结果导向型政府（results-driven government）改革，转变政府职能②。持怀疑甚至否定态度的学者则考虑到参与人的博弈行为本身蕴含着摧毁目标体系的因素——扭曲产出、欺骗规制者、合谋、激励无效等方面。正如英国政府在20世纪80年代设定货币供给目标以控制通货膨胀的失败经验所揭示的那样，一旦出于产出控制的目的而给执行者施加压力，他们就很可能改变自己的行为，从而操纵数据、影响考核结果，由此推断任何可观察、可统计的规制体

① 参见Christopher Hood，“A Public Management for All Seasons?”，*Public Administration*，Vol，69，No. 1（March 1991），pp. 3-19。

② 参见Gwyn Bevan，Christopher Hood，“What's Measured is What Matters：Targets and Gaming in the English Public Health Care System”，*Public Administration*，Vol. 84，No. 3（August 2006），pp. 517-538。

系都会趋于崩溃。

参与人之间的博弈对目标体系的负面影响主要源于棘轮效应（ratchet effect）、门槛效应（threshold effect）以及产出扭曲（output distortion）。棘轮效应是指由于中央计划者会根据当年的绩效为地方设定下一年的目标，为防止自身陷入“能力诅咒”，地方政府努力完成政策任务的激励被削弱，而这显然与目标体系的初衷相悖。门槛效应是关于目标对于实际绩效分布的影响。① 正如上一节所提及，分段式激励合约在惩罚不努力、低绩效者较为有效，但是平均意义上讲，可能会将实际绩效的产出均值“拉到”目标的水平，实际产出分布将变得更为集中，在减少低产出概率的同时，也部分遏止了“超额产出”。这在企业职业经理人的目标激励过程以及英国公共卫生体系目标治理改革中都有所体现。产出扭曲则涉及“测度哪些目标”的问题，由于政府目标是多元且复杂的，对于某些任务设定考核指标很可能使政府代理人忽略那些无法设定准确目标但却具有重要意义的任务。提高目标可以缓解门槛效应，客观上有助于提高绩效均值，但会加重棘轮效应或产出扭曲，这构成了目标设定过程中中央控制者所面临的重要权衡。

以上观察与思考的引申含义在于，目标治理发挥作用的一个重要前提就是目标会为个体或组织提供激励与约束，改变参与人的行为；但这种行为改变又必须受到限制，以抵消参与人的机会主义行为对目标本身的损耗。这并不意味着政府部门不能实行目标治理，问题的关键是在操作层面，如何选择合适的目标以及激励方式，限制参与人的博弈损失，保障目标实施。一个“反直觉”的解决方式是适当模糊目标或增加目标验收方面的不确定性，典型的实践如目标绩效考核是存在周期性的，即对目标的验收往往是三年、五年。这不仅体现出长期规划的意义，也为验收行为引入模糊性因素。围绕五年规划设计的政府内部各层级间的授权机制（如目标设定权与激励配置权等）也在一定程度上发挥了增加模糊性的作用。因为目标一旦规定得过于明确、古板，相当于增强了参与人（被考核方）的信息准确性和相应奖惩措施的可置信性，从而既加

① 参见 Sheila M. Bird, et al.,“Performance Indicators: Good, Bad, and Ugly”, *Journal of the Royal Statistical Society*, Vol. 168, No, 1 (January, 2005), pp. 1-27。

强了参与人合谋、博弈的动机，又提高了合谋的能力。如果某项目标十分紧迫，必须明确提出，那么为达到预期效果可以适当牺牲验收过程的合约完整性。如我国上级政府对规划目标的验收具有相对较大的权力，可以在事后调整验收标准、对地方政府执行目标的过程保留干预的权力等。

任务目标与具体考核指标的分解与选择受到政府组织的异质性、复杂性及不确定性三方面因素的影响。异质性衡量组织所提供的产品或者服务种类，一般而言单一任务、单一产出的绩效评估更为简单。复杂性的强弱取决于组织目标的完成是否需要动用多种技能或动员多种力量，越复杂的组织，内部边界就越不清晰，从而为有效的绩效评估带来困难。更为重要的，也是本章在模型构建中关注的核心因素，就是组织所面对的不确定性，即投入和产出之间的关系。较强的不确定性会增加建立绩效、目标、努力程度间合理联系的难度，从而影响目标绩效考核制度的运行效果。我国的五年规划制度已经运行了 70 余年，积累了大量的实践经验，包括目标设定过程的安排，以促进央地信息的交流与偏好整合；目标绩效考核制度及其相应的激励手段设计；旨在提高规划目标弹性和规划合约灵活性的授权制度等。这些实践经验、发展目标治理理论的素材丰富，而我国社会主义市场经济体制下的五年规划运行体系也颇具特色，为理解目标激励合约的应用开辟了国家治理的宏观视角。

第二节　五年规划中的目标绩效考核制

关于规划的讨论建立在三个重要的前提条件下：（1）我国的五年规划是一个庞大的目标体系；（2）存在一整套配合五年规划而存在的目标绩效考核制；（3）各地方政府及干部重视五年规划绩效考核并围绕绩效进行排名与竞争（荣誉、晋升、物质奖励等）。

首先，五年规划的“目标”作用是显而易见的。改革开放前的五年计划类似于“国家工厂的生产计划”，设定钢铁、煤炭、棉花、粮食等各主要工农业产品产量值。在 20 世纪 80 年代早期的计划体制改革中，以中央各部委“条条”的计划与分配资源的方式逐渐弱化，指令性的计划逐步缩小范围，限制在关系国计民生的重要战略性产业，以国有企业作为计划的主要落实主体。随着体制改革的深入，计划逐渐由产业指令性向多目标指导性变化，从“九五”计划开始，不再提出政府投资项目的名录，而是提出关于国民经济发展各方面的总目标和相应的具体指标，如经济总量、经济结构、人口资源与环境等。改革前后，五年规划的内容发生了实质性的变化，但都是围绕着“目标设定”“目标执行”“目标考核”等，始终发挥着“目标治理体系”的作用，发挥着社会主义制度集中力量办大事的优势。

其次，围绕五年规划的绩效考核制度也是普遍存在的。中国以五年规划为核心的政策过程与西方国家的相比具有明显的差别，主要体现在大多数西方国家都会在政府轮换后提出一个笼统的执政目标与政策优先顺序，而不会给出量化指标并作为衡量政府绩效的标准。尤其在多党制国家，“执政党也会考虑自身利益，不希望量化自己的政绩，让人检验，这样即使政策失败，也可以避免在竞选中遭到对手攻击”①。但中国不同，五年规划中会明确提出部分量化指标以规范地方领导干部的行为。“党管干部”是中国政治制度中的最鲜明特征之一，党政干部的选拔、培养与考核对党内治理，乃至整个经济社会的改革与发展都有着重要的影响。党管干部的具体原则在新中国成立后逐步确立，尤其在党的十一届六中全会正式提出废除干部领导职务终身制后，干部的选举任免、考核制度逐渐走向规范化和制度化。从 20 世纪 90 年代开始，党委组织部会根据不同的任务和政策优先顺序来调整考核指标，考核的结果直接影响干部的提拔任用、降级或解职，越来越多的经济、社会指标成为领导干部考核的内容。从 1979 年中组部下发的《关于实行干部考核制度的意见》、1988 年中组部下发的《关于试行地方党政领导干部年度工作考核制度的意见》、1995 年中共中央颁布的《党政领导干部选拔任用工作暂行条例》，到 2000 年中共中央办公厅印发的《深化干部人事制度改革纲要》，再到 2014 年、2019 年两次修订的《党政领导干部选拔任用工作条例》，地方领导干部的考核内容与方法逐步稳定与完善。

---

① 韩博天：《红天鹅：中国独特的治理和制度创新》，中信出版社 2018 年版，第 9 页。

党对干部的培养、任用与选拔机制是五年规划重要的支持性制度，体现为围绕五年规划目标形成了明确的绩效考核制度。五年规划政策过程中十分重要的一环就是中期评估。从“十五”计划开始，我国对五年规划的实施情况引入中期评估制度，由国家发展改革委组织政府各部门和各地方政府展开内部评估，国家统计局对各项指标进行初步审核。“十三五”规划中明确指出开展规划实施情况动态监测和评估工作，把监测评估结果作为改进政府工作和绩效考核的重要依据的要求。在地方，尤其在基层政府五年规划的落实中，更能够明显地感受到绩效考核制度的存在。如云南省楚雄州在《楚雄州人民政府办公室关于2019年政府工作报告主要工作任务分解立项督查的通知》① 中对2019年政府工作报告（可看作五年规划的年度分解计划）中的各项任务指标进行分解，地区生产总值增长10%左右、地方一般公共预算收入增长6%等目标主要责任单位就是州级有关部门和各县市人民政府，甚至对没有明确指标的“目标”如“增强消费基础性作用”等，也规定了州发改委、各县市人民政府等责任单位。进一步地，州政府还为下辖9县（双柏县、牟定县、南华县、姚安县、大姚县、永仁县、元谋县、武定县、禄丰县）分解了经济增长各项指标，且细化到季度指标，作为各县干部的政绩考核标准。而“对没有按时完成任务和推进落实不力的单位，要进行通报批评，责令限期整改，并将情况报州人民政府”。

以上现实观察告诉我们，五年规划中期评估、围绕五年规划目标的任务分解与干部绩效考核是普遍存在的。但问题的关键是，我们需要证明这些正式的绩效考核制度发挥了实质性的激励与约束作用。一方面，目标绩效考核制是在行政逐级发包、任务逐级分解的情况下形成的一套“目标和指标体系”，并作为各级地方官员考核的依据②，主要表现为层层签订的“责任状”，将目标完成情况和考核结果作为奖惩依据。以上事实说明，至少在基层政府，围绕上级

① 《楚雄州人民政府办公室关于2019年政府工作报告主要工作任务分解立项督查的通知》，2019年2月22日，见http：//www.cxz.gov.cn/info/egovinfo/1001/xxgkxt_ content/115323000151673132-02_ /2019-0228001.htm。

② 王汉生等：《目标管理责任制：农村基层政权的实践逻辑》，《社会学研究》2019年第2期。

下达目标的绩效考核结果是决定干部晋升的重要因素，能够给地方干部带来一定压力，从而激励其努力执行上级政府分配的目标。但另一方面，除了正式考核之外，仍存在诸多不确定性因素和非正式制度影响地方干部努力执行规划任务的激励与干部之间的晋升竞争，普遍存在的围绕经济增长等“政绩”的地方竞争等是否真实存在并发挥了作用在学术界仍然存在争议。事实上，目标完成情况和地方官员的职业生涯之间并非严格对应的线性相关关系。现实中为执行五年规划而设计的目标绩效考核制是一个综合了正式考核与非正式激励的体系。给定正式的绩效考核制度，地方干部仍会存在一定的策略性行为空间，正式制度激励效果可能会受到一定的削弱，但瑕不掩瑜，因为地方干部的动机仍然是“完成目标，对上负责”，抓住这一点就可以理解五年规划设定约束性目标并加强实施考核的做法。

从契约的角度来看，五年规划体系是一个相对完备的“目标激励系统”，在委托代理框架下，建模时可将非正式激励的作用抽象为代理人的道德风险或委托人和代理人之间的利益协调问题。进而，在方法论上，我们可以将目标体系、考核体系以及非正式制度等因素放在统一的委托代理框架下进行讨论。以下部分将从最简单的情况进行分析——单代理人、单任务情况下的五年规划目标激励合约。我们的目的是在同一模型基本设定下，分别求解并对比线性合约与目标激励合约的社会福利，探究目标激励合约的应用边界和特征。

第三节　作为反事实的线性合约基准模型

一、理论建模环境

我们首先考虑单一委托人、单一代理人、一期静态合约的情况。为使线性合约和目标激励合约能够在统一的框架内得以对比、讨论，但我们的模型基本设定参考霍姆斯特罗姆和米尔格罗姆（1987）的形式。主要对前文提及的关于我国五年规划更适合目标激励合约的原因之一——地方政府有局部利益，不是中央政府的完全雇佣者，进行建模解释。首先，需要对博弈参与人及其行为和收益进行描述。

（一）博弈参与人

委托人 P 为中央政府（或上级政府①），代理人 A 为地方政府（或下级政府），其中 P 是风险中性的，而 A 具有 CARA（常风险厌恶系数）的偏好形式。

需要注意的是，我们在这里讨论的是政府行政系统内，上下级之间围绕规划目标及其执行所形成的特殊授权关系。上级政府针对关键的目标、指标对下级进行考核，这在市县及以下的基层政府中更为明显，而省级政府相对中央政府仍存在一定的谈判力。随着政权下沉，基层政府治理权较低，对基层政府干部的管理模式也更加接近理性科层组织的绩效管理方式，因此目标（指标）的绩效考核制对基层干部的实际影响较强。但是从总体上看，无论是对省级政府还是以下的各级基层政府，围绕五年规划的绩效考核制都发挥着引导、约束与激励的作用，只不过在程度上有所差异。在以下的讨论中，我们统一用“中央政府”和“地方政府”的表述刻画具有直接委托代理关系的上下级政府，而不区分具体某级政府。

（二）参与人行为

中央政府根据所得到的社会经济形势信息确立五年规划的总体目标，并对地方政府设计相应的激励机制（线性合约或目标激励合约）以促进目标的实现。地方政府实施该目标并根据目标完成程度获得相应的收益或惩罚。值得注意的是，我们将分别讨论现实中运行的目标激励合约与“反事实”的“经典线性合约”。

（三）收益情况

中央政府的收益与目标的完成情况成正比。

地方政府的收益由两部分组成：对上，取决于对中央政府目标的执行情况。在“下管一级”的干部晋升与选拔体制下，对上级目标的完成情况将直

① 我们统一将上级政府称为“中央政府”，需要被考核的下级政府称为“地方政府”，全文中除特别说明外，这些表述之间是可以转换、通用的。此外，除非特别说明，本书各章节中的“规划目标”“目标”“任务目标”“任务”具有相同内涵。

接决定对地方政府的绩效评价，如综合考评得分、荣誉奖励、物质奖金等。以综合考评得分为例，“得分”带来的收益有两种形式：非物质奖励与工资奖励。本章和第五章重点考虑目标绩效考核制度下，地方政府所面对的非物质激励，即上级政府通过人事考核权激励下级干部，主要采取“评先进、典型”等荣誉手段或者“谈话、批评”等惩罚措施以及综合考评下级绩效。在第六章、第七章我们也讨论了地方政府间的财政转移支付关系，即“物质激励”方面，讨论规划权、激励权和验收权的配置。

除了对上负责外，地方本级政府也有自己的特殊利益，比如在上级政府提出的主要发展目标外，大部分地方政府会在本级政府工作报告、五年规划中强调“本级财政收入”或“一般公共预算”目标（如财政总收入与支出的规模和增长率），以及其他适合本地发展方式的自设目标，参见第三章。这意味着地方政府存在局部或私人利益，需要对本级干部、辖区人民负责。一方面，中央的目标有可能与地方偏好不一致，为了作出更好的政绩，地方干部可能会从自身目标出发进行其他方向的努力。另一方面，地方政府也需要有足够的财政收入支撑本级行政系统开支。更重要的是，地方政府的基本职责是为辖区民众提供公共服务和社会保障，这部分是地方干部所关注的，也是必须履行的职责。这三部分构成了地方政府可能不同于中央的三个原因，后文统一称之为“地方利益”。

对上、对下两部分利益分别对应于中央目标（下文称 CG）和地方目标（下文称 LG），实施两类目标获得的收益共同影响地方政府的效用及在中央和地方目标之间的努力分配，而五年规划配套的激励机制能够影响这一选择并协调央地偏好。本章仅考虑 CG 为单任务的情况。

我们可以用图 4.1 对中央（上级）和地方（下级）政府之间的行为关系进行更为清晰的描述。

（四）效用函数

假设地方政府分别在 CG 和 LG 投入努力：e_1、$e_2 \geqslant 0$，带来的政策产出分别为 $G(e_1, \theta)$ 和 $g(e_2)$ 。假设地方政府完成中央目标将会面临产出不确定性 θ , θ 为随机变量，其概率密度函数为 $f(\theta)$ ，概率分布函数为 $F(\theta)$ ，此分布

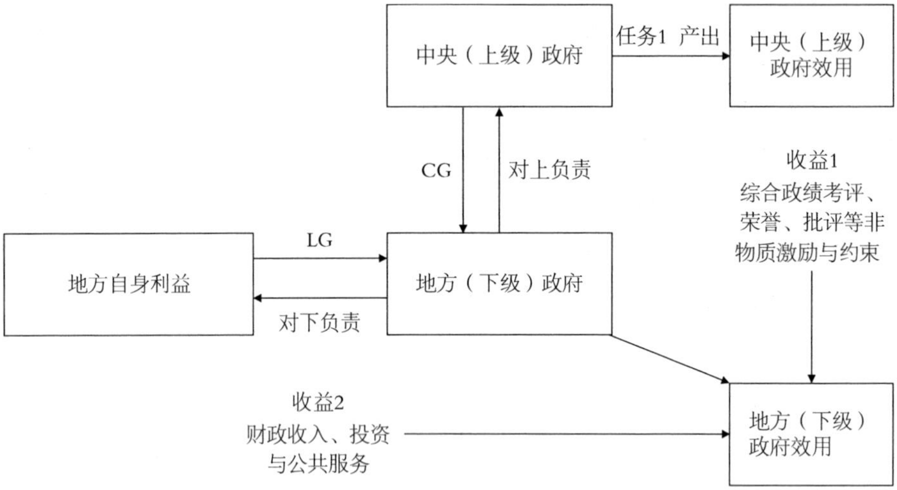

图 4.1 中央（上级）和地方（下级）政府的收益与偏好关系

为中央和地方政府的共同知识。

由于中央无法完全得知地方的实际条件，因此中央提出的目标可能不适合地方发展，或 CG 是根据未来发展需求提出的新方向，但地方缺乏政策经验与基础，因此 CG 的政策产出具有一定不确定性；而对于 LG，地方拥有更多自主权和信息，产出不确定性较低，不失一般性，我们将其标准化为 0。

地方政府在两个目标上付出努力也会产生成本，联合成本函数为 $C(e_1, e_2)$，满足 $\frac{\partial C(\cdot)}{\partial e_i} > 0, \frac{\partial^2 C(\cdot)}{\partial e_i^{\ 2}} > 0$，且成本函数的交叉偏导数 $\frac{\partial^2 C(\cdot)}{\partial e_i \partial e_j}$ 存在（$i, j = 1$ 或 2），即两项任务在成本上可能是独立的（$\frac{\partial^2 C(\cdot)}{\partial e_i \partial e_j} = 0$）、替代的（$\frac{\partial^2 C(\cdot)}{\partial e_i \partial e_j} > 0$）或互补的（$\frac{\partial^2 C(\cdot)}{\partial e_i \partial e_j} < 0$），成本关系将直接影响两项任务的激励效果。

地方政府的实际收益为 $s_1 G(e_1, \theta) + s_2 g(e_2) - C(e_1, e_2)$。其中，$s_1, s_2 \in (0, 1)$ 分别代表 CG 和 LG 给地方政府带来的“激励强度”，s_1 是中央为地方政府提供的激励合约参数，即地方政府分享 CG 任务产出的比例。地方政府从 CG 中得到收益为 $s_1 G(e_1, \theta)$，主要采取荣誉嘉奖、提拔等非物质形式；LG 带来收益 $s_2 g(e_2)$，可能采取货币形式也可能是其他非货币形式衡量的本级利益。两项任务的成本都是以地方干部付出的时间、精力等衡量的。s_1、s_2 体现了地方政府在中央任务和自身利益之间的权衡，影响不同任务之间的精力分配，并能够使两类目标的收益单位统一，可加总构成地方效用。地方政府的效用函数为

$$u_A = -e^{-\mu[s_1G(e_1,\ \theta)+s_2g(e_2)-C(e_1,\ e_2)]} \tag{4.1}$$

中央政府的效用全部来自 CG 上的政策产出，由于 $s_1G(e_1,\ \theta)$ 是非物质激励，给定相对完备、稳定的干部晋升选拔与绩效考核制度，中央政府无须为激励地方政府执行任务付出实质性的货币成本。但这不意味着中央政府设定激励机制是无成本的，无论是在线性合约还是目标激励合约下，过强的激励、过高的目标都将加大资源错配、任务扭曲等负向结果出现的概率，这将为中央政府的激励行为带来约束。

地方干部出于对上负责的心态，会将部分精力投入 CG 中，问题的关键是给定地方存在私人利益，如何针对不同风险程度的 CG，设计有效的激励机制以调整地方政府的努力分配，促进 CG 的达成。具体地，我们将分别对线性合约和目标激励合约进行建模，对比分析两种合约的优势与劣势，从而为五年规划目标激励合约的适用性提供理论基础。

二、线性合约模型的基本设定

（一）地方政府效用函数

$$u_A = -e^{-\mu[s_1(e_1+\theta)+s_2e_2-(\frac{1}{2}e_1^2+\frac{1}{2}e_2^2+\beta e_1e_2)]} \tag{4.2}$$

为使模型简便，我们假设地方政府在 CG 上的政策产出为 $G(e_1,\ \theta)=e_1+\theta$，在 LG 上的政策产出 $g(e_2)=e_2$，联合成本函数为 $\frac{1}{2}e_1^2+\frac{1}{2}e_2^2+\beta e_1e_2$，即两目标上的努力程度共同影响边际成本，$\beta$ 的符号和大小代表两项目标之间的关系，令 $\beta \in [-1,\ 1]$。具体来看，当 $\beta=0$ 时，两目标的努力“在技术上相互独立”；当 $\beta=1$ 时，两目标的努力是可完全替代的；当 $\beta>0$ 时，提高一项目标的努力会提高另一项目标的边际成本，两项目标在努力分配上是竞争性的，存在“努力替代”；当 $\beta<0$ 时，提高一项目标的努力会降低另一项目标的边际成本，即两项目标是“互补”的。同时，我们假设 $\theta \sim N(0,\ \sigma^2)$，即

标准正态分布。令地方政府官员的保留收益为 0。

（二）中央政府效用函数

$$u_P = \alpha E(e_1 + \theta) - c \cdot \pi(s_1) = \alpha e_1 - c s_1 \quad (4.3)$$

中央政府作为委托人是风险中性的，其效用满足式（4.3）。其中 $E(e_1 + \theta)$ 表示委托人只关心 CG 的政策产出而并不需要付出非物质激励成本，α 代表这项任务的紧迫程度，或中央政府对这项任务的重视程度。我们假设 $c \cdot \pi(s_1)$ 衡量该目标可能带来的风险，其中 $c > 0$ 为风险值，$\pi(s_1)$ 代表不同的目标激励强度下，发生风险的概率。我们认为在单任务委托代理的情况下，目标激励强度越高越容易引发地方政府非理性的目标执行行为，从而造成社会风险和产出扭曲。假设随着激励强度的提升，发生社会风险的概率也会上升，即 $\pi'(s_1) > 0$。在 $s_1 \in [0, 1]$ 的情况下，为模型便利，可令 $\pi(s_1) = s_1$，满足 $\pi(s_1) \in [0, 1]$，且随着 s_1 的提高而上升①。

（三）博弈的时序

首先，中央政府为地方政府提供激励合约 s_1 ②。其次，地方政府选择是否接受该合约，如果拒绝，博弈结束；如果接受，则地方政府同时选择 (e_1, e_2) 以最大化自身效用。最后，各方获得效用。在不存在信息不对称的情况下，这一完全信息博弈的时序图如 4.2 所示。

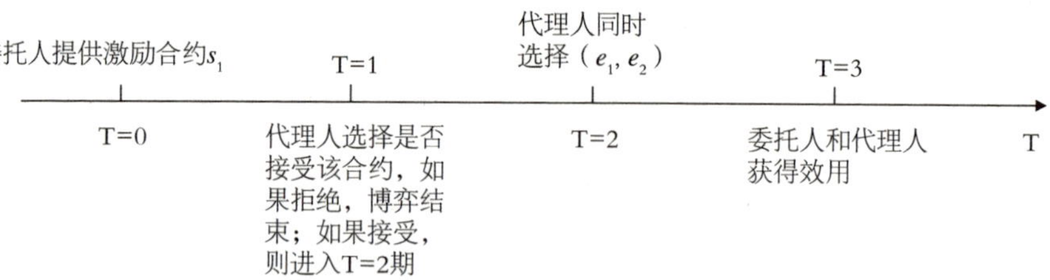

图 4.2　博弈时序图

① 我们不讨论 LG 可能产生的风险，因其与五年规划执行机制之间不存在必然联系。

② 本章只关注随产出变化的激励合约，是否提供固定支付不影响讨论结果，因此未作考虑。

三、合约形式：外生 s_2

根据以上设定，中央（上级）政府为地方（下级）政府设计的目标激励合约的基本形式满足：

$$\max_{s_1} \alpha_1 - c s_1$$

$$s.t. E(-e^{-\mu[s_1(e_1+\theta)+s_2e_2-(\frac{1}{2}e_1^2+\frac{1}{2}e_2^2+\beta e_1e_2)]}) \geqslant \bar{u} \qquad \text{(IR)}$$

$$(e_1, e_2) \in \arg\max_{e_1, e_2} E(-e^{-\mu[s_1(e_1+\theta)+s_2e_2-(\frac{1}{2}e_1^2+\frac{1}{2}e_2^2+\beta e_1e_2)]}) \qquad \text{(IC)} \qquad (4.4)$$

IR 条件为地方政府的参与约束，即接受中央激励契约后的期望效用不小于保留效用 $\bar{u}$ ，假设为 0；IC 条件为地方政府的激励相容约束，即地方政府在合约条件下通过选择最优努力（投入）水平能够最大化自身期望效用。IC 条件可以转化为

$$(e_1, e_2) \in \arg\max_{e_1, e_2}[s_1 e_1 + s_2e_2 - \left(\frac{1}{2}e_1^2 + \frac{1}{2}e_2^2 + \beta e_1 e_2\right) - \frac{\mu}{2}s_1^2\sigma^2]$$ ①

（一）给定激励强度下，地方（下级）政府的最优努力选择讨论

首先，我们不考虑地方（下级）政府的参与约束，仅从激励相容约束入手，考察给定激励强度下，影响地方政府努力程度的因素。求解这样一个无约束的代理人最优化问题是较为简单的，如果我们仅考虑内点解，可以分别写出确定性等价收益关于 (e_1, e_2) 的两个一阶最优条件：

$$\text{F. O. C 1}: s_1 - e_1^* - \beta e_2^* = 0 \qquad (4.5)$$

$$\text{F. O. C 2}: s_2 - e_2^* - \beta e_1^* = 0 \qquad (4.6)$$

联立式（4.4）、式（4.5）可解得最优的努力程度分别为

$$e_1^* = \frac{s_1 - \beta s_2}{1 - \beta^2}, e_2^* = \frac{s_2 - \beta s_1}{1 - \beta^2}$$

若 $\beta = 0$，CG 和 LG 之间成本是独立的，不会产生互相影响，最优解退化为 $e_1^* = s_1$ ，$e_2^* = s_2$ ，仅与在两个目标上的激励程度正相关。

若 $-1 \leqslant \beta < 0$，即 CG 和 LG 之间成本是互补的，在一个目标上努力程度

---

① 转化过程见附录一。

的提高会降低另一个目标的边际成本。例如，CG 是经济增长，LG 是地方招商引资，努力招商引资的同时也会带来经济增长；为了促进经济增长，地方可能会改善营商环境或者减税降费，这又有利于招商引资目标的实现。

此时，若中央政府对 CG 的目标设置强激励，地方政府将把更多的精力投入 CG 上。由于两个目标之间成本互补，若互补性是参与人的事前共同知识，那么即使不设置较高的 s_1 ，通过地方政府对 LG 的“自激励”，也能够达到对 CG 的激励效果并有利于缓解强激励带来的执行扭曲和社会风险。随着 β 的下降，最优的 CG 努力程度将会上升，对于 LG 也一样，即在 (e_1, e_2) 的选择无约束的条件下，给定激励合约，成本互补性的提升将使两个目标的上努力程度都有所提高。

由此可以得到本章的第一个命题：

命题 4. 1：在线性激励合约下，若仅考虑代理人激励相容条件，中央和地方目标的成本互补性越强，中央和地方利益的共容性越强，对地方政府在中央目标上的激励难度降低①。

若 $0 < \beta \leqslant 1$，即目标之间的成本是相互替代的，在一个目标上努力程度的提高会增加另一个目标的边际成本，如中央提出的单位 GDP 能耗降低或森林覆盖率提高等约束性目标将有可能提高地方政府完成发展经济、提高本级政府财政收入目标的成本。如果地方政府将大量精力投入约束性的考核目标中，将会影响本地经济增长速度目标的实现，也不易于地方官员作出显性政绩。当 $\frac{s_2}{s_1}$ 和 $\frac{s_1}{s_2}$ 均处于 $(\beta, \frac{1}{\beta})$ 之间时，其关系见图 4. 3。

在目标冲突、成本替代的情况下，在 CG 上的强激励将降低 LG 的努力程度($\frac{\partial e_2^*}{\partial s_1} < 0$),同时，如果地方政府过于重视私人利益，央地偏好差异较大，也将使得中央目标激励更为困难($\frac{\partial e_1^*}{\partial s_2} < 0$)。两目标之间的成本替代程度将影响努力程度，表现为若某项任务目标的相对激励强度较高($\frac{s_1}{s_2} \geqslant \beta$ 或 $\frac{s_2}{s_1} \geqslant \beta$),随着成本替代性的增强（ β 越大)，在该目标上的地方

① 证明见附录一。

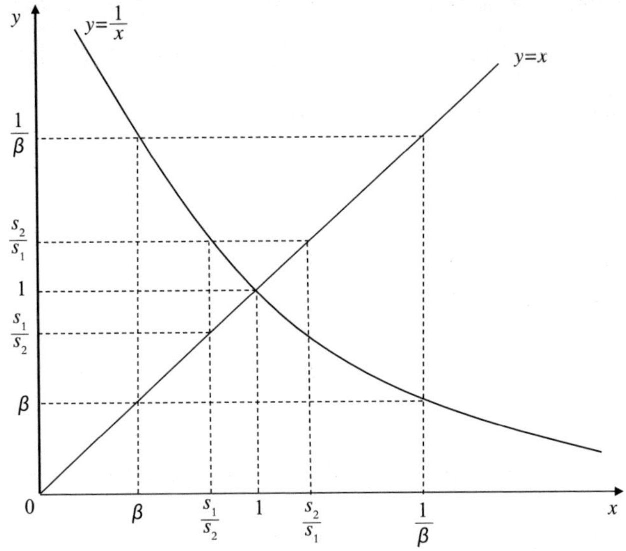

图 4.3　两目标的激励关系①

努力程度越高；反之，对于相对激励较弱的目标，成本替代性增强将降低其努力程度。因此，当成本替代性较强且央地偏好差异大时，为使地方（下级）政府努力执行中央（上级）政府的目标，需要给予强激励，提高 s_1 ，但可能带来执行的扭曲。由此我们可以得到命题 4.2。

命题 4.2：在线性激励合约下，若仅考虑代理人激励相容条件，两项目标的成本替代性越强，对地方政府在中央目标上的激励难度越高。②

（二）中央政府的最优激励强度：s_1^*

进一步地，我们讨论中央政府如何选择最优的激励 s_1^* 。首先，若认为地方政府干部作为科层体系的下级，必须遵循中央政府的指示且无法选择退出（即必须接受该契约），则激励合约的形式较为简单。这意味着我们可以暂且不考虑 IR 条件，直接将 $e_1^* = \dfrac{s_1 - \beta s_2}{1 - \beta^2}$ 带入中央政府的效用函数式

① 此图只展示了 $\frac{s_2}{s_1} > 1$ 且 $\beta \in (0, 1]$ 的情况，参数也可能满足 $\frac{s_2}{s_1} < 1$ 且 $\beta \in (0, 1]$ ，正文中不做讨论。

② 证明见附录一的第 3 部分。

(4.3)($u_P=\alpha e_1-c s_1$)中，并在 $s_1\in[0, 1]$ ①的条件下，求解最优的激励水平（假设 s_2 是外生的共同知识）。此时，中央政府的效用函数形式如式（4.7）和整理后的式（4.8）：

$$u_P=\frac{\alpha(s_1-\beta s_2)}{1-\beta^2}-c s_1 \tag{4.7}$$

$$u_P=\left(\frac{\alpha}{1-\beta^2}-c\right)s_1-\frac{\alpha\beta s_2}{1-\beta^2} \tag{4.8}$$

由式（4.8）可知，中央政府的效用是关于 s_1 的一次函数，若 $\frac{\alpha}{1-\beta^2}-c>0$（即 $\frac{\alpha}{1-\beta^2}>c$），给定两项目标的成本关系 β，这意味着相对于 CG 可能带来的社会风险成本而言，中央政府对这项任务的重视程度更高，完成该目标更为迫切，事关国家发展全局，且两项目标的成本相关性较强。此时，u_P 将随着 s_1 的增加而提高。在 $s_1\in[0, 1]$ 的情况下，最优激励 $s_1^*=1$，即为地方政府提供高能激励。此时，$e_1^*=\frac{1-\beta s_2}{1-\beta^2}$，$e_2^*=\frac{s_2-\beta}{1-\beta^2}$，$u_P=\left(\frac{\alpha}{1-\beta^2}-c\right)-\frac{\alpha\beta s_2}{1-\beta^2}$。

当 $\frac{\alpha}{1-\beta^2}-c<0$ 时，u_P 将随着 s_1 的增加而减小。$\frac{\alpha}{1-\beta^2}<c$ 意味着 CG 可能带来的社会风险成本非常高，超过了目标本身的紧迫程度，相应最优的激励 $s_1^*=0$。这是另一种极端的情况，意味着目标最终没有得到执行，地方（下级）政府将全部努力都投入 LG（私人利益）中。此时，$e_1^*=0$，$e_2^*=s_2$，$u_P=0$。

最优的中央目标激励强度与中央对该目标的重视程度正相关，即若一项目标在中央看来十分紧急，则会被匹配高强度激励。如在环境生态保护领域，对于地方政府环保绩效的“一票否决权”制度。由于 s_1^* 与 CG 执行过程中可能带来的社会总成本正相关，中央在选择激励强度时，也需要考虑社会成本。当

① 对 $s_1\in[0, 1]$ 的假设是为了给角点解的讨论提供便利，事实上，合约初始设计中并不要求对 s_1 的范围作出限制，因此这里讨论了一种特殊情况；但这样的假设并不违背现实，也不会约束模型结论。

一项五年规划的任务目标本身存在一定风险，如“十三五”规划中提出的“城市棚户区住房改造”目标可能涉及住户拆迁、居民安置等问题，那么在对这项目标选择激励合约时，需要考虑到激励过强导致的地方政府执行方法不当、引发社会矛盾的可能性。若风险过高，需要相应减弱该激励。

同时，当目标间的相关性较强（ $|\beta|$ 越大）时，s_1^* 越大，即无论是成本替代还是互补，都意味着中央政府可以给 CG 提供更高的激励。在成本替代的情况下，若替代性越强（极端情况下 $\beta = 1$，即完全替代），激励变得更为困难，为了使地方政府付出努力，中央需要提高激励强度；在成本互补的情况下，提高 CG 的激励强度会使两项目标的努力程度都有所提高，且互补性越强，两项目标的努力程度也会越高。因此，在央地偏好不一致的假设下，为激励地方政府在中央目标上付出努力，中央政府的占优策略是在成本相关性强的时候，提高激励 s_1^* 。我们可以总结为命题 4. 3。

命题 4. 3：在地方（下级）政府存在私人利益、央地目标成本相关性强时，中央（上级）政府可以通过提高中央目标激励强度的方式，促使地方（下级）政府付出努力，协调央地偏好①。

命题 4. 3 蕴含着本书的核心逻辑，在央地偏好不同、目标成本相关的情况下，当中央提出五年规划目标并发包给地方时，通过设计有效的合约能够起到央地关系治理的作用。

需要说明的是，不考虑代理人参与约束（IR 条件），意味着减少了委托人的行为约束，即无须为代理人提供应对产出不确定性的“保险”，在满足确定性等价的前提下，最优激励合约设计并不包含产出的随机性因素。在代理人是风险厌恶类型时，委托人需要在激励和保险之间权衡后决定最优激励，IC 条件保证了能够为代理人提供最优激励，IR 条件则提供了保险。由于我们目前的模型假设中并不涉及中央对地方的固定转移支付，因此在不考虑 IR 条件时，最优的激励 s_1^* 与代理人的绝对风险厌恶系数、CG 的风险不相关。

当考虑地方政府的参与约束（IR）时，意味着我们认为地方官员在面对

① 证明从略。

中央政府的激励契约时，有权选择不予执行。这虽然不符合正式制度对于政府机构内部上下级权力关系的规定，但考虑事后再谈判或者契约不完全性的情况下，地方（下级）政府对目标的选择性执行、对产出的谎报瞒报等，可以视作一种“变相”的“不执行”。我们讨论这种情况，主要为了探究产出随机性和地方（下级）政府的风险厌恶程度对于激励契约设计的影响，使讨论更加完整。假设保留效用为0，则：

$$s_1^* = s_2\sqrt{\frac{1}{\left(\frac{c}{\alpha} - \mu\sigma^2\right)(1 - \beta^2)}} \tag{4.9}$$①

观察最优激励系数 s_1^*，通过简单的比较静态分析可知，在LG的激励 s_2 对中央（上级）政府而言为外生变量的情况下，s_1^* 的选择与三个因素有关：

（1）$\frac{c}{\alpha}$：中央目标的紧迫程度与社会风险对比。若激励代理人执行CG可能带来很高的社会风险，则需要相应降低激励程度；但若CG对于中央政府而言十分重要，比如经济发展方式的转型、生态环境保护等，则需给予强激励。这与不考虑代理人参与约束情况下的结论是一致的。

（2）β：两项目标的成本相关性。一旦成本相关性上升（替代或互补），则应提高CG的激励程度。原因仍与上文相一致，不予赘述。

（3）μ：代理人的风险厌恶程度。给定其他参数不变，当 μ 提高，s_1^* 也会提高。在地方政府厌恶风险且产出存在不确定性时，它更希望将有限的精力投入产出更为确定的LG中，为了激励其在CG上的努力，需提高 激励强度 。

以计划经济时期为例，地方政府虽然有一定的自主权，但是发展本地经济的激励始终不足。一方面，计划经济体制下实行的资源配给制度，限制了经济资源的流动，各地资源调配与经济发展受中央统一协调和指导；另一方面，发展经济意味着要承担风险，突破现有体制的条框，却很容易“行差踏错”，偏离中央预期。因此，风险厌恶的地方干部没有激励发展经济，更倾向于在现有

---

① 内点解的必要前提 是 $\mu\sigma^2$ 可控制在一定范围内，$\frac{c}{\alpha}-\mu\sigma^2>0$，即$\frac{c}{\alpha}>\mu\sigma^2$。求解过程见附录1的第4部分。

条框体制下，做好分内工作，如维持社会秩序、提供教育医疗等，这也可以解释新中国成立初期在社会保障方面的良好绩效。

改革开放后，为调动地方政府发展经济的积极性，中央政府采取了一系列措施。如建立财政分权制度，使地方拥有了财政自主权，出于做大本级财政考虑，作为代理人的地方政府有动力发展本地经济、招商引资；中央对于家庭联产承包责任制加以承认和推广，逐步打消地方政府对于改革的顾虑；将经济增长作为重要的考核指标引入地方官员的考核体系，增强地方政府发展经济的动力等。这些措施都是对地方政府“发展经济”的“强激励”手段，转型伊始，中央政府必须通过强激励发送改革信号，作出改革承诺并传递改革决心，才能真正转变地方政府的思维，推进改革与发展。由于改革开放是一项充满不确定性的国家目标，更需要给足激励以调动地方积极性。为地方政府提供发展经济的强激励，无论是通过财政分权还是经济发展绩效考核的方式，都是我国改革开放 40 多年来取得良好经济增长绩效的重要原因。

（4）σ^2：中央目标的产出风险（可测度程度）。随着 CG 风险的增加，s_1^* 应该提高。参考霍姆斯特罗姆和米尔格罗姆（1987）的模型，这意味着产出可测度程度越差，风险越高，激励应该越强。当 CG 难度大、不确定性高的时候，相对于产出确定的 LG，地方政府在 CG 上的努力激励会减弱。因此，为了激励地方政府执行 CG，必须加强激励（奖惩力度）。以节能减排与环境保护为例，在各地“唯 GDP”的发展倾向下，降低能耗、节约资源的目标可能与 GDP 高速增长相悖；同时，节能减排相关技术方兴未艾，即使努力执行，能否以合适的方法达到中央确定的目标是难以预测的。因此虽然“十五”计划时，中央政府已经提出了节能减排的任务目标，但只有 5 个省份在本省五年规划中提出了这一目标。为了达到节能减排的目的，中央在“十一五”规划中将节能减排任务作为约束性指标下发给各省并将其纳入干部政绩考核体系，推行环境保护垂直管理试点①以扭转地方政府发展本地 GDP 的固有偏好，将

① 如在高质量发展成为主要任务、环保任务风险提升的背景下，2016 年国家出台了《关于省以下环保机构监测监察执法垂直管理制度改革试点工作的指导意见》，尝试在“十三五”时期，推行省以下环保部门推行垂直管理。

节能减排与环境保护切实地纳入地方偏好集合。极端情况下，若 $\mu\sigma^2$ 足够大，即使大幅提高 s_1^* ，激励也十分困难，且容易带来社会风险。

当中央政府得知地方政府的固有偏好激励 s_2 后，会据此调节对中央目标的激励强度，表现为 s_2 越高，s_1^* 也越高。这充分体现了中央政府通过五年规划目标绩效考核制度来协调央地偏好的含义，也是五年规划发挥国家治理作用的体现。当地方政府的局部利益在其效用中占比较高时，中央政府需要加强 CG 的考核，以此创造并扩大央地之间的共容利益，促使中央目标实现。这对于经济体制转型的推动与改革的全面深化意义重大。

我们可以将关于中央目标产出不确定性程度和地方政府风险厌恶程度的结论总结为命题 4. 4。

命题 4. 4：随着央地利益冲突的提高、地方（下级）政府风险厌恶程度以及中央目标不确定性的增加，为促进中央目标的执行，中央政府需提高激励水平①。

在模型中，我们始终假定 s_2 是外生给定的且为中央政府和地方政府的事前共同知识。这是由于我们假设在提供激励合约之前，中央政府通过广泛的调研和信息收集能够获得确切的 s_2 信息。但实际上，在中央给出了 CG 的激励后，地方政府也可能策略性调整对 LG 的重视程度，这提示我们可以将 s_2 内生化。

四、合约形式：内生 s_2

这一节，我们尝试将 s_2 内生化，为了方便讨论，通过增加一个新的假设，讨论地方政府注意力有限、两项目标存在注意力竞争的特殊情况。

s_1 代表在中央目标上的激励强度，s_2 代表地方目标的“自激励”强度，两者共同影响地方政府的效用。当进入地方政府效用函数时，从形式上看即为地方政府所接收到的实际激励强度，意味着我们可以对 s_1 和 s_2 进行标准化处理，使其都属于 [0，1] 区间。

---

① 证明从略。

进一步地，s_1 和 s_2 可代表地方政府对两类目标的重视程度，从主观方面来看，其值越大意味着地方政府越重视该目标，边际努力的收益越高。假设 $s_1+s_2=1$。这是一个强假设，意味着地方政府的重视程度与注意力对于两个目标而言是稀缺的，提高 CG 的激励水平，将会降低地方政府对 LG 的重视度，更直接地观察地方政府会如何根据中央激励调节个体偏好。与之相反，上一节刻画的是中央政府如何根据外生的地方偏好调节对 CG 的激励强度。但这样的设定也使问题变得简单，相当于外生加入了对地方政府偏好与选择的限制，但是从地方政府有限注意力的角度来看，假设也是可以接受的。我们可以解得最优激励为

$$s_2^* = \frac{1}{1+\sqrt{\dfrac{1}{\left(\dfrac{c}{\alpha}-\mu\sigma^2\right)(1-\beta^2)}}},\ s_1^* = 1-\frac{1}{1+\sqrt{\dfrac{1}{\left(\dfrac{c}{\alpha}-\mu\sigma^2\right)(1-\beta^2)}}} \tag{4.10}$$

此时，决定两个目标最优激励的因素都是外生参数。我们重点讨论 s_2^* 。

我们发现，$\dfrac{c}{\alpha}$ 越大，$\mu\sigma^2$ 越小，则 s_2^* 越大。这说明当 CG 的产出不确定性程度高，地方政府风险厌恶程度高时，地方政府越愿意"做好自己的事情"，而非执行 CG。有趣的是，$\dfrac{c}{\alpha}$ 对于 s_2^* 的作用，α 是中央政府对 CG 的重视程度或紧迫情况，α 越大，s_2^* 就会越小，而 CG 可能造成的社会成本 c 越大，s_2^* 就会越大。这意味着中央目标越紧迫，地方政府更可能调低对自身目标的重视度来迎合中央，准确地刻画了在中央政府的权威下，提出统一规划目标对于地方偏好的协调，也印证了目标考核制度的重要性。CG 可能带来越高的社会风险，风险厌恶的地方政府越不愿意执行 CG 并会调高对 LG 的重视程度。我们可以将这一效应总结为命题 4.5。

命题 4.5：中央目标的紧迫程度提高会降低地方政府对个人利益的关注程度，增进中央权威，促进国家目标的实现。

这也提示我们，中央政府在提出目标时，需要在风险和激励中作出权衡，

制定科学合理的目标尤其重要。若中央设置了不科学的目标，执行目标将带来较高的社会风险，地方政府会转而将努力投入“安全”的 LG 中去，增加执行阻力。如果不对目标进行调整，中央可通过在不同场合强调该目标、采取“运动型治理”、建立“一票否决”制度等方式传递“中央重视”的信号，促使地方政府调整偏好，推进目标实施。继续推理可知，在执行中央重视但不符合地方利益的目标时，会产生执行扭曲和社会风险，进而使地方政府的执行激励再次减弱，导致选择性地变相执行。这意味着在目标有失理性的情况下，中央政府越重视，反而越容易带来央地利益背离的结果。为解决这一问题，可以采取两种方式：完善目标制定的政策过程，保持目标理性；给予地方政府结合实际情况，调整中央目标的权力。向下授权机制在保障规划灵活性与有效性的同时，也能够避免目标设定不合理带来的央地利益偏离加深，更好协调央地关系，这正是五年规划通过调动地方积极性发挥国家治理作用、影响经济绩效的核心逻辑。

第四节　刻画“规划治理”：一个正式的目标激励合约模型

上一节从 CARA 的代理人假设出发，设计了围绕五年规划目标的线性合约，对影响最优激励的因素加以分析。研究发现在地方政府存在私人利益、央地偏好不一致的情况下，最优的中央目标激励由其产出风险和社会风险、任务目标紧迫程度以及代理人风险厌恶程度等有关。这为五年规划对央地偏好的协调作用和机制提供了符合直觉的解释，核心结论是在目标绩效考核制下，中央政府可以通过调整对地方政府的规划绩效的激励强度“扭转”地方政府的偏好，增进央地共容利益。

现实中五年规划的主要落实机制却不是通过线性合约来实现的，原因在于地方政府是中央政府的非完全代理人，在多目标的五年规划体系下，线性合约在缔约成本和有效性上并不占优势。现实中更为普遍的激励形式是中央政府（委托人）设计一个任务目标并提出具体数值，地方政府（代理人）将该目标层层分解下拨并根据目标完成情况决定对每一级官员的奖惩力度，此即围绕规划目标的绩效考核制度。

以省级五年规划为例，省级领导上任后的前三年都是在执行前一届领导班子制定的本级规划，第三年接受中期评估并开始制定下一个五年规划，这一“评估”过程意味着省级政府需要对五年规划的实行结果负责。再以基层市县政府为例，市级政府会根据省级规划制定本市规划。为达到市级目标，需要对下辖各区县每一年甚至每一季度需要达到的目标进行分配、下达与考核。明确规定如果完不成目标，取消当年、当季评优资格，如果超额完成目标，则可能获得相应奖励。根据各类任务的优先级，确定其在干部考核综合得分中的占比，部分地区规定，只有连续两到三年受到奖励的干部才可能晋升，如果连续受到惩罚，则会丧失晋升机会。足可见完成或超额完成目标是基层政府重要的行为动机，证明目标绩效考核制对于基层干部的行为存在影响。

目标绩效考核制度是一种典型的分段式目标激励合约，以目标是否完成作为判断依据划分激励方式，在地方政府存在私人利益的前提下，我们预测这样的目标激励合约将更有助于协调中央和地方利益，帮助中央实现五年规划目标。此时，中央可使用的政策工具增加了（目标与激励强度），在激励成本可控的情况下，这意味着目标激励合约在激励有效性和社会总福利方面具有一定优势。具体地，我们参考博宇和马库斯（Bonin，Marcus，1979）的文章，尝试在与线性合约相同的博弈结构下（CARA 的代理人、信息对称、一期博弈以及产出和成本的设定均一致），对最优目标激励合约进行分析。

一、合约设计

首先，中央（上级）政府提供一个围绕具体指标的激励契约①，我们假设中央政府设定的完成指标为 T 。当实际产出 $G(e_1, \theta) \geqslant T$ 时，视为地方政府完成或超额完成任务指标；当 $G(e_1, \theta) < T$ 时，即地方政府没有完成指标。

① 要求该目标任务的政策产出是可以较为准确刻度的，比如“十五”计划提出国内生产总值年均增速的目标为 7%，2005 年全国森林覆盖率的目标是 18.2%。

完成指标会有相应的奖励，而没有完成指标则将面临一定的“惩罚”，奖励对应当年评优资格等荣誉①，惩罚则对应取消评优资格、取消相关项目的审批权限或者通报批评等。现在，激励契约变为一个以 T 为拐点的分段函数，中央有三种激励手段：指标、奖励、惩罚，令地方政府的收益采取以下形式：

$$B(G(e_1,\ \theta),\ T)=\begin{cases} a\cdot(G(e_1,\ \theta)-T) & G(e_1,\ \theta)\geqslant T \\ b\cdot(T-G(e_1,\ \theta)) & G(e_1,\ \theta)<T \end{cases}$$

其中，$a>0$ 代表对地方政府完成指标的激励强度，$b<0$ 代表对地方政府未完成指标的负向激励或惩罚强度，则地方政府能够从 CG 中获得的期望收益形式如下：

$$\int_T^{\infty} a\cdot(G(e_1,\ \theta)-T)f(G)\,dG+\int_{-\infty}^{T} b\cdot(T-(G(e_1,\ \theta))f(G)\,dG \tag{4.11}$$

其中，$a\cdot(G(e_1,\ \theta)-T)$ 为实际产出高于目标时地方政府的收益；$b\cdot(T-(G(e_1,\ \theta))$ 为实际产出低于目标时地方政府的收益。

进一步将 $G=G(e_1,\ \theta)=e_1+\theta$，$g(e_2)=e_2$，$c(e_1,\ e_2)=\frac{1}{2}e_1^2+\frac{1}{2}e_2^2+\beta e_1 e_2$ 带入，得到地方政府期望效用函数 u_A 为

$$-e^{-\mu\left[a[(G-T)F(G)\mid T]-a\int_T^{\infty}F(e_1+\theta)\,d(e_1+\theta)+b[(T-G)F(G)\mid T]-b\int_{-\infty}^{T}F(e_1+\theta)\,d(e_1+\theta)+s_2e_2-\left(\frac{1}{2}e_1^2+\frac{1}{2}e_2^2+\beta e_1e_2\right)\right]} \tag{4.12}$$

进一步化简代理人的 IC 和 IR 条件后得到②：

$$(e_1^*,\ e_2^*)\in argmaxa[(G-T)F(G)\mid T]+b[(T-G)F(G)\mid T]-\left(a\int_{T-e_1}^{\infty}F(\theta)\,d\theta-b\int_{-\infty}^{T-e_1}F(\theta)\,d\theta\right)+s_2e_2-\left(\frac{1}{2}e_1^2+\frac{1}{2}e_2^2+\beta e_1e_2\right) \tag{IC}$$

$$a[(G-T)F(G)\mid T]+b[(T-G)F(G)\mid T]-\left(a\int_{T-e_1}^{\infty}F(\theta)\,d\theta-b\int_{-\infty}^{T-e_1}F(\theta)\,d\theta\right)+s_2e_2-\left(\frac{1}{2}e_1^2+\frac{1}{2}e_2^2+\beta e_1e_2\right)\geqslant 0 \tag{IR}$$

---

① 我们只考虑一期博弈，若拓展到多期，可以参考霍姆斯特罗姆和赫特罗姆（Holmstrom 和 Milgrom，1987）的文章，将 5 年期的博弈看作单次博弈的重复。

② 过程见附录 1 的第 5 部分。

从基本设定和初步运算来看，目标激励合约与线性合约存在明显差异。中央政府的目标 T 和产出风险分布情况 σ 直接决定了 $F(T-e_1)$ 的大小，而 $1-F(T-e_1)$ 即地方政府完成该任务目标的概率。这为中央政府提出目标的行为施加了额外的限制，如果目标过高，地方政府很可能完不成任务，从而降低地方政府的效用，使代理人参与约束无法满足。

中央政府仍然为风险中性的，其效用函数采取以下形式：

$$u_P=\alpha E(G(e_1,\ \theta))-c_1T-c_2(a+b)$$

与线性契约的假设相同，中央政府只在乎地方政府在 CG 上的政策产出，但是过高的目标或者过强的激励有可能导致政策任务执行过程中产生社会风险。在这里我们作了简化，假设激励强度和目标可能造成的社会风险之间是“独立”的且存在差异。提高 T 可能带来的边际社会风险是 c_1，提高综合激励强度 $(a+b)$ 带来的边际社会风险是 c_2。同时，我们直接用 T 和 $(a+b)$ 作为社会风险的代理变量而不再考虑其范围是否位于 [0, 1] 之间，因为这并不影响最后的结论。博弈的时序与线性契约相同，即中央政府首先提出目标激励合约，地方政府选择是否接受该合约，若不接受则博弈结束；若接受，则地方政府在两项目标上同时选择努力程度，最后得到政策产出，各方获得相应收益和效用。

二、合约分析

至此，我们可以写出完整的目标激励合约：

$$\max_T u_P=\alpha E(G(e_1,\ \theta))-c_1T-c_2(a+b)=\alpha e_1-c_1T-c_2(a+b)$$

$s.t.$

$$(e_1^*,\ e_2^*)\in argmax-\left(a\int_{T-e_1}^{\infty}F(\theta)\,d\theta-b\int_{-\infty}^{T-e_1}F(\theta)\,d\theta\right)+s_2e_2-(\frac{1}{2}e_1^2+\frac{1}{2}e_2^2+\beta e_1e_2) \quad \text{(IC)}$$

$$-\left(a\int_{T-e_1}^{\infty}F(\theta)\,d\theta-b\int_{-\infty}^{T-e_1}F(\theta)\,d\theta\right)+s_2e_2-\left(\frac{1}{2}e_1^2+\frac{1}{2}e_2^2+\beta e_1e_2\right)\geqslant 0 \quad \text{(IR)}$$

(4.13)

我们仍仅考虑内点解和IC条件，分别求解 e_1 和 e_2 的一阶最优条件得：

F.O.C（1）：$a(1-F(T-e_1))-bF(T-e_1)-e_1-\beta e_2=0$ （4.14）

F.O.C（2）：$s_2-e_2-\beta e_1=0$ （4.15）

联立得：

$$a-(a+b)F(T-e_1)=(1-\beta^2)e_1+\beta s_2 \quad (4.16)$$

由于 $(1-\beta^2)e_1+\beta s_2>0$，若要使上述方程有解，需要满足 $a-(a+b)F(T-e_1)>0$。假设存在 T'，使得 $a-(a+b)F(T'-e_1)-\beta s_2=(1-\beta^2)e_1$，则对目标的要求至少需要满足：$T>T'$。这意味着，要使得地方政府愿意在中央目标上付出努力，给定目标较高的情况下（极端情况下倾向于无穷大），为满足式（4.16），充分条件要求“强负向激励”，即令综合激励强度 $a+b<0$。

反之，随着目标的下降，即使 $a+b>0$，只要 a 足够大，也能够达到激励效果。这说明在目标激励合约下，目标、正向激励和负向激励是三种独立、互补的激励手段。在激励强度与线性契约相同的情况，可通过提高目标来达到激励效果且不需要付出额外的成本。这印证了目标激励合约可能存在的优势：增加了激励手段，节约了激励成本，在央地利益偏好不一致的情况下，有利于提升激励效果。我们可以将这一必要条件总结为命题4.6。

命题4.6：为激励地方政府在中央目标上付出努力，中央政府可以选择两种激励工具组合：高目标与强负向激励；低目标与强正向激励。

这一命题的引申含义在于，如果将目标、奖励与惩罚都视作“激励工具”，则三种工具之间存在约束与配合。当设计高目标时，地方政府达成目标的难度较高，加之产出存在不确定性，很可能转而将更多的努力投入LG中。可以说，单纯的高目标激励效果不佳，即使给予地方政府正向激励，也无法完全弥补风险厌恶代理人的潜在风险。为了达到高目标，需要辅之以较强的负向激励，使综合激励小于0，意味着如果地方政府不努力，其期望收益很低，甚至小于0。面临严峻的“惩罚”，地方政府会提高在CG上的努力程度。

相反，如果设计的目标较为稳妥，地方政府完成目标的概率高，则可以使用正向综合激励的方式，促进地方政府实施 CG。目标的合理程度决定了使用哪一类综合激励模式。因此，在目标较为紧急、任务产出风险较高时，中央政府无法得知地方政府是否努力执行目标，为了保证国家目标的实现，可以采取强约束的办法。相反，对于那些不紧急、风险较低的常规任务，可以通过正向综合激励的方式促进实施，即将诸如经济增长、城乡居民收入增加等作为预期性指标直接纳入地方干部的考核中，按考核规定予以正向激励即可提升目标绩效。举两例进行具体说明。

例一：脱贫目标。中央政府往往会根据国内外经济形势判断出五年内最为紧迫的目标，如防范重大风险、精准脱贫和污染防治三大攻坚战中，脱贫攻坚战可谓时间紧，任务重。自 2015 年提出以来，国家已投入了大量的人力物力，目标是确保到 2020 年实现农村贫困人口脱贫，而这一目标已经如期完成。在这项任务的实施中，我们观察到高目标、任务紧迫的显著特征。一般而言，如果某地当年脱贫攻坚的目标没有达到，当地负责人将面临直接追责。这非常明显地体现出高目标与强负向激励之间的配合关系。

例二：约束性目标。为了克服“九五”和“十五”计划对“指导性”的过度强调而导致计划完成率低的问题，“十一五”规划开始区分约束性目标和预期性目标。约束性目标往往不符合地方干部的短期固有偏好（如环境生态保护），相对于地方政府愿意付出的努力，中央提出的目标较高且绩效会受到随机因素影响。同时，约束性目标一般存在于需要在较短的时期内实现改革攻坚的领域，是较为紧迫的。与命题 4.6 的结论对应，我们可以在约束性目标中观察到“高目标”与“负向激励”的典型激励组合且依靠科层权威在各级政府之间层层分解落实。

预期性目标原则上不需要层层分解落实，是“期成”的目标，而非一定达成，实现手段多样，地方也拥有目标调整的自由度。按照理论预测，预期性目标主要依赖正向综合激励，现实也的确如此。但是在实践中，我们观察到在市级政府和区县政府之间，仍部分存在着分解 GDP 增速目标的现象，属于预期性目标的“约束化”。为什么会有这种现象？原因在于如果地方政府能够通过过去的经验和中央政府的态度推测出某项预期性目标十分重要，或者在地方考核比重中实质比重较高，则预期性目标的“执行刚性”程度提高。随着目标执行压力的层层传导，最开始的预期性目标也逐渐呈现了约束性。这意味着，只要中央权威足够强，即使不对未完成目标的情况实施“强惩罚”，依然可以促进目标实施。进一步地，我们关心究竟哪些目标成为约束性目标，哪些是预期性目标，又将如何匹配相应的激励模式。关于预期性目标和约束性目标的讨论将在第五章详细展开。

至此，我们发现目标激励合约的优势之一在于通过目标和激励强度两种手段相互配合有效调节地方政府在中央目标上的努力程度，且不需要中央政府付出额外的成本，对于转变经济发展模式涉及的各项任务而言更为有效。

以上对目标激励合约的激励相容条件进行化简，通过分析其成立需满足的充分条件对目标设定和激励强度的组合及其效果进行讨论。但事实上，由于模型设定的原因，我们难以求解出该合约的显示解，并作出更为精确的分析。

三、线性合约与目标激励合约的比较

本书的核心工作是从协调央地关系的角度，剖析五年规划的执行机制，并解释为何五年规划会影响经济绩效。为此，需要建立一个比较基准，以回答“在没有五年规划的情况下会如何”的问题。一个可行的思路是对现实中的五年规划目标激励合约与作为反事实的线性合约进行比较，从中寻找五年规划目标合约所独有的制度效率优势。

为实现这一目标，可对模型参数进行相应赋值，以简化分析并使线性合约和目标激励合约的比较成为可能。

不失一般性，令 $\beta=0$，$c_1=c_2=c=2\alpha$，$\sigma=\mu=1$①，在线性合约中（在 s_2

① 即假设两类目标之间不存在可替代性，成本独立；同时，地方政府的绝对风险厌恶系数为 1，且目标风险服从标准正态分布；目标和激励强度带来的社会风险是相等的。此外，由线性契约内点解的充分条件，可以得知 $\frac{c}{\alpha}\geqslant 2$，不失一般性，假设 $\frac{c}{\alpha}=2$。

为外生给定的情况），$s_1^* = s_2 \sqrt{\dfrac{1}{\left(\dfrac{c}{\alpha} - \mu \sigma^2\right)(1 - \beta^2)}} = s_2$，$e_1 = e_2 = s_2$，令 $s_2 = 1$ 是央地的事前共同知识。

为了进一步比较两类合约的社会福利，可以转变一种思路，即在基本外生参数完全一致的情况下，若目标激励合约的激励效果与线性契约相同（地方政府在 CG 上的努力程度相等）时，考察两者所带来的社会福利是否也一致，以及该福利将如何受到目标 T 和综合激励强度 $a + b$ 的影响。

当 $e_1 = 1$ 时，可以求解出非线性合约下的地方政府效用：

$$u_{A1} = -\left(a \int_{T-1}^{\infty} F(\theta)\, d\theta - b \int_{-\infty}^{T-1} F(\theta)\, d\theta\right) + s_2 e_2 - \left(\frac{1}{2} + \frac{1}{2} e_2^2 + \beta e_2\right) \tag{4.17}$$

当 $e_1 = 0$ 时，地方政府的效用为

$$u_{A2} = -\left(a \int_{T}^{\infty} F(\theta)\, d\theta - b \int_{-\infty}^{T} F(\theta)\, d\theta\right) + s_2 e_2 - \left(\frac{1}{2} e_2^2 + \beta e_2\right) \tag{4.18}$$

激励相容条件意味着 $u_{A1} \geqslant u_{A2}$，整理后得：

$$a\left[\int_{T}^{\infty} F(\theta)\, d\theta - \int_{T-1}^{\infty} F(\theta)\, d\theta\right] - b\left[\int_{-\infty}^{T} F(\theta)\, d\theta - \int_{-\infty}^{T-1} F(\theta)\, d\theta\right] \geqslant \frac{1}{2} \tag{4.19}$$

假设 $F(\theta)$ 的原函数为 $H(\theta)$，则以上不等式可以化简为

$$-(a + b)(H(T) - H(T - 1)) \geqslant \frac{1}{2} \tag{4.20}$$

IC 条件成立等价于：$-(a + b)(H(T) - H(T - 1)) \geqslant \dfrac{1}{2}$　　(4.21)

IR 条件成立等价于：$(a + b)(H(T - 1) - H(-\infty)) \geqslant 0$　　(4.22)

我们只考虑激励相容条件，计算不等式（4.20）左侧关于 T 的导数为 $-(a + b)(F(T) - F(T - 1))$

由于 $F(\cdot)$ 为正态分布的概率分布函数，$F(T) - F(T - 1) > 0$ 恒成立，则在 $a + b > 0$ 时，随着目标 T 的下降，IC 条件更容易成立；在 $a + b < 0$ 时，随着目标 T 的上升，IC 条件更容易成立，这与命题 4.6 完全吻合，即高目标更

需要辅之以负向综合激励，而低目标则只需要给予适当的正向激励即可。

进一步地，我们可以求解出给定参数赋值下的中央政府效用。目标激励合约下，中央政府的效用（我们可以将其看作社会总福利）① 为 $u_{P2} = \alpha(1 - 2T^* - 2(a + b))$，$T^*$ 为最优目标设定；线性合约下中央政府的效用是 $u_{P1} = \alpha - c = -\alpha$。

对两个中央政府的效用做差可得：

$$u_{P2} - u_{P1} = 2\alpha[1 - T^* - (a + b)] \tag{4.23}$$

当 $T^* + (a + b) > 1$ 时，$u_{P2} > u_{P1}$，即目标激励合约下的中央政府最优效用较高。而当 $T^* + (a + b) < 1$ 时，$u_{P2} < u_{P1}$，此时线性合约更加具有优势。现在满足的条件是两类合约下在 CG 和 LG 上的地方（下级）政府努力程度相同。这给出了目标激励合约和线性合约在相同激励效果方面的应用边界，孰优孰劣取决于非线性合约下的目标与激励强度设置。

如何理解这一边界呢？观察式（4.21），若 $a + b < 0$，则 T^* 设计得越高，非线性合约的 IC 条件越容易满足，随着目标的不断上升，极限情况是可取范围内的最大值（接近于正无穷），自然地，$T^* + (a + b) > 1$ 将得到满足，目标激励合约下的中央效用高于线性合约；若 $a + b > 0$，则 T^* 应相应设置得低一些，随着目标的不断下降，极限情况是可取范围内的最小值（逼近 0），则只要满足 $a + b > 1$，目标激励合约下的中央效用就高于线性合约，即在激励效果相同的情况下，在目标激励合约的综合激励强度大于线性合约时，目标激励合约从社会总收益的角度优于线性合约。总结而言，目标激励合约的适用性与其政策工具配置相关，“配合高目标的强约束”优于线性合约，而“配合低目标的激励”则不占优势。

如果换一个角度，令两类合约下的激励强度（而非激励效果）相同，即 $a + b = s_1 = 1$，由式（4.23）可知只要 $T^* \geqslant 0$，一定有 $T^* + (a + b) > 1$，最终会使目标激励合约优于线性合约。这验证了我们猜想：由于激励工具的增加，

---

① 即国家目标的实现绩效与可能产生的社会成本之差，我们认为中央政府的效用可以代表 CG 所带来的社会总福利。

目标激励合约在调节央地偏好方面更具优势，它可以通过配合目标和正负激励的方法，提高对地方政府的激励效果，增进中央目标带来的社会总福利。由此，可以得到命题4.7。

命题4.7：在激励效果相同的情况下，“目标”作为新激励手段的加入，能够降低线性激励合约的成本，增进社会福利。

四、产出均匀分布下的最优合约

在CG产出风险服从正态分布的情况下，难以求解出显示解，为了简化问题，我们在上一节只讨论了IC条件并对参数进行赋值，对比相同激励效果/激励强度下，两类契约的社会福利。本节我们使用产出风险的均匀分布假设替换正态分布，作为本章基本结论的补充。

具体来看，我们假设 $\theta \sim U(-x,\ x)$，$f(\theta)=\dfrac{1}{2x}$，$F(\theta)=\dfrac{\theta+x}{2x}$，给定中央设定的任务目标 T，地方政府完成CG的概率为 $prob(e_1+\theta>T)=\dfrac{T-e_1+x}{2x}$，$x$ 越大，意味着产出随机因素分布范围越广，CG风险越高。

此时，我们分别求解出非线性合约两个一阶最优条件，将式（4.14）、式（4.15）简化为以下二式：

$$\text{F. O. C (1)}: a(1-F(T-e_1))-bF(T-e_1)-e_1-\beta e_2=0 \tag{4.24}$$

$$\text{F. O. C (2)}: s_2-e_2-\beta e_1=0 \tag{4.25}$$

仅考虑内点解，联立两个方程可求得在不考虑代理人参与约束的条件下，地方（下级）政府在两个任务上的最优努力分配：

$$e_1^*=\frac{2xa-(a+b)(T+x)-2x\beta s_2}{2x(1-\beta^2)-(a+b)},$$

$$e_2^*=\frac{(2x-a-b)s_2+\beta x(b-a)+\beta(a+b)T}{2x(1-\beta^2)-(a+b)} \tag{4.26}$$

观察式（4.26）发现此时最优的努力程度与CG的风险 x、激励强度 $a+b$，以及目标 T 有关。在 $a+b>0$ 的情况下，CG的努力程度与其目标 T 负相关，LG的努力程度与 T 正相关；$a+b<0$ 时，CG的努力程度与 T 正相关，

LG 的努力程度与 T 负相关。这意味着如果综合激励为负，那么为了激励地方政府将更多的努力从自身关注的目标转移到中央目标上，需要设计较高的 CG 目标 T；反之，如果综合激励为正，需要设计适中的 T，目标过高可能会使央地利益偏离程度加深。在正向综合激励的情况下，无法完成目标对地方政府的约束力降低，由于风险厌恶的代理人本来就存在执行低风险任务 LG 的倾向，目标越高越容易让地方政府转而努力执行 LG。这说明在目标激励合约下，中央政府所设计的目标、正向激励和负向激励与线性合约中的激励强度 s_1 一样，也起到了协调央地偏好，创造央地共容利益的作用。

进一步地，当两项目标冲突（$\beta > 0$）时，CG 上的最优努力程度与地方政府对私人利益（s_2）的重视程度负相关，即地方政府越重视本地利益，那么在 CG 上的努力则越低；两项目标互补（$\beta < 0$）时，地方政府在 CG 的最优努力程度与地方的私人利益（s_2）重视程度正相关，地方政府追逐本地利益的行为客观上促进了 CG 的实现。

CG 产出的不确定性也会影响其努力程度，通过简单求导得：

$$\frac{\partial e_1^*}{\partial x} = \frac{[2T(1-\beta^2) + 2\beta s_2 - (a-b)](a+b)}{(2\beta^2 x + a + b - 2x)^2} \tag{4.27}$$

若 $a+b>0$，即目标激励合约下的综合激励为正向且两项目标的成本不相关（$\beta = 0$）时，若满足：$T > \frac{a-b}{2} > 0$，有 $\frac{\partial e_1^*}{\partial x} > 0$。给定激励强度，随着 T 的增加，$T > \frac{a-b}{2}$ 更容易成立，随着 CG 产出不确定性的增加，其努力程度反而上升。这意味着当综合激励大于 0 时，在 CG 产出不确定较强的情况下，较高的 CG 为地方政府提供了强激励，表现为地方政府更愿意为抵消负向的产出风险而在 CG 上付出高努力。若满足：$T < \frac{a-b}{2}$，有 $\frac{\partial e_1^*}{\partial x} < 0$，即低目标和正向综合激励的组合下，CG 的产出风险将会挤出地方努力。低目标在目标激励合约中相当于“弱激励”，如果匹配正向综合激励，传递的中央信号是此项目标并不紧迫，一旦风险提高、执行难度提升，地方政府将努力转移到 LG 上。

若 $a+b<0$，综合激励为负，若满足：$T>\frac{a-b}{2}>0$，有 $\frac{\partial e_1^*}{\partial x}<0$，即当 CG 未完成时的负向惩罚较严重且目标较高时，随着中央目标产出不确定性的增加，其努力程度下降。这说明对于负向激励较强的高目标合约，若完成目标的风险高，地方政府表现出规避风险的动机。因为即使地方政府投入了全部努力也很可能完成不了 CG 而面临严重的惩罚。若满足：$T<\frac{a-b}{2}$，有 $\frac{\partial e_1^*}{\partial x}>0$，即在综合激励为负且 CG 较低时，随 CG 风险的提高，努力程度上升。即在低目标的“弱激励”下，匹配严格的负向综合激励，传递的信号是中央重视这项目标，即使存在风险，地方政府也会努力执行。我们可以用表 4.1 做以总结。

表 4.1　CG 产出不确定性与努力程度的关系

	高目标	低目标	约束类型
正向综合激励	风险高，努力高	风险高，努力低	“弱约束”
负向综合激励	风险高，努力低	风险高，努力高	“强约束”
激励类型	“强激励”	“弱激励”	——

从上一节的讨论可知高目标与强负向激励的组合有助于将地方政府的注意力从自身利益转移到中央关注的目标上来，以上结论表明目标的设计也不是毫无约束的。如果目标过高，超越了地方完成的潜在可能性，那么处于规避风险以求自保的心态，很可能“过犹不及”，反而激励地方政府完成自己关注的本地任务目标，而放弃对中央目标的努力，这明显是一个坏的均衡。这部分讨论给我们的启示是对于一项高风险、高指标的中央任务，使用较强的负向激励方式效果在某些情况下不如适度增加正向激励。

本章小结

本章通过建立线性合约与目标激励合约模型，从中央权威的角度分析五年规划如何通过目标绩效考核机制协调央地利益，治理央地关系。本章的主要目的有两个：首先，我们希望在两类合约的对比之中，得到五年规划采取目标激励合约的理论依据；其次，讨论在地方政府存在私人利益的情况下，目标激励合约是通过哪些机制激励地方政府完成中央规划目标的。本章通过 7 个命题证明了在地方存在私人利益的情况下，相比于线性合约，目标激励合约在激励效率上更具优势。“目标”这一激励手段的加入，可以通过与正负向激励的配合增强中央政府合约设计的弹性，降低激励成本、提高社会福利。

本章提出了在地方存在私人利益的前提下，五年规划影响经济绩效的第一个必要条件——通过支持性的目标考核制度，增进中央权威、创建央地共容利益，促进规划实施。通过将规划目标产出纳入地方干部的综合绩效考核，根据考核结果决定地方干部的荣誉奖励、负向惩罚、晋升等，中央政府利用规划制度创造了“央地共容利益”。共容利益越大，中央目标也更容易实现。

为了更加准确地理解规划视角下的央地关系，需要对“共容利益”给出正式定义。共容利益是中央和地方偏好一致性的体现，地方和中央政府规划目标、各任务优先级的相符程度、自设指标与国家目标是否相冲突（省、市层面）（参见第三章）等都是央地共容利益的重要体现。共容利益是理解五年规划的视角之一，五年规划制度对央地共容利益的调整等同于对央地关系的协调。

创造共容利益的手段有很多：政策制定阶段将地方（省）的意志吸纳进五年规划中；通过中央权威控制从制度上、思想共识上创造共容利益；中央为地方提供公共资源和财政转移支付；通过科层内部的规划授权实现因地制宜发展；等等。本书第四章、第五章所述的目标绩效考核制度，作为五年规划的重要实施手段，是通过中央权威“自上而下”创造共容利益的典型方式，而第六章、第七章则是通过灵活授权“自下而上”的创造共容利益。

在经济社会发展过程中，央地共容利益的构建会面临诸多限制，如追求高速度的经济增长模式下地方发展理念难以在短期内转向高质量发展，外部冲击导致的国际形势变化，以及不合理的上级目标导致的任务执行困难等。一旦共容利益收缩，央地目标不一致，将增加改革的难度与成本。因此，对于转型中的大国，建立央地共容利益对降低改革风险、贯彻中央意志、克服地方对局部短期利益的追求、推动改革持续进行是十分重要的。当共容利益极低，正式制度（如五年规划绩效考核）难以对地方政府实现有效的激励与约束时，就需要辅助其他治理手段，加强中央权威控制。比如加强反腐倡廉工作力度、深入开展思想政治教育、调整党的干部管理制度等。当央地共容利益重回正常区间后，后续就无须动员大量行政资源加强中央权威，常态化的五年规划目标考核制度即可发挥更有效的作用。共容利益的创造过程体现在模型中，即当地方政府目标激励 s_2 较强时，中央需要为 CG 设计强激励或约束以克服地方政府对个体利益的偏好，从而扩大央地共同利益空间。图 4. 4 展示了央地共容利益的三种状态。

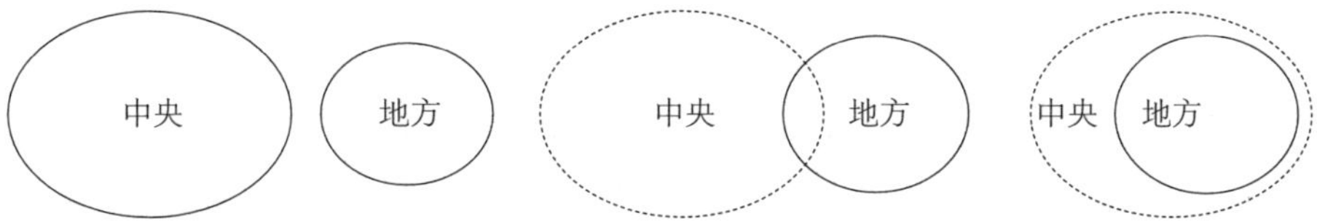

中央地方无共容利益　　中央地方部分共容利益　　中央地方完全共容利益

图 4. 4　央地共容利益关系（三阶段）

由于本章仅从地方政府私人利益的角度考虑目标激励合约的优势，后续研究仍需要从事后再谈判和信息不对称等方面进行拓展。事后再谈判指现实中存在的影响五年规划目标绩效考核制运行的非正式因素，比如上下级政府在任务产出验收时广泛存在的非正式沟通，这部分问题在本书中并未涉及。

此外，本书的分析始终假设在设计目标的环节，中央政府能够较为充分的了解地方政府的利益偏好，双方处于一个完全信息动态博弈中，这是对现实的一种理想化抽象。但实际上，地方政府的利益十分多样，中央政府可能无法一一得知。如果这一过程演变为一个不完全信息的动态博弈，那么问题将变得更为有趣。此时，需要考虑的不仅是激励地方政府付出努力，也就是防范道德风险的问题，还存在如何设计有效机制克服事前信息不对称的逆向选择问题。接下来，我们将在第五章集中讨论多目标委托代理框架下的目标激励合约设计问题，对本章的内容做一补充。

第 五 章

规划执行过程中的目标协调问题：多目标激励合约模型

第四章详细对比分析了围绕五年规划的线性合约（反事实）与目标激励合约，发现两类合约均有助于央地共容利益的创建，但目标激励合约下的中央效用和社会福利在一般情况下高于线性合约。这在一定程度上证明了五年规划及其绩效考核制度存在的合理性——在央地利益存在不一致的情况下，目标绩效考核制度能够促使地方政府完成中央设定的规划目标，降低改革阻力，增进社会福利。这是五年规划制度发挥国家治理作用、影响经济绩效的重要机制。本章将对上一章的内容进行扩展，考虑存在多个目标的情况下，尤其在各目标间存在客观联系时，应如何设计最优的目标激励合约，以平衡多任务目标治理绩效。

事实上，五年规（计）划从诞生之日起，就不只有单一的目标而是多个目标的综合，涉及中长期经济增长、民生保障、科教发展、环境治理、社会治理等多方面指标，对多目标下的目标考核机制讨论需要回应两方面挑战。

首先，多目标下的具体指标选择与激励设计受到的制约条件增加。即使假设各个目标之间的成本和产出都是独立的，但由于精力时间有限，一个目标的提高会相应降低另一个目标上的地方政府努力水平；当各目标之间成本或产出存在相关性（即替代或互补）时，不同目标及激励强度的选择更会相互影响，这相当于为单个指标选择增加了额外的限制条件，从而带来激励成本的上升或激励效果的冲突。这一理论问题直接对应五年规划的战略协调作用应如何发挥。

其次，如果多个目标之间的激励强度基本等同，且目标产出为地方政府带来的效用可以相互转换、替代，那么中央政府难以通过设计一个多任务委托代理合约同时实现对所有目标的有效激励。这部分结论与 Holmstrom 和 Milgrom (1987) 关于多任务委托代理（线性合约）的基本结论相一致：在两项任务的产出可测度性存在差异时，如果委托人更加关注产出不可测度的任务，不给代理人任何激励是最好的，尤其不应加强那些产出可测度性较强的任务激励，因为这将使代理人将更多的努力投入可测度的任务中去。这意味着委托人无法要求代理人在两个任务上都付出“高努力水平”，得到“高任务产出”。在多目标绩效考核制下的央地目标激励合约中仍然存在这一多任务下的基本代理问题，只调节激励强度无法实现多目标的同等激励。本章发现，目标绩效考核制度通过引入目标这一政策工具至少可以保证中央政府得到期望的目标产出水平，加强了目标激励合约在五年规划实施中的激励优势。这是在非完全雇佣的代理人假设基础之上，另一个支持五年规划目标考核制度的原因——多任务委托代理。

具体地，本章将依托一个多目标的绩效考核合约，在存在私人利益的单一代理人、单一委托人的框架下，对其激励的有效性及其影响因素进行分析。我们的模型设计力图接近五年规划的现实运行状态，是意在为五年规划制度的变革（如区分预期性目标和约束性目标等）提供多任务委托代理视角下的理论解释。本章的主要内容安排：第一节从历史经验和五年规划文本的角度论证五年规划发挥着多目标治理的重要作用，作为建模的现实背景；第二节在第四章的目标激励合约模型基础上，引入多任务目标，分析此时激励强度和指标选择的影响因素以及地方政府的最优努力程度；第三节对应中国五年规划的实践，针对约束性目标和预期性目标对模型进行简化与调整，得到本章的核心命题；最后是主要结论及引申意义。

第一节　五年规划与国家治理的目标体系——来自历史与文本的证据

科学有效地制定与执行中长期发展规划，是我国国家治理的一种特殊方式，在提高国家治理能力、推动经济发展与转型的过程中发挥了重要作用。五年规划对国家中长期发展起到了提纲挈领的作用，其内容包含经济、社会、法治、文明、军事、生态等，涵盖了国家治理的各个方面，是中长期发展的纲领性政策。我国的五年规（计）划制度设立之初就已经体现多目标的特点，发挥着多目标国家治理的作用。接下来，本节将再次沿着历史的线索对历次规（计）划的主要目标进行梳理，观察五年规（计）划文本中提及的治理目标沿革，以此印证五年规划所具备的国家治理多目标体系的特征，具体见表 5. 1。

表 5. 1　历次五年规（计）划所涉内容及目标、指标数量①

五年规（计）划	目标数	指标数	目标结构
“一五”	10	41	经济发展、科学研究、人民生活等
“二五”	6	22	经济发展、技术改造、科学教育、国防力量、人民生活等
“三五”	5	51	经济发展、产业布局、技术创新、三线建设等
“四五”	8	51	经济发展、产业布局等
“五五”	5	16	经济发展、财政收入等
“六五”	10	33	经济发展、能源效率、技术改造、体制改革、对外开放、科学教育、人民生活等
“七五”	8	28	改革、经济发展、对外开放、科技进步、精神文明、人民生活等
“八五”	8	27	经济发展、产业结构、科技水平、文化素质、国防建设、人民生活、体制改革、社会风气等
“九五”	6	16	经济发展、体制改革、科教兴国、可持续发展战略、精神文明、法制建设、和平统一、外交等
“十五”	9	43	经济发展、科教、生态资源、改革开放、人民生活、精神文明、法制、国防建设、规划实施等
“十一五”	9	23	经济发展、产业结构优化、区域协调、资源环境、改革开放、科教兴国、和谐社会等
“十二五”	16	24	经济转型、区域协调、生态资源、创新、科教兴国、公共服务、社会管理、文化发展、完善体制、对外开放、政治文明、国防、规划实施保障等

① 目标是指五年规（计）划文本所涉及的宏观战略和发展方向，如“十四五”规划的十九篇中，除第一篇外，二至十九篇每篇都指明了“十四五”期间的发展目标；指标是指规（计）划中列出的未来五年经济社会发展的主要指标，如国内生产总值增长、全员劳动生产率增长、常住人口城镇化率等。

续表

五年规（计）划	目标数	指标数	目标结构
“十三五”	19	25	经济发展、创新驱动、改革开放、区域协调、生态环境、全脱贫攻坚、教育民生、精神文明、社会治理、法治、国防、规划实施保障等
“十四五”	18	20	经济发展、创新驱动、深化改革、乡村振兴、区域协调、民生福祉、绿色生态、安全保障、文化发展、国防、规划实施保障等

资料来源：作者根据“一五”计划到“十四五”规划文本自行整理。

细读表 5.1，可以发现五年规（计）划始终具有“多任务，多目标”的特点，这些目标是政府履责的重要依据，发挥着激励约束政府行为的作用。五年规（计）划是国家中长期目标的集中表达，能够有效集中行政资源和市场力量促使多目标的实现，这是中国特色社会主义制度能够“集中力量办大事”的一个内在机制。

从五年规（计）划的内容看，平均每个五年规（计）划都要确立 8.7 个主要奋斗目标，30.8 个附有具体考核数值的指标。由于我国各层级政府都有不同程度的规划权且科层制行政系统内部上下级政府之间存在职责同构，下级政府需要回应上级政府的要求，因此各层级的五年规（计）划都是一个多目标体系。改革开放前的“一五”计划到“五五”计划重点强调基本建设投资、工农业生产、国民经济体系建设、人民生活、国防、科学技术等方面；“六五”计划开始，加入了经济体制改革和对外开放等目标，并逐渐将生态文明、精神文明建设以及社会治理、法治等目标加入其中。由此可见，五年规（计）划囊括了国家治理的各方面，并随着国内国际情势的变化和发展理念的更新而调整目标与指标数值，从外在形式和内在需求来看，一个多任务委托代理的框架更贴近五年规划的内容与本质。

同时，配合目标的调整，相应的激励与约束机制也在不断变化，如调整不同目标的考核比重、通过区分预期性目标和约束性目标的方式调整激励等。现有文献中，对于围绕目标如何设定有效的激励和约束方式讨论良多，我们将关注点放在“胡萝卜还是大棒”这一经典命题上，即应该对没有完成目标的代理人进行惩罚，还是对完成目标的代理人进行奖励。这涉及微观经济学中关于偏好与风险的基本假设与讨论。安德烈奥尼等（Andreoni，et al.，2003）通过设计一个出价者（proposer，负责提出收益分配方案）和接受者（responder，有权决定惩罚还是奖励）之间的博弈实验，发现随着出价者提议份额的增加，接受者更倾向于弱化惩罚并强化奖励。当接受者可同时使用惩罚和奖励两种手段时，出价者提议给接受者的份额是最大的，这意味着为促进社会合作，需要同时使用正向与负向激励。① 中国的五年规划目标体系对于复杂多样的政府目标区分奖惩激励的做法在现实中基本行之有效，侧面印证了以上结论。然而，就哪种形式的激励更有效并没有形成定论。如汉南等（Hannan，et al.，2005）发现相比于惩罚性合约，雇员更偏好奖励性合约，但在惩罚性合约下雇员的平均努力程度更高。这是由于受到惩罚给雇员带来的效用损失超过了对奖励性合约的公平性感知带来的效用增加。② 克里斯特等（Christ，et al.，2012）则在不完全契约的环境下，从信任的角度对比了奖惩工具的差异性效果，提出不完全合约下的信任基础并不牢靠，惩罚性合约进一步增强了博弈参与人之间的不信任，从而带来更低的代理人努力程度。③

第二节 多任务委托代理框架下的多目标激励合约：一般模型

一、基本设定

（一）博弈参与人及行为

假设存在两个参与人：委托人（中央政府）、代理人（地方政府）。中央

---

① 参见 James Andreoni，et al.，“The Carrot or the Stick：Rewards，Punishments，and Cooperation”，*American Economic Review*，Vol. 93，No. 3（June 2003），pp. 893-902。

② 参见 R. Lynn Hannan，et al.，“Bonus versus Penalty：Does Contract Frame Effect Employee Effort?” in *Experimental Business Research*，Rapoport A.，Zwick R.（eds.），Springer，Boston，MA.，2005，pp. 151-169。

③ 参见 Margaret H. Christ，et al.，“Sticks and Carrots：The Effect of Contract Frame on Effort in Incomplete Contracts”，*The Accounting Review*，Vol. 87，No. 6（June 2012），pp. 1913-1938。

政府提出 2 项五年规划的目标，并分别设计具体指标作为考核地方政府绩效的主要依据。除了规划指标外，中央政府也会围绕该指标设计相应的“激励方案”，对完成指标或未完成指标的地方政府实行“奖惩”。我们仅考虑一期合约下的最优目标（指标）和激励方案设计及其对地方政府最优努力程度分配的影响。

假设信息在委托人和代理人之间是对称的，且地方政府存在私人利益，即需要关注地方财政收入、本级行政人员薪酬、为地方民众提供基本社会公共服务等目标也包含于地方政府的效用函数中。这部分设定与第四章一致。

中央政府对目标 1 和目标 2 分别设计考核指标 T_1 和 T_2，并将该指标传达、分解给地方政府，以地方政府的产出绩效是否达到相应指标作为考核地方政府、决定其综合绩效考评分数甚至晋升的重要依据。这类行为在约束性目标中更为明显，但现实中仍可观察到各级政府对 GDP 年均增速等目标层层加码，属于预期性目标在强激励制度下的约束化。因此，不仅是目标性质，目标在地方政府综合考核中的重要性（即激励强度）也决定了其在科层系统内部的实施情况。

（二）任务目标的成本关系

不同于单任务目标激励，此时两项目标之间的“关系”是决定目标和激励强度配置的重要因素。以“十三五”规划为例，提出明确指标的任务共有 25 项，包括经济发展、创新驱动、民生福祉、资源环境四大类。其中，“创新驱动”类目下的“研究与试验经费投入强度（%）”“科技进步贡献率（%）”这两个预期性目标是有利于经济增长与劳动生产率提高的，即对于“经济发展”类目标有积极的促进作用或正外部性。我们将创新驱动和经济增长两类目标看作“互补”关系，即一个任务目标的完成有利于另一个任务目标绩效的提高；“民生福祉”类下的“人均预期寿命（岁）”“基本养老保险参保率（%）”等与创新驱动的各目标没有直接联系，我们认为这两项任务目标之间是“独立”的；“资源环境”类目标包括“新增建设用地规模（万亩）”“单位 GDP 能耗降低（%）”等，这增强了经济增长面临的资源环境约束，与保持经济快速增长的目标在短期内是存在竞争的。我们称这两类目标是“冲突”的，一般而言，预期性目标和约束性目标之间多具有“冲突”关系。

以上三类目标关系的差异与中央政府对各类目标赋予的“优先级”（紧迫程度）共同影响中央政府的目标设定行为和激励设计行为。如当中央政府更加关注环境资源保护、绿色发展等目标时，就会相应降低经济增长目标及其激励，同时加强对环境保护任务目标的激励约束力度；对于创新驱动和民生福祉等两类相对独立的目标，中央政府就可以分别设计指标，不需要在不同任务之间做权衡协调；而面对互补的目标，一种可能的情况是中央会同时对两类任务提出“高目标”或者高激励强度，因为这时地方政府的积极性更容易被调动起来。但所有这些可能的激励设计都要考虑地方政府的“私人利益”——即第四章提及的中央（上级）全局目标与地方（下级）局部目标之间的成本替代或互补关系（β），这为中央任务目标的设定提供了额外的约束。

这使多任务委托代理的情况变得十分复杂，为了分析便利，得到最为直观的模型解释，本章在设计合约时，不再沿用上一章的CARA的代理人效用假设基本设定，而是采用更为简单的模型设定——风险中性的委托人和代理人进行分析。

二、一般形式

地方政府面对三类目标：中央政府五年规划中的目标1和目标2，以及地方政府追求的局部目标3。中央政府对于目标1、目标2的目标激励合约仍采取如下形式：

$$B(G(e_i,\ \theta_i),\ T_i)=\begin{cases}a_i\cdot(G(e_i,\ \theta_i)-T_i) & G(e_i,\ \theta_i)\geqslant T_i\\ b_i\cdot(T_i-G(e_i,\ \theta_i)) & G(e_i,\ \theta_i)<T_i\end{cases}\tag{5.1}$$

$(i=1,\ 2)$

委托人在设计绩效考评规则时，需要对两个中央规划目标1和目标2分别设计考评比重 α_1 与 α_2，考评结果以加权方式直接进入地方政府的效用函数。目标1和目标2存在独立分布的产出风险 θ_1 和 θ_2，其概率密度函数为 $f(\theta_1)$、$f(\theta_2)$，概率分布函数为 $F(\theta_1)$、$F(\theta_2)$。地方政府存在私人利益，记为履行目标3的收益，与上一章相同，假设目标3不存在风险。a_i 和 b_i 分别衡量完成目标的奖励程度和未完成目标的惩罚力度。

地方政府分别在三个目标上选择努力程度 $e_i(i=1,2,3)$，并需承担一定的成本。三项目标的成本之间存在相关关系，即可能为互补（$\beta_{ij}<0$）、替代（$\beta_{ij}>0$）或独立（$\beta_{ij}=0$）三种情况。目标互补的意思是说，在某一项任务目标上努力水平的提高将会降低另一项目标的边际成本。替代则相反，某一目标上努力水平的提高将会增加其他目标的边际成本。独立的情况下，满足边际成本独立于其他目标的努力程度。这将影响地方政府在三个目标之间的努力程度选择，如 GDP 增长率的目标与地方政府追求财政收入目标在某种程度上是互补的：GDP 增长越快，越有利于为财政收入提供物质基础，因此地方政府更有激励发展经济。

地方政府分别选择目标 1、目标 2、目标 3 的努力程度，其联合成本函数满足：

$$C=\frac{1}{2}c_1e_1^2+\frac{1}{2}c_2e_2^2+\frac{1}{2}c_3e_3^2+\beta_{12}e_1e_2+\beta_{13}e_1e_3+\beta_{23}e_2e_3 \tag{5.2}$$

至此，我们可以写出地方政府与中央政府的效用函数。

（一）地方政府效用函数

为建模方便，我们假设委托人和代理人都是风险中性的，代理人的期望效用为

$$\begin{aligned}u_A=&\alpha_1\Big[\int_T^{\infty}a_1\cdot(G(e_1,\theta_1)-T_1)f(G(e_1,\theta_1)\Big)d(G(e_1,\theta_1))\\&+\int_{-\infty}^{T}b_1\cdot(T_1-G(e_1,\theta_1))f(G(e_1,\theta_1))d(G(e_1,\theta_1))]\\&+\alpha_2\Big[\int_T^{\infty}a_2\cdot(G(e_2,\theta_2)-T_2)f(G(e_2,\theta_2)\Big)d(G(e_2,\theta_2))\\&+\int_{-\infty}^{T}b_2\cdot(T_2-G(e_2,\theta_2))f(G(e_2,\theta_2))d(G(e_2,\theta_2))]+s_3g(e_3)\\&-(\frac{1}{2}c_1e_1^2+\frac{1}{2}c_2e_2^2+\frac{1}{2}c_3e_3^2+\beta_{12}e_1e_2+\beta_{13}e_1e_3+\beta_{23}e_2e_3)\end{aligned} \tag{5.3}$$

地方政府的效用函数由两部分构成：收益与成本。收益包括三部分：执行目标 1 的收益、执行目标 2 的收益，以及投入私人目标 3 的收益。其中，目标

1 和目标 2 都是中央政府提出的目标，并对它们的产出以 α_1 和α_2 的比例，围绕目标 T_1 和 T_2 考核地方政府。举例而言，县政府干部的综合绩效考评包括经济增长与社会稳定两大方面，期末分别根据两方面绩效及考评比重进行评估；s_3 代表地方政府对私人目标的看重程度，即与中央的利益共容程度，在本章我们假设其为外生给定的，且为委托人和代理人之间的共同知识。

（二）中央政府效用函数

中央政府对两项目标的考核比重 α_1 和α_2 是事前写入合约中的共同知识，代表中央对两项目标的重视程度，不作为中央需要选择的内生变量。中央政府需要做的就是根据五年规划制定阶段对各目标的优先级等因素，选择合理目标 T_1 和T_2 与激励强度组合（a_1，b_1，a_2，b_2）。

中央政府的效用函数是

$$u_p = E[\alpha_1 G(e_1, \theta_1) + \alpha_2 G(e_2, \theta_2)] - f_1(T_1, a_1, b_1) - f_2(T_2, a_2, b_2) \tag{5.4}$$

中央政府仅关注地方政府在两个目标上的产出，不关心地方政府的私人目标。其中，α_1 和α_2 是中央政府对两项目标的考核比重，两者均大于 0，我们并不要求 $\alpha_1 + \alpha_2 = 1$，只关注它们的相对大小，以此衡量中央对目标 1、目标 2 的重视程度。在式（5.4）中体现为两个目标的产出以α_1 和α_2 的比例进入中央政府的效用函数。同时，中央政府不需要为激励地方政府付出物质资源，只是通过目标绩效考核的方式，对地方政府在两个目标上的综合绩效以一定的比例“计分”或评价，并以此决定对地方政府的奖惩，考核结果将最终影响中央对地方政府的评价。

中央政府提出目标和激励强度，也可能面临一定的约束——如果目标或者激励强度高，将会带来资源配置扭曲或者地方政府谎报政策产出、以不当方式完成目标的扭曲行为。进而使政策执行偏离中央政府初衷，甚至可能产生社会风险，无法兼顾改革、稳定与发展。对比第四章的目标激励合约基本形式，本章主要增加了 1 项中央政府关注的目标，讨论来自中央政府的多任务激励模式。

本节涉及的各类变量、参数的字符表达见表 5.2。

表 5.2 变量参数总结

变量、参数	含义	说明
u_A	地方政府效用函数	由 4 部分构成：目标 1 收益+目标 2 收益+私人目标 3-联合成本
u_p	中央政府效用函数	由 4 部分构成：目标 1 收益+目标 2 收益-目标 1 风险-目标 2 风险
e_1，e_2，e_3	地方政府在三项目标上付出的努力程度	$e_i(i = 1,\ 2,\ 3) \geqslant 0$
c_1，c_2，c_3	地方政府在三项目标上的边际成本	三项边际成本存在差异
θ_1，θ_2	中央目标 1、目标 2 的风险	概率分布函数为 $F(\theta_1)$，$F(\theta_2)$
β_{12}，β_{13}，β_{23}	不同目标之间的成本相关系数	成本互补（$\beta_{ij} < 0$）、替代（$\beta_{ij} > 0$）或独立（$\beta_{ij} = 0$）$(i,\ j = 1,\ 2,\ 3)$
α_1，α_2	中央对两项目标的重视程度；两项目标产出在地方政府综合考评得分中的比重	$\alpha_1 \geqslant 0, \alpha_2 \geqslant 0$
s_3	地方（下级）政府对个人目标的重视程度	$s_3 \geqslant 0$
T_1，T_2	中央对目标 1 和目标 2 提出的目标	$T_1 \geqslant 0, T_2 \geqslant 0$
$(a_1,\ b_1)$，$(a_2,\ b_2)$	对目标 1 和目标 2 的激励组合	$a_i > 0$，代表目标 i 产出达到目标 T_i 后的边际奖励；$b_i < 0$，代表目标 i 产出未达到目标 T_i 时的边际惩罚 $(i = 1,\ 2)$
$G(e_i,\ \theta_i)$	目标 1 和目标 2 的产出，$i = 1,\ 2$	受地方政府努力程度 e_i 和产出随机性 θ_i 影响
$g(e_3)$	地方政府个人目标 3 的产出	产出是确定性的，只受地方政府努力程度 e_3 的影响

（三）博弈时序

各方的行为与博弈时序如下：首先，中央政府根据国内外的经济形势和两项目标的优先级（α_1 和 α_2），确定主要目标（T_1 和 T_2）与激励强度（a_1、b_1 和 a_2、b_2）契约；其次，地方政府根据目标 1 和目标 2 的目标、激励强度以及地方目标（私人利益 s_3 ）的重要性，决定是否接受中央提出的契约，并选择最优的努力程度 e_1 、e_2 和 e_3 ；最后，得到目标 1 和目标 2 的综合任务产出，即中央政府的效用，见图 5. 1。

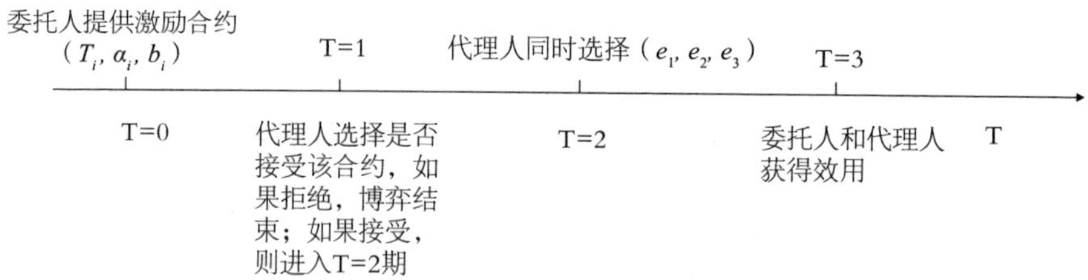

图 5. 1　多任务下的目标激励博弈时序

在这一过程中，我们可以继续沿用与第四章相同的委托代理框架，但为了简化分析，直接将其看作中央政府（委托人）和地方政府（代理人）之间的动态博弈，对委托人和代理人之间的契约进行简化处理，着重分析在给定 s_3 为事前央地共同知识的情况下，任务目标、激励强度和努力程度的选择将呈现何种特点。

第三节　基于预期性目标与约束性目标的模型应用

一、基本设定——对一般合约的四点调整

上一节给出了多任务目标下，中央和地方政府的基本行为模式和框架。虽然一般性框架中的各项参数形式都没有具体设定，但已经较为复杂，不便于具体分析。一般性模型主要帮助我们澄清了本章的基本思路，本节我们将以“十一五”规划开始设定区分并沿用至今的约束性目标和预期性目标为例，作为一般性分析框架的实例进行分析。

在正式分析前，我们需要简化上一节的假设，以便于分析。主要包括以下 4 点。

（1）不再讨论地方政府在目标 3 上的最优努力程度，只保留中央目标（目标 1 和目标 2）和地方目标 3 之间的成本关系（冲突、独立、互补），并令

这种成本关系体现在目标 1 和目标 2 的成本上。

具体地，令 $c_i = 1 + \beta_{i3}(i = 1,\ 2)$。当 $\beta_{i3} \in [-1,\ 1]$ 时，如果目标 3 与目标 1 或目标 2 互补，意味着 $-1 \leqslant \beta_{i3} \leqslant 0$，即 $c_i \in [0,\ 1]$；反之，若目标 3 与目标 1 或目标 2 冲突，则 $0 < \beta_{i3} < 1$，即 $c_i \in [1,\ 2]$。即与目标 3 相冲突的中央目标边际成本高于与目标 3 互补的边际成本，目标 1 或目标 2 的边际成本随着中央与地方之间利益冲突的加剧而提高，二者之间的关系见图 5.2。

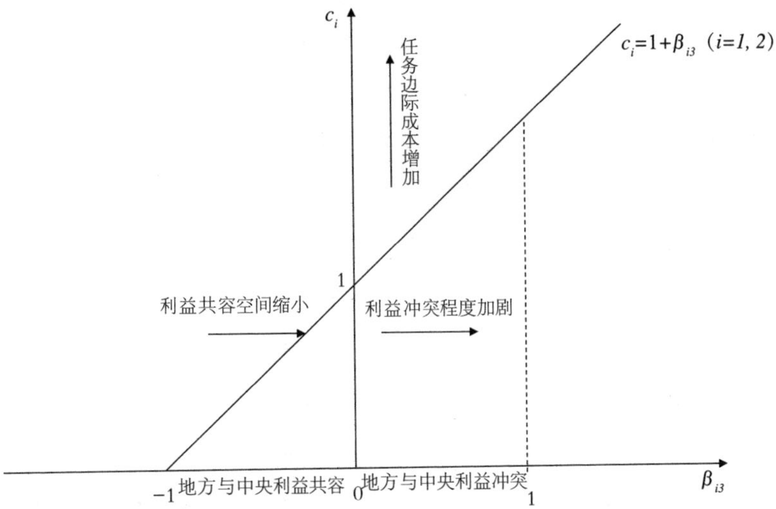

图 5.2　央地共容利益空间与边际成本的关系

这样的假设是基于现实观察。地方政府会减少与本地利益冲突的中央目标投入，而重点关注与其利益一致性程度较高的中央政策任务，中央政府将生态环境、脱贫攻坚、基本养老保险等定位为“约束性目标”就是为了克服地方政府盲目追求经济增长而忽略基本公共服务和发展方式改革的问题。中央目标和地方利益的冲突程度决定了目标推行阻力的大小，等价于模型中“利益共容程度决定中央目标的边际成本”的假设。央地利益共容性强的目标，边际成本低，反之，边际成本高。

目标 1、目标 2 与目标 3 的成本关系，也可作为地方政府对自身利益与中央利益的权衡，包含了 s_3 的信息。通过第四章的分析，我们已知 s_3 对于地方政府行为的影响较为直接单一：越重视自己的利益，越难以协调，激励成本越高。因此，在本节的讨论中，不考虑 s_3 和 e_3 ，相关的经济含义均可被 c_i 表现出来，而将分析的重点放在不同的中央目标应采取何种激励方式上。

（2）地方政府在推行某项中央目标时，会面临一个影响政策产出的“随机因素”（ θ ）。第四章和上一节我们都提及了随机因素，但是并未就其内在含义做细致讨论，本节将随机因素理解为市场对于政策产出的影响。

当 $\theta > 0$ 时，代表中央政策的推行符合市场规律，带动了市场主体的积极性，从而起到“事半功倍”的效果——对地方政府的政策努力起到了“扩大”或“乘数”效应。举例而言，我们可以把该项目标理解为提高流动性，采取扩张性的财政政策或货币政策的方式实现。通过降低存款准备金率等方式，使市场上流通的货币量增加并且通过各类商业银行信贷行为，达到不断扩张的信用创造作用。政府财政支出的扩张也会产生“乘数”效应，如 2008 年金融危机发生后政府为了刺激经济，减少金融危机对经济的不利影响，推行了投资刺激计划，带动了诸如钢铁、造船等行业的投资。

当 $\theta < 0$ 时，意味着该政策目标或执行过程不甚合理，违背了市场经济的基本规律或者超越了社会潜在的生产能力，可能导致政策产出效率低下。现实中远不乏此类事例，比如各地竞相采取补贴和税收优惠的方式促进某类产业的发展，造成了产能过剩或者价格扭曲。此时，即使地方政府努力完成目标，仍然可能导致任务失败。

为了进一步降低分析难度，我们假设 θ 服从均匀分布，但是不同政策目标受到市场随机因素影响的程度不同，具体地，假设目标 2 的随机因素 $\theta_2 \sim U(-k_2, k_2)$ ，而 $\theta_1 \sim U(-k_1, k_1)$ ，其中 $k_2 = 1$，$k_1 = k > 0$，但 k 与 1 的关系不确定：若 $k > 1$，则目标 1 受到市场随机因素的影响更大，政策产出的不确定性较强，一般而言，预期性目标满足这样的条件；若 $0 < k < 1$，则相反——目标 1 政策产出的不确定性低于目标 2，政府作为的空间较大，一般适用于约束性目标。

（3）简化中央政府的效用函数形式。在上一节我们假设较高的政策目标或较强的激励可能会带来层层加码或资源配置扭曲等问题，从而为中央政府带来社会风险。现在，我们依然认为该假设成立，但是改变其在模型中的呈现方式。

具体地，我们认为为了不引起严重的社会风险，避免不稳定因素，中央政府的目标设定和激励强度选择存在“天然”的界限。中央政府的目标集是离散的，即 $T \in \{T_L, T_H\}$ ，$0 < T_L \leqslant k_i \leqslant T_H$ 。对于目标 1 和目标 2 来说，中央政府可选择的目标有两个：高目标（ T_H ）和低目标（ T_L ），其中低目标低于产出最大风险，高目标高于产出最大风险。这意味着在地方政府不付出任何努力的情况下，低目标仍有可能达成，但高目标则难以达成，实现高目标需要地方政府付出更高的努力。

同时，激励强度的选择也是有界的，$a_i \in [0, A]$，$b_i \in [-A, 0]$ ，A 为不引起风险情况下的最大“激励强度”（tautness）。通过将中央政府效用函数中的社会风险部分转化为对中央政府三种激励手段（目标、正向奖励、负向惩罚）的界限约束，沿用目标产出与地方政府努力程度成正比的假设，中央政府需要在可选范围内，设计目标与激励规则，防范社会风险并推进目标实施。

（4）中央政府对两个目标的产出赋予不同的重视程度，即紧迫程度有差异，用 α_1 和 α_2 表示。不失一般性，令 $\alpha_2 = 1$，$\alpha_1 > 0$，但 α_1 与 1 的关系不确定。若 $\alpha_1 > 1$，则意味着在中央政府的偏好中，目标 1 的紧迫性更高，是制定五年规划中的重点任务；若 $0 < \alpha_1 < 1$，则目标 1 的紧迫程度低于目标 2。紧迫程度的引入可以衡量中央关注重点的变化，引申的意义则在于观察中央政府如何通过发送目标紧迫程度的信号（假设紧迫度在设定目标的阶段已经成为共同知识），调整地方政府执行目标 1 和目标 2 的激励、协调央地利益。α_1 和 α_2 将分别进入中央和地方政府的效用函数，对于地方政府而言，中央政府根据目标紧迫程度制定、调整绩效考核比重，也就是中央政府在自身效用中赋予两项期望产出的加权比重。产出形式与第四章相同，本节主要参数和变量的总结见表 5.3。

表 5.3　变量参数总结（简化版）

变量、参数	含义	说明
u_A	地方政府效用函数	由 3 部分构成：目标 1 收益+目标 2 收益-联合成本

续表

变量、参数	含义	说明
u_p	中央政府效用函数	由2部分构成：目标1收益+目标2收益
e_1，e_2	地方政府在目标任务上付出的努力程度	$e_i(i=1, 2)\geqslant 0$
c_1，c_2	地方政府在两项目标上的边际成本	$c_i=1+\beta_{i3}(i=1, 2)$
θ_1，θ_2	中央目标1、目标2的风险	服从均匀分布，$\theta_2\sim U(-1, 1)$，而 $\theta_1\sim U(-k, k)$
α_1，α_2	中央对两项目标的重视程度；两项目标产出在地方政府综合考评得分中的比重	$\alpha_1\geqslant 0, \alpha_2=1$
T_1，T_2	中央对目标1和目标2提出的目标	$T_1\geqslant 0, T_2\geqslant 0, T\in\{T_L, T_H\}$
(a_1, b_1)，(a_2, b_2)	对目标1和目标2的激励组合	$a_i>0$，代表目标 i 产出达到目标 T_i 后的边际产出奖励；$b_i<0$，代表目标 i 产出为达到目标 T_i 时的边际产出惩罚 $(i=1, 2)$；$a_i\in[0, A]$，$b_i\in[-A, 0]$
$G(e_i, \theta_i)=e_i+\theta_i$	目标1和目标2的产出，$i=1, 2$	受地方政府努力程度 e_i 和产出随机性 θ_i 影响

至此，我们通过以上四个方面的假设与简化，将一般模型下的目标激励问题转化为在政策产出随机性、央地利益共容程度、任务紧迫程度三方面目标属性的组合下，中央政府如何在“激励工具箱”中选择并有效匹配政策目标和激励强度，实现自身效用的最大化的问题。博弈的时序、信息结构与上一节相同。

中央政府的期望效用转化为 $u_p=E[\alpha_1 G(e_1, \theta_1)+\alpha_2 G(e_2, \theta_2)]$。

根据均匀分布的特征，地方政府的效用函数转化为式（5.5），转化过程见附录2。

$$u_A=\alpha_1[a_1(e_1+k-T_1)-a_1(H_1(k)-H_1(T_1-e_1))+b_1(H_1(T_1-e_1)-H_1(-k))]+\alpha_2[a_2(e_2+1-T_2)-a_2(H_2(1)-H_2(T_2-e_2))+b_2(H_2(T_2-e_2)-H_2(-1)]-\left(\frac{1}{2}c_1 e_1^2+\frac{1}{2}c_2 e_2^2+\beta_{12}e_1 e_2\right) \tag{5.5}$$

其中，$H_1(\cdot)$ 和 $H_2(\cdot)$ 为和概率分布函数积分后的原函数。

二、博弈分析：成本独立的目标 1 与目标 2（$\beta_{12}=0$）

（一）基本形式

我们考虑目标 1 和目标 2 成本独立的情况。首先需要说明的是，即使两个目标同时与地方政府的私人利益相关，也未必意味着目标 1 和目标 2 本身成本是相关的。例如，假设目标 3 为地方政府普遍关注的本级财政收入，而目标 1 为环境保护类约束性目标，目标 2 为人均受教育年限的约束性指标，两项任务都与目标 3 密切相关。最简单地，地方政府需要为环境保护和提高教育年限两个目标的实现付出财政支出，本级财政收入的增加将有助于目标 1 和目标 2 的执行。但是，就人均受教育年限和环境生态保护而言，两项目标本身不存在直接成本联系，可以看作独立的，$\beta_{12}=0$。

此时，地方政府的效用函数可以得到进一步的简化，如下：

$$u_A=\alpha_1[a_1(e_1+k-T_1)-a_1(H_1(k)-H_1(T_1-e_1))+b_1(H_1(T_1-e_1)-H_1(-k))]+\alpha_2[a_2(e_2+1-T_2)-a_2(H_2(1)-H_2(T_2-e_2))+b_2(H_2(T_2-e_2)-H_2(-1))]-\left(\frac{1}{2}c_1e_1^2+\frac{1}{2}c_2e_2^2\right) \tag{5.6}$$

其中，$H_1(x)$ 和 $H_2(x)$ 为 $F_1(x)$ 和 $F_2(x)$ 的原函数，在满足 $\theta_2\sim U(-1,\ 1)$，而 $\theta_1\sim U(-k,\ k)$ 的情况下，$H_1(x)=\frac{1}{4k}x^2+\frac{1}{2}x+C_1$ 和 $H_2(x)=\frac{1}{4k}x^2+\frac{1}{2}x+C_2$，地方政府的效用函数可以整理为关于 e_1 和 e_2 的多项式组合如下：

1. 地方政府效用函数

$$u_A=\left(\frac{\alpha_1(a_1+b_1)}{4k}-\frac{1}{2}c_1\right)e_1^2+\alpha_1\left[a_1-(a_1+b_1)\frac{T_1+k}{2k}\right]e_1+C_1+\left[\frac{\alpha_2(a_2+b_2)}{4}-\frac{1}{2}c_2\right]e_2^2+\alpha_2\left[a_2-(a_2+b_2)\frac{T_1+1}{2}\right]e_2+C_2 \tag{5.7}$$

2. 中央政府效用函数

$$u_p=E[\alpha_1G(e_1,\ \theta_1)+\alpha_2G(e_2,\ \theta_2)]=\alpha_1e_1+\alpha_2e_2 \tag{5.8}$$

本章我们将中央和地方政府之间的行为互动理解为一个完全信息动态博

弈，分析二者各自的最优策略。中央的策略是选择目标和激励强度，地方的策略是选择努力程度。在本节中，中央政府的目标是在给定激励和目标的约束范围内，选择最优的激励组合，促使地方政府在目标 1、目标 2 上的努力程度最大化；地方政府的目标是根据成本关系，选择在目标 1、目标 2 的努力程度最大化自身效用。我们将这个过程表示为一个扩展型博弈见图 5. 3。

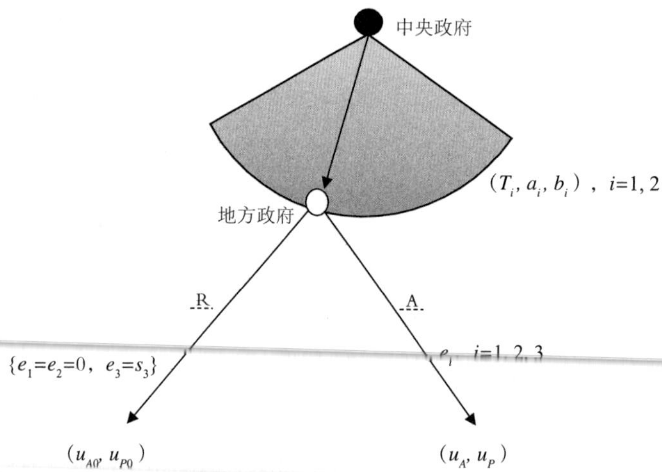

图 5. 3　中央和地方政府之间的完全信息静态博弈

3. 博弈时序

时期 1，中央政府先行动，在得知地方政府偏好、目标 1 和目标 2 与地方政府私人目标之间的成本关系后，给出激励组合合约：$(T_i,\ a_i,\ b_i)$，$i=1，2$，即分别对两个目标制定目标、规定正向激励和负向惩罚。

时期 2，地方政府行动，如果接受该激励组合，则选择使自身效用最大化的努力水平 e_i，$i = 1，2$，如果拒绝该激励组合，则只在地方目标 3 上付出努力。

时期 3，中央和地方政府分别获得效用。

我们只分析当地方政府接受该激励组合时，对目标 1、目标 2 努力程度的选择。对于完全信息动态博弈，我们使用逆向归纳法（Backward Induction）进行分析：令地方政府选择 e_1 和 e_2 使 u_A 最大化，求解出最优的努力程度后，继续讨论中央政府的最优激励组合选择。

4. 博弈求解与分析

具体地，我们求解以下最优化问题：

$$\max_{e_1,\ e_2}\left(\frac{\alpha_1(a_1+b_1)}{4k}-\frac{1}{2}c_1\right)e_1^2+\alpha_1\left[a_1-(a_1+b_1)\frac{T_1+k}{2k}\right]e_1+C_1+$$

$$\left[\frac{\alpha_2(a_2+b_2)}{4}-\frac{1}{2}c_2\right]e_2^2+\alpha_2\left[a_2-(a_2+b_2)\frac{T_2+1}{2}\right]e_2+C_2 \tag{5.9}$$

仍然只考虑内点解，关于 e_1 和 e_2 的一阶最优条件（F. O. C）分别为

$$\frac{\partial U_A}{\partial e_1}=\alpha_1\left[a_1-\frac{(a_1+b_1)\cdot(T_1-e_1+k)}{2k}\right]-c_1e_1 \tag{5.10}$$

$$\frac{\partial U_A}{\partial e_2}=\alpha_2\left[a_2-\frac{(a_2+b_2)\cdot(T_2-e_2+1)}{2}\right]-c_2e_2 \tag{5.11}$$

同时，二阶导数存在：

$$\frac{\partial^2 U_A}{\partial e_1}=\frac{\alpha_1(a_1+b_1)}{2k}-c_1,\quad \frac{\partial^2 U_A}{\partial e_2}=\frac{\alpha_2(a_2+b_2)}{2}-c_2 \tag{5.12}$$

（二）最优努力程度讨论

下面需要结合 e_1 和 e_2 的取值范围具体讨论最优情况，过程如下。

首先，令 $\frac{\partial U_A}{\partial e_1}=\frac{\partial U_A}{\partial e_2}=0$，可以解得对称轴的位置：

$$e'_1=\frac{\alpha_1[(T_1-k)a_1+(T_1+k)b_1]}{\alpha_1(a_1+b_1)-2c_1k},\ e'_2=\frac{\alpha_2[(T_2-1)a_2+(T_2+1)b_2]}{\alpha_2(a_2+b_2)-2c_2} \tag{5.13}$$

由于目标 1、目标 2 之间的成本不相关，且目标 2 的产出随机状态是标准化后的，以下我们仅以 e_1 为例，对最优解 e_1^* 以及与之对应的 T_1 和 a_1、b_1 进行分类讨论。观察式（5. 13），两个最优努力程度结构一致，区别仅存在于产出随机性，k 和 1，因此对 e_1 的讨论也能够适用于 e_2，且更具有一般性。根据对称轴和 0 的位置关系，我们划分了以下 4 种情况。在进一步讨论之前，我们需要假设 $\frac{2c_1k}{\alpha_1}\in[-A,\ A]$。

情况一：$\frac{\alpha_1(a_1+b_1)}{4k} > \frac{1}{2}c_1$，$e'_1 = \frac{\alpha_1[(T_1-k)a_1+(T_1+k)b_1]}{\alpha_1(a_1+b_1)-2c_1k} \geqslant 0$

此时，地方政府的效用可以整理为关于e_1开口向上、对称轴大于0的二次函数，图像是抛物线形态，见图5.4。

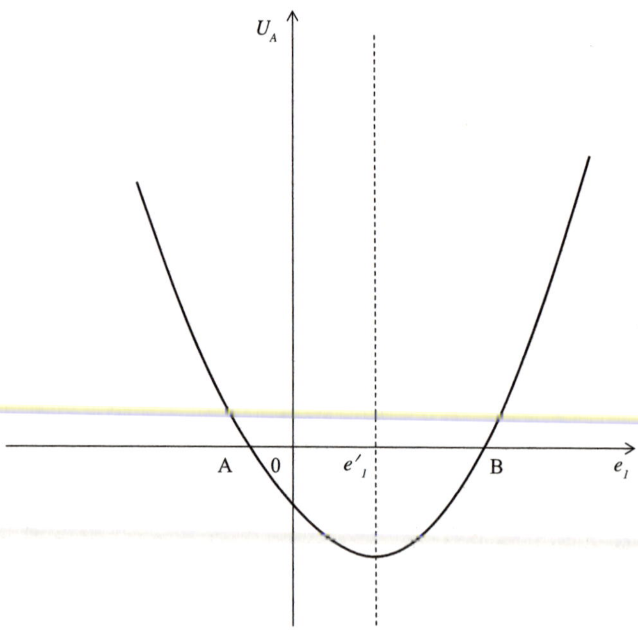

图5.4　最优努力程度讨论1

中央政府的效用函数为$u_p = E[\alpha_1 G(e_1, \theta_1) + \alpha_2 G(e_2, \theta_2)] = \alpha_1 e_1 + \alpha_2 e_2$，即希望地方政府在两个任务上的努力程度都能越大越好，至少要大于0。对于地方政府来说，由于$e'_1 \geqslant 0$，其策略是在目标1上“越努力越好”（$e_1 > 0$），同时满足中央政府的效用最大化条件。即需要满足的条件为以下两个不等式：

$$\alpha_1(a_1+b_1) - 2c_1k \geqslant 0, \alpha_1[(T_1-k)a_1+(T_1+k)b_1] > 0 \tag{5.14}$$

进一步化简得：

$a_1+b_1 > \frac{2c_1k}{\alpha_1} > 0, T_1 \geqslant \frac{(a_1-b_1)k}{a_1+b_1} > 0$，则$T_1^* = T_H$，中央和地方的策略组合是$\{e_1 > 0, (T_1^* = T_H, a_1+b_1 > \frac{2c_1k}{\alpha_1})\}$。

情况二：$\frac{\alpha_1(a_1+b_1)}{4k}>\frac{1}{2}c_1$，$e'_1=\frac{\alpha_1[(T_1-k)a_1+(T_1+k)b_1]}{\alpha_1(a_1+b_1)-2c_1k}\leqslant 0$

此时，地方政府的效用函数关于e_1呈现开口向上，对称轴小于0的抛物线形态，见图5.5。

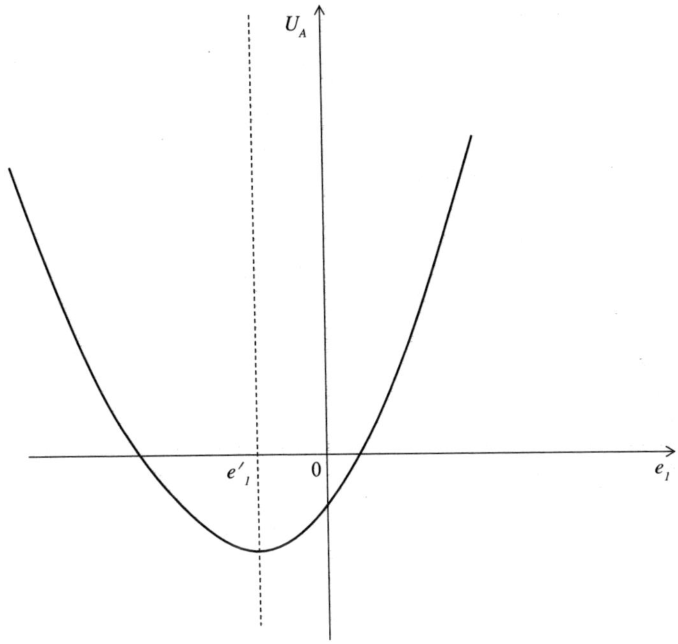

图5.5　最优努力程度讨论2

对于地方政府来说，其策略仍是在上"越努力越好"（$e_1>0$），需要满足的条件为

$$\alpha_1(a_1+b_1)-2c_1k\geqslant 0,\ \alpha_1[(T_1-k)a_1+(T_1+k)b_1]\leqslant 0 \tag{5.15}$$

进一步化简得：

$a_1+b_1>\frac{2c_1k}{\alpha_1}>0$，$T_1\leqslant\frac{(a_1-b_1)k}{a_1+b_1}$，假设$\frac{(a_1-b_1)k}{a_1+b_1}\in[T_L,T_H]$，此时央地的策略组合为$\{e_1>0，(T_1^*=T_L，a_1+b_1>\frac{2c_1k}{\alpha_1})\}$。

情况三：$\frac{\alpha_1(a_1+b_1)}{4k}<\frac{1}{2}c_1$，$e'_1=\frac{\alpha_1[(T_1-k)a_1+(T_1+k)b_1]}{\alpha_1(a_1+b_1)-2c_1k}\geqslant 0$

地方政府的效用函数关于 e_1 呈现开口向下，对称轴大于0的抛物线形态，见图5.6。

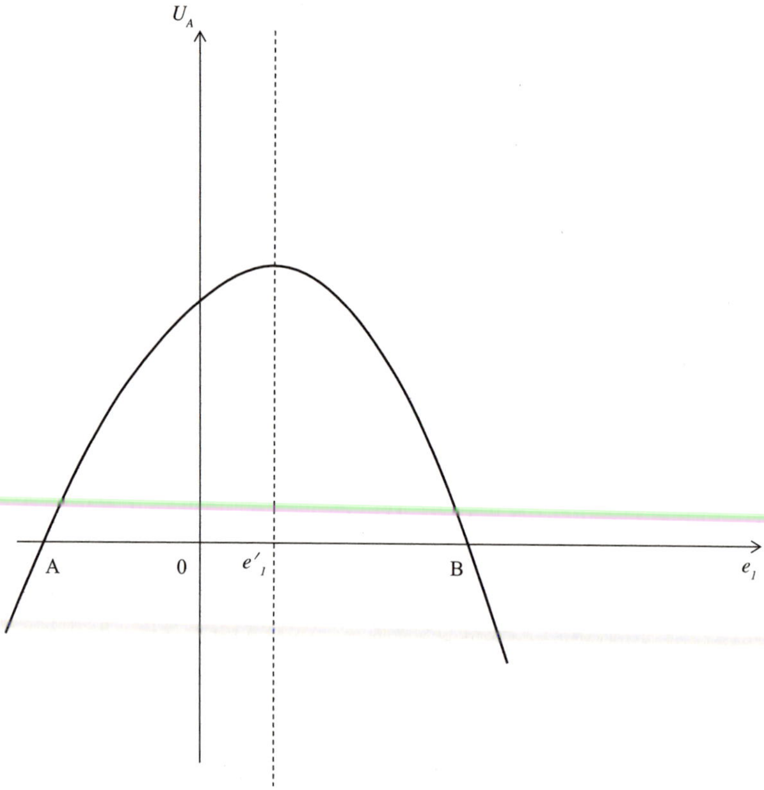

图5.6　最优努力程度讨论3

对于地方政府来说，其最优努力程度为 $e_1^* = e'_1 = \dfrac{\alpha_1[(T_1-k)a_1+(T_1+k)b_1]}{\alpha_1(a_1+b_1)-2c_1k}$，需要满足的条件为

$$a_1+b_1<\frac{2c_1k}{\alpha_1},\ T_1\geqslant\frac{(a_1-b_1)k}{a_1+b_1} \tag{5.16}$$

此时，$\dfrac{\partial e_1^*}{\partial T_1}=\dfrac{(a_1+b_1)\alpha_1}{\alpha_1(a_1+b_1)-2c_1k}$，当 $a_1+b_1<0$ 时，$\dfrac{(a_1-b_1)k}{a_1+b_1}<0$，$\dfrac{\partial e_1^*}{\partial T_1}>0$，$T_1^*=T_H$；当 $a_1+b_1>0$ 时，$\dfrac{(a_1-b_1)k}{a_1+b_1}>0$，$\dfrac{\partial e_1^*}{\partial T_1}<0$，$T_1^*=T_L$。央地的

策略组合为 $\{e_1^* = e'_1, (T_1^* = T_H, a_1 + b_1 < 0)$ 或 $(T_1^* = T_L, 0 < a_1 + b_1 < \frac{2c_1k}{\alpha_1})\}$。

情况四：$\frac{\alpha_1(a_1 + b_1)}{4k} < \frac{1}{2}c_1$，$e'_1 = \frac{\alpha_1[(T_1 - k)a_1 + (T_1 + k)b_1]}{\alpha_1(a_1 + b_1) - 2c_1k} \leqslant 0$

此时，地方政府的效用函数关于 e_1 呈现开口向下，对称轴小于 0 的抛物线形态，见图 5.7。

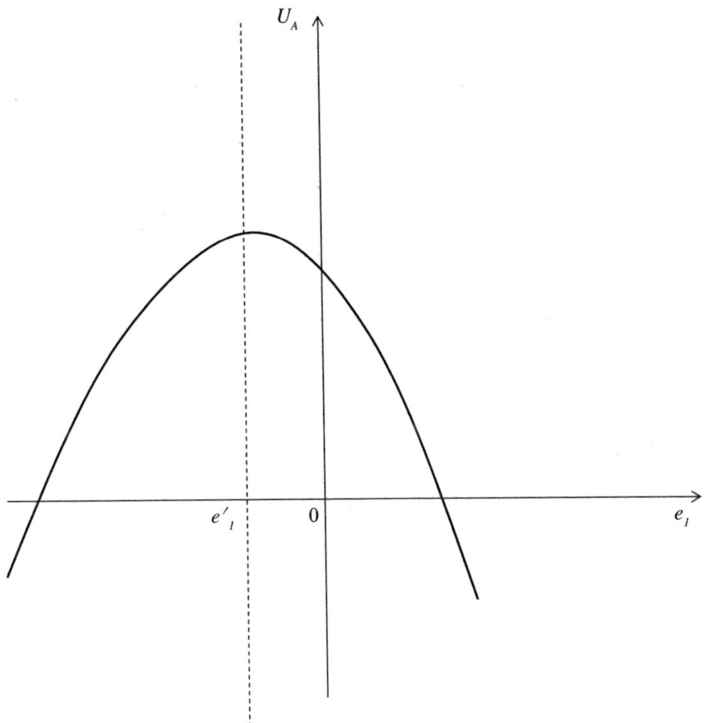

图 5.7　最优努力程度讨论 4

此时，对于地方政府来说，其最优策略是 $e_1 = 0$，不符合中央政府期望效用最大化的预期，因此，给定 c_1 和 k，中央政府一定会在选择目标和激励强度时，避免出现这类情况。

综合以上 4 种情况，我们总结了可能出现的目标 1 的分布，见图 5.8。

最优的目标 T_1 满足见命题 5.1。

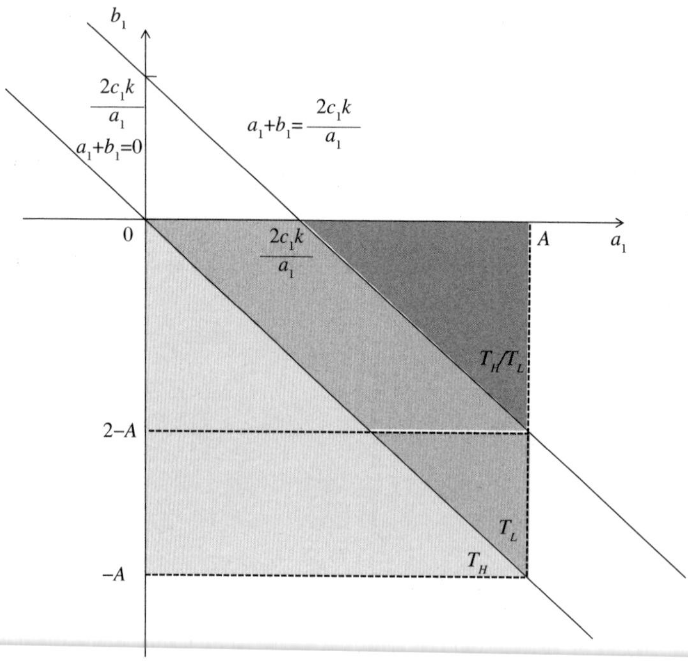

图 5.8　最优任务目标分布图

命题 5.1：当 $0 < a_1 + b_1 \leqslant \frac{2c_1k}{\alpha_1}$ 时，$T_1 = T_L$ ；当 $a_1 + b_1 \leqslant 0$ 时，$T_1 = T_H$ ；当 $\frac{2c_1k}{\alpha_1} < a_1 + b_1$ 时，$T_1 = T_L$ 或 $T_1 = T_H$ 。

命题 5.1 告诉我们，目标和激励手段之间存在明显的配合关系。当一项任务目标的综合激励（正向激励+负向激励）大于0时，意味着正向激励 a_1 对地方政府的行为影响占主导地位。当综合激励在一定范围之内（$0 < a_1 + b_1 \leqslant \frac{2c_1k}{\alpha_1}$）时，应该匹配以较低的目标1；当综合激励超过某一边界值（$\frac{2c_1k}{\alpha_1} < a_1 + b_1$），目标对地方政府的激励作用减弱，只要综合激励足够大（或正向激励大，负向激励小），无论是面对高目标还是低目标，地方政府都会选择一个更高的努力程度，如果我们认为中央政府在足以规避社会风险的可选目标范围内，倾向于使用高目标作为激励手段，那么最优的目标为 T_H ；当完不成目标的负向激励很强，超过了完成任务时的正向激励（$a_1 + b_1 < 0$），那么与之匹

配的应该是高目标 T_H 。

随着临界值 $\frac{2c_1k}{\alpha_1}$ 的扩大，低目标的适用范围增加。我们假定 $\frac{2c_1k}{\alpha_1} \in [-A, A]$ ，但极端情况下，若 $\frac{2c_1k}{\alpha_1} \geqslant A$ ，红色部分将消失，绿色和蓝色将平分这一正方形。这意味着随着目标 1 与地方利益冲突程度的加剧（c_1 提高）、目标 1 紧迫程度（ α_1 ）的降低、目标 1 受市场随机因素影响程度 (k) 的提高，低目标的适用范围将增大；在目标执行过程中，随着地方政府与中央政府的利益相容程度的提高（c_1 减小），紧迫程度（ α_1 ）的上升以及随机因素影响 (k) 的下降，高目标很可能成为中央政府的唯一选择。

我们主要关注风险和央地共容利益两个变量对于目标选择的影响，可将以上关于参数的比较静态分析总结为命题 5. 2。

命题 5. 2：对于低风险、央地共容利益空间大的中央目标，为激励地方政府付出努力，中央政府最优策略是选择高目标；对于高风险、央地共容利益空间小的中央目标，最优策略为低目标。

本质上，命题 5. 1、命题 5. 2 与第四章的基本结论是相同的，由于目标 1 和目标 2 的成本不相关，这部分讨论相当于存在地方私人利益下的单任务委托代理。不同的是，我们可以更加细致地讨论最优目标随着央地共容利益程度、风险之间的动态调整，深化对五年规划目标对于市场和政府关系的协调治理机制的理解。研究发现，其实五年规划对于政府和市场、中央和地方关系的治理往往是交织在一起的。

一方面，最优的政策目标与政策产出会受到市场随机因素的影响，尤其当市场风险扩大，地方政府的政策投入无法 1∶1 地转化为最终政策产出时，能否完成目标受市场情况的影响程度很高。此时，中央政府的最优策略是选择一个低目标以激励地方政府。极端情况下，如果令 T_L 很小并无限趋近于 0 时，这意味着不应制定严格的目标，即中央政府不应根据该目标的完成情况对地方干部进行重点考核。包括三种可能的情况：一是不提出这一目标；二是提出了这个目标，但是没有提出具体的考核指标；三是提出了目标和指标，但是占地方政府绩效考核评分的比重非常低。原因在于当一项政策任务的效果受到多种市场综合因素影响而非仅为政府的责任和义务时，应该减少在该目标方面的规划和绩效管理，即使对其制定规划，实施效果也未必好，产出的可控性较弱。这意味着五年规划有助于政府责任的明晰，促进地方政府履行基本职能，但对于与市场情况关系密切的事项，则不适宜采取高目标的激励模式。

举例而言，五年规划作为一只“看得见的手”，体现了国家对经济社会的管理意图，但是一般在规划“供给”方面较为有效，如我国光伏行业、造船行业、电动汽车市场都是在政府主导下发展起来的，如今各地广泛推进的数字经济产业也包含了政府力量。政府为这些产业的发展提供了资金与产业政策支持，市场主体在各类政策和资金的激励下增加投资。但这些产业在国家五年规划的文本中，往往不是采取约束性指标的方式，而只是提出了“重点产业目录”或予以方向性的指导，并未对相关产业产值的增加值比重、产值数目作为考核的重要指标。因为这些政策目标最终的落实要依靠市场，是真正的“预期性目标”，地方政府可达到也可以达不到，不会对绩效考核造成实质性的影响。

对于产业结构转型、市场需求等方面，也不适宜采取规划目标管理的手段进行激励。“创新驱动”目标也具有类似特征，虽然规定了专利数和研发投资占比，但是整体市场创新能力仍有待提高，规模以上工业企业的科研创新产出效率提高缓慢。现实中经常会看到企业“钻政策空子、套政策红利”，如政府对初创高新企业会有部分资金支持，企业集中申报后拿到创新补贴，但未必用于有创新价值的项目研发。相反，我们可以看到国家基础性研究，如国防、航空航天等工程却发展得很快，因为这是政府可以基本主导的政策任务，受市场影响小。由于投资周期长、市场狭小且风险大，追逐短期利益的市场竞争主体不会主动投资到这些领域。因此，面对一项政府的努力可基本决定最终产出的任务，政府不仅可以提出一个高目标，同时也有能力达到这一目标。同理推之，对于政府公共服务、教育医疗与社会保障等政府自身的责任与义务，往往可设定一个相对较高的目标，甚至适度高于社会潜在的最优目标，以达到更好的约束作用。

另一方面，保持其他因素不变，当央地共容利益较多时，高目标的适用空间越大；若央地利益共容利益较少时，则应选择低目标。这是因为当利益冲突时，如果中央政府提出的目标较高但激励强度短期内没有调整，相当于增加了地方政府从中央考核中获得收益的难度，转而将精力投入私人利益的创造中。面对一项新推行的政策任务或者与地方固有利益相冲突的规划目标，推行阻力较大，最开始不得不采用一个低目标。随着任务目标的逐渐推行和经验的积累，配合激励强度与考核方式的变化，地方政府会对原有偏好及目标的认知进行修正，在这一过程中，央地共容利益不断增加。此时，结合任务目标的紧迫程度与完成进度，中央可将低目标提升到高目标水平，推进目标实现。

命题 5.1 和命题 5.2 具有一定的引申解释能力。如果我们从中国经济改革的历程理解，会得到令人更为信服的结论。此时，我们将 k 理解为一项改革的风险，或者成功的概率。改革伊始，央地就“改革”这项目标的共容利益少，典型的情况是地方态度趋于保守观望，除个别先试先行的地方政府外，改革意愿普遍较低，因为改革结果的不确定性很高。

随着中央设计、调整五年规划目标及激励、改革信息的增加、试点经验的积累，改革的不确定性逐渐降低，地方政府的行为开始改变并内生地调整对央地目标的权衡，央地共容利益空间增加。这一过程，就是五年规划渐进式地推动改革、破除改革过程中可能存在的利益集团阻力以实现国家目标的机制。本书称这一过程为“国家治理”，它同时也体现了国家能力的提升。我们可以用图 5.9 描述这一过程。

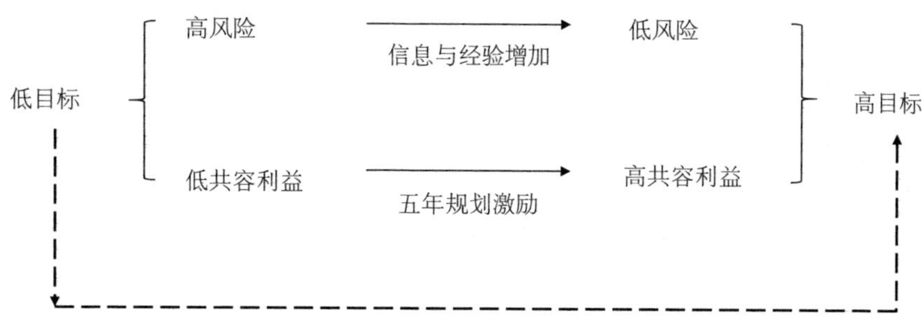

- 渐进式、边际改革进程，国家治理过程
- 减少利益集团对改革的阻力
- 实现国家目标，增强国家能力

图 5.9　对渐进式改革的理论解释

以上讨论了最优中央目标，接下来分析最优激励强度如何确定。根据求解最优目标的讨论，我们得到最优的目标与激励强度组合 $\{T_1, (a_1, b_1)\}$ 有以下 6 种情况①：

$$\{T_H, (A, 1-T_H)\}, \quad \{T_H, (1+T_H, -A)\}, \quad \{T_H, (1+T_H, 0)\},$$

$$\{T_H, (0, 1-T_H)\}, \left\{T_L, \left(\frac{2c_1k}{\alpha_1}, 0\right)\right\}, \{T_L, (1+T_L, -1-T_L)\}。$$

总结来看，中央的高目标对应“单向激励”：正向激励非常大（A），负向激励相对忽略不计（0），综合激励大于 0，此即“预期性指标”；或负向激励非常大（$-A$），正向激励可以忽略不计（0），综合激励小于 0，即“约束性指标”。低目标则对应单一的正向激励（但正向激励的强度低于高目标）或综合激励为 0 的情况，即正向激励和负向激励的绝对值相等。

这说明，在多任务委托代理的框架下，想要弱化某类目标，需要采取低目标与弱综合激励相匹配的方式。引申意义在于，面对经济增长方式转型的艰巨任务，仅降低经济增长目标未必收效良好，长期形成的注重经济增长的行为惯性仍可能存在一定激励效果。这是由于经济增速一直是地方干部考核的重点内容，且历史上围绕 GDP 的竞争而无法立刻改变。“十一五”时期开始酝酿，2011 年出台的主体功能区规划就是针对这一困局提出的“釜底抽薪”式的解决办法。根据不同地区的环境、资源承载力和国家发展要求进行统筹规划，将国土空间分为优化开发、重点开发、限制开发和禁止开发四类，探索不同地区政府官员绩效考核的标准，如对限制开发和禁止开发地区，不考察经济增速，而将环境保护作为考核重点，从中可以感受到目标与激励方式的配合对于转变经济增长方式的重要作用。

三、博弈分析：成本相关的目标 1 与目标 2（$\beta_{12} \neq 0$）——以预期性目标和约束性目标为例

上一部分我们主要讨论了在中央提出的两个目标彼此独立的情况下，应如

① 假设 $1+T_L < \frac{2c_1k}{\alpha_1} < 1+T_H$。

何选择最优激励的问题，通过目标和激励强度组合的讨论，我们得到了命题5.1与命题5.2，并尝试从五年规划的视角对我国渐进式改革的逻辑作出解释，这也使改革能够得以推进并取得良好经济绩效的原因之一。这一部分我们将讨论另外一种更为重要的情况：目标1和目标2的成本相关，$\beta_{12} \neq 0$。此时，如何设计两个方向上的任务目标和激励方式就更为复杂了。主要包含两种情况，一是两个任务目标之间成本互补，即$\beta_{12} < 0$，意味着一项目标努力程度的增加将会降低另一项目标的边际成本，如“十三五”规划中提出的“GDP增长率”与“城镇化率”两个目标之间的关系。二是两个目标之间成本替代，对应$\beta_{12} > 0$，即在其中一项任务目标上的努力程度提高会增加另一项目标的边际成本。

通过对“十一五”以来的规划目标分析，可发现预期性目标和约束性目标多呈现成本替代的关系，预期性目标一般是与经济发展的情况同向变化的，主要依靠市场来实现。约束性目标则主要明确政府需要履行的社会责任，是必须实现的。对于地方政府而言，两项任务目标一个是“激励”，另一个是“约束”。但不排除有些预期性目标和约束性目标可能是互补的关系，比如，“农村脱贫人口（万人）”以及经济增长之间就存在明显的互补关系——农村脱贫的实现，有赖于经济实力的整体增强与地方财政、公共政策的有力支持；同时，脱贫也有助于消除经济发展的短板，进一步促进农村消费水平的提升、促进经济增长。在这一部分，我们主要以预期性和约束性目标为例，分析当前国家五年规划中面临的一个重要问题——预期性目标和约束性目标及相应激励、考核规则应如何设定，才能够达到最好的地方激励效果。

具体地，我们认为$\{T_i，(a，0)\}$，$\{T_i，(0，b)\}$的目标与激励组合特征分别代表了预期性与约束性目标。其含义在于，约束性目标是要求地方政府必须完成的，并且通过层层分解下达的方式得以实现。即如果完成了，地方政府不会因此受到额外的奖励，但如果没有完成则会受到“惩罚”，如取消评优资格、通报批评、被上级政府约谈等。预期性目标则相反，由于受到市场因素影响较大，不是必须完成的任务。地方政府即使没有完成目标也不会受到惩罚，只能是降低考核评分，而一旦完成或者超额完成将会获得额外的收益。

我们假设目标 1 是“预期性目标”，采取目标与正向综合激励的模式；目标 2 属于“约束性目标”，采取目标与负向综合激励的模式。本部分需要处理的问题是讨论在约束性目标和预期性目标成本相关的情况下，成本相关程度与两项目标的紧迫程度将如何影响地方（下级）政府在目标 1 和目标 2 上的努力，基于此，中央政府又将如何选择最优的任务目标。

为了集中讨论方向，我们首先对两项任务目标的部分参数作出具体设定与赋值，以简化分析，见表 5.4。

表 5.4　两项任务目标的基本性质

	目标 1	目标 2	参数处理	依据
任务性质	预期性	约束性	—	—
产出受市场影响	$\theta_1 \sim U(-k_1, k_1)$ $k_1 = k$	$\theta_2 \sim U(-k_2, k_2)$ $k_2 = 1$	$k_1 > k_2$，不失一般性，令 $k = 2$	预期性目标一般是经济类指标，依靠市场主体行为实现，受市场影响大；约束性目标一般是政府责任性目标，依靠政府完成，受市场影响程度小
与地方政府私人利益的关系	$c_1 = 1 + \beta_{13}$	$c_2 = 1 + \beta_{23}$	令 $\beta_{13} = 0$，则 $c_1 = 1$；$\beta_{23} > 0$，则 $c_2 > 1$，不失一般性，设 $c_2 = 2$	预期性目标一般是独立或者互补于地方自身目标的经济类目标，比如经济增长，与地方利益相容性高，成本低；约束性目标，一般与地方利益冲突，地方执行动机弱，比如环境生态保护类责任目标，成本高
中央的重视程度	$\alpha_1 > 0$	$\alpha_2 > 0$	令 $\alpha_2 = 1$	两项任务目标的相对紧迫程度对于中央的目标选择是十分重要的

续表

	目标 1	目标 2	参数处理	依据
目标 1 和目标 2 的成本关系	$\beta_{12}=\beta$ β越大，冲突程度越高；反之，互补程度越高		$\beta \neq 0$	虽然两项目标分别和地方任务冲突、互补，但是目标 1、目标 2 之间的成本关系不确定①
激励设置	以完成目标的奖励为主 $\{a_1, b_1\}$		以未完成目标的惩罚为主 $\{a_2, b_2\}$	$a_1=1$，$b_1=0$；$a_2=0$，$b_2=-1$ ②

通过以上参数设定，我们的问题变为：讨论给定激励配置的情况下，中央政府如何选择预期性与约束性目标的问题，此时地方政府的效用函数为

$$\max_{e_1, e_2}\left(\frac{\alpha_1}{8}-\frac{1}{2}\right)e_1^2+\alpha_1\cdot\frac{2-T_1}{4}\cdot e_1-\frac{5}{4}e_2^2+\frac{T_2+1}{2}\cdot e_2-\beta e_1 e_2+C \tag{5.17}$$

与上一部分相同，我们先从地方（下级）政府的策略入手，使用逆向归纳法对地方努力程度、中央政府最优目标选择进行求解与分析。此时代理人需要选择最优的目标 1、目标 2 努力程度最大化自身效用，分别对地方政府的效用函数，求解关于 e_1 和 e_2 的一阶导数为

$$\frac{\partial U_A}{\partial e_1}=\left(\frac{\alpha_1}{4}-1\right)e_1+\alpha_1\left(\frac{1}{2}-\frac{T_1}{4}\right)-\beta e_2 \tag{5.18}$$

$$\frac{\partial U_A}{\partial e_2}=\frac{T_2}{2}-\frac{5e_2}{2}+\frac{1}{2}-\beta e_1 \tag{5.19}$$

令 $\frac{\partial U_A}{\partial e_1}=\frac{\partial U_A}{\partial e_2}=0$，解得：

① 比如目标 1 为经济增长，目标 2 为增加人口受教育年限，地方目标 3 为财政收入。目标 1、目标 3 互补，目标 2、目标 3 冲突，因为按照经典增长理论，人力资本是经济增长的源泉，所以目标 1 和目标 2 互补；又如，目标 2 为环境保护，此时目标 2、目标 3 冲突，目标 1 和 2 也冲突，因为短期内环境的约束将确定性地降低增速；再如，目标 1 是新增城镇就业人数，目标 2 是环境约束类指标，目标 1 和目标 3 互补，目标 2 和目标 3 冲突，但目标 1 和目标 2 之间没有直接关系，成本可能是独立的。

② 我们固定了激励强度，只考虑紧迫程度与目标之间的关系，试图回答在目标可选择的范围内，作为另一种激励方式，应何时使用高目标，何时使用低目标。

$$e_1^* = \frac{5(T_1 - 2)\alpha_1 + 4\beta(T_2 + 1)}{8\beta^2 + 5(\alpha_1 - 4)}, \quad e_2^* = \frac{[2\beta(2 - T_1) + (T_2 + 1)]\alpha_1 - 4(T_2 + 1)}{8\beta^2 + 5(\alpha_1 - 4)} \tag{5.20}$$

进一步地，我们需要对式（5.19）进行讨论。

若 $\alpha_1 > 4$，即相对于约束性目标2，中央政府更为重视预期性目标1，表现为对目标1的考察比例“越大越好”，这传递出了中央对目标1的态度。此时，地方政府将在能够选择的范围内，使最优的 $e_1 > 0$，$e_2 = 0$。这是一种极端的情况，当 α_1 趋近于正无穷的时候，可以看作中央只对目标1进行单一考察。

若 $\alpha_1 \leqslant 4$，问题将变得更为有趣，中央政府将选择两个目标使地方政府在均付出努力，需要满足的条件为

$$e_1^* = \frac{5(T_1 - 2)\alpha_1 + 4\beta(T_2 + 1)}{8\beta^2 + 5(\alpha_1 - 4)} \geqslant 0 \tag{5.21}$$

$$e_2^* = \frac{2\beta\alpha_1(2 - T_1) + (T_2 + 1)(\alpha_1 - 4)}{8\beta^2 + 5(\alpha_1 - 4)} \geqslant 0 \tag{5.22}$$

通过整理，我们需要讨论以下四种情况，以确定应如何选择最优的目标。

情况一：$8\beta^2 + 5(\alpha_1 - 4) > 0$，即 $\beta^2 > \frac{5}{8}(4 - \alpha_1)$

由于 $\beta \in [-1, 1]$，则意味着 $\alpha_1 \in [2.4, 4]$，中央更为重视预期性的目标1。

（1）若 $\beta > 0$，则两项目标相冲突，优先考虑地方政府在目标1上的努力程度。观察不等式（5.21），中央政府需保证式（5.21）一定成立，在 $T_L < 2 = k < T_H$ 的假设下（与上一部分一致），$T_1^* = T_H$，且 $\frac{\partial e_1^*}{\partial T_1} > 0$，$\frac{\partial e_1^*}{\partial T_2} > 0$，$\frac{\partial e_2^*}{\partial T_2} < 0$，$\frac{\partial e_2^*}{\partial T_1} < 0$。由于中央政府更加重视目标1，希望地方政府在目标1的努力程度越高越好，可以适当提高 T_2，即 $T_2^* = T_H$。

由此，中央政府的目标组合为（T_H，T_H）。

（2）若 $\beta < 0$，则两项任务相互补，优先考虑目标1的努力程度，需首先

满足不等式（5.21），在 $T_L < 2 = k < T_H$ 的假设下，则 $T_1^* = T_H$，且 $\frac{\partial e_1^*}{\partial T_1} > 0$，$\frac{\partial e_1^*}{\partial T_2} < 0$，$\frac{\partial e_2^*}{\partial T_2} < 0$，$\frac{\partial e_2^*}{\partial T_1} > 0$。此时，$e_1^*$、$e_2^*$ 将保持在相对较高的水平；由于此时中央政府更加重视目标 1，可以适当降低 T_2，即 $T_2^* = T_L$。

由此，中央政府的目标组合为（T_H，T_L）。

情况二：$8\beta^2 + 5(\alpha_1 - 4) < 0$，即 $\beta^2 < \frac{5}{8}(4 - \alpha_1)$

由于 $\beta \in [-1, 1]$，则意味着 $\alpha_1 \in [0, 2.4]$ 时，其中包含了 $\alpha_1 \in [0, 1]$，即中央政府更加重视约束性的目标 2 的情况。

（1）若 $\beta > 0$，则两项目标相冲突，优先考虑约束性目标的执行，中央政府需要尽最大努力保证式（5.22）成立，在 $T_L < 2 = k < T_H$ 的假设下，$T_1^* = T_H$，且 $\frac{\partial e_1^*}{\partial T_1} < 0$，$\frac{\partial e_1^*}{\partial T_2} < 0$，$\frac{\partial e_2^*}{\partial T_2} > 0$，$\frac{\partial e_2^*}{\partial T_1} > 0$。由于此时中央政府更加重视目标 2，希望地方政府提高目标 2 的努力程度，可以适当提高 T_2，即 $T_2^* = T_H$。

由此，中央政府的目标组合为（T_H，T_H）。

（2）若 $\beta < 0$，则两项目标相互补，由于更重视约束性目标 2，需优先保证式（5.22）成立，在 $T_L < 2 = k < T_H$ 的假设下，$T_1^* = T_L$，$\frac{\partial e_1^*}{\partial T_1} < 0$，$\frac{\partial e_1^*}{\partial T_2} > 0$，$\frac{\partial e_2^*}{\partial T_2} > 0$，$\frac{\partial e_2^*}{\partial T_1} < 0$。此时，由于此时中央政府更加重视目标 2，可以适当提高 T_2，即 $T_2^* = T_H$。

此时，中央政府的目标组合为（T_L，T_H）。

以上我们求解出在不同的成本关系与重视程度组合下，给定激励强度，为使地方政府在两个目标上均付出努力（e_1^*、e_2^* 均大于 0），中央政府最优的任务目标选择，我们将其可以总结为本章的第 3 个命题。

命题 5.3：给定激励强度，中央政府对预期性目标和约束性目标的最优选择组合满足：

（1）当中央政府较为重视预期性目标 1，且两项目标相冲突时，最优的目标组合为（T_H，T_H），两项目标相互补时，最优的目标组合为（T_H，T_L）。

（2）当中央政府较为重视约束性目标务 2，且两项目标相冲突时，最优的目标组合为（T_H，T_H），两项目标相互补时，最优的目标组合为（T_L，T_H）。

命题 5.3 告诉我们中央在面对预期性和约束性目标时的策略性目标设置行为特征。首先，当中央政府更为重视某一个目标（目标 1 或目标 2）时，无论是约束性目标还是预期性目标，在可选范围内，都需要给予其一个高目标。此时，高目标发挥了传递中央重视态度的“信号”作用，为地方政府提供了相对较强的行动激励。这部分结论与上一部分在两项目标成本独立的情况下，中央高目标对应单一正向激励或负向激励的结论相一致。只不过本部分是给定单一激励强度下的目标选择问题。

其次，当两项目标互补时，可以在提高紧迫目标的同时降低另一个目标。当预期性目标更为紧迫时，通过提高预期性目标、降低约束性目标的方式，为地方政府实施目标 2 提供“保险”，也为实施目标 1 提供“激励”，最终两个目标上的努力程度都将有所提升，有效避免了两项目标上的注意力竞争问题；反过来，当约束性目标更为紧迫时，提高约束性目标、降低预期性目标，可以为完成目标 1 提供“保险”，为完成目标 2 提供“激励”，不再赘述。

最后，当两项任务目标相互冲突时，通过目标对两类任务的努力程度进行调节是相对困难的。可以发现，无论是预期性目标更重要抑或是约束性目标更紧迫，中央政府的目标选择均为同时设定高目标。这一结论看上去难以理解，背后的原因在于对于冲突的任务，在给定激励强度时，需要考虑地方努力的转移。

给定地方政府事前知道中央政府对两个目标重视程度或考核比例（α_1、α_2），当预期性目标更紧迫时（$\alpha_1 > \alpha_2 = 1$），通过提高目标 1 加强中央重视其产出的承诺可置信程度，提高目标 2 则相当于加大了地方政府完成非紧迫性的约束性目标的难度。地方政府会考虑与其在一件“费力不讨好”的约束性目标 2 上多付出努力，不如在预期性目标 1 上争取超额完成；当约束性目标更为紧迫的时候（$\alpha_1 < \alpha_2 = 1$），高目标 2 增强了中央重视约束性目标完成情况的承诺可置信程度。同时，设定相对较高的预期性目标 1 也降低了地方政府获

得超额奖励的可能性，客观上有助于地方政府将努力从预期性目标转移到约束性目标上来。因此，为切实促进地方政府的行为与中央偏好相符合，需要在设定目标的基础之上，通过辅之以调整激励强度的手段。

需要说明的是，本部分是在理性目标范围内（$[T_L, T_H]$）讨论目标的激励作用。这与第四章的逻辑一脉相承——目标作为“激励手段”的加入对于目标激励合约下的代理人行为将产生何种影响。即我们不考虑五年规划目标设定过程，这隐含着可选择的目标已遍历整个政策过程、是建立在充分信息收集上的理性目标，主要关注如何通过调节可行范围内的目标以影响地方政府努力程度的分配。此外，我们没有讨论激励强度的变化——预期性和约束性目标的激励强度 a、b 是给定的，后续研究中可以对此进行拓展。

为加强对命题 5.3 的理解，对应中国五年规划的现实，举两例说明。

例一：重视约束性目标，并与预期性目标互补。

预期性目标 1 是居民可支配收入提高，约束性目标 2 是农村脱贫，此时两个任务是互补的。但由于“十三五”时期，脱贫攻坚任务更重要，我们可以观察到相比于“十二五”规划，农村居民纯收入的指标从 7%降低到 6.5%，而脱贫指标则是首次并以绝对量的方式作为约束性目标出现，并成为必须完成的“攻坚战”。即对于两项互补的任务，在更重视约束性的减贫目标时，中央政府提高了减贫目标，降低了预期性的农民收入指标。

例二：重视约束性目标，并与预期性目标冲突。

以最典型的 GDP 年均增速（预期性目标）和环境生态保护类目标（约束性目标）为例。“十一五”规划以来，五年规划的社会公益性指标大幅度增加，环境保护作为约束性目标而提出并逐渐作为综合考评的重要内容，使地方政府逐渐认识到环境指标成为中央关注的重点。对于地方政府而言，已有研究表明环境保护绩效的提高将降低地方经济增长速度，两项目标之间在短期内存在一定冲突。给定激励方式，为了使地方政府更加注重环境保护绩效，中央所采取的办法就是弱化经济考核，强化环境约束，即降低经济增长的考核比重（α_1）、建立主体功能区考核机制，增加环境保护目标，体现为环境保护类指标占比的增加（“十一五”时期为 4 个，“十二五”时期为 8 个，“十三五”时期为 10 个）与具体指标的提高。但我们观察到经济增速目标的变化并不完全符合命题推断，“十一五”为 7.5%，“十二五”为 7.8%，“十三五”为 6.5%，出现了先提高后下降的趋势。“十一五”和“十二五”时期是走向科学发展观指导下的可持续发展战略刚刚推进之时，提高环境保护目标及约束强度的同时适度提高经济增长目标，符合模型的结论。尤其是“十二五”规划起明确提出转变经济发展方式，GDP 不再作为唯一的考核依据，但经济增速目标却有所提高，这可以理解为转型伊始对冲突目标的调节。然而，“十三五”规划大幅降低了经济增速目标，“十四五”规划则并未对年均增速提出要求，这是经济转向高质量发展、国际环境复杂多变等因素影响下的宏观战略选择，并不是出于协调冲突目标间的地方政府努力程度之意图。这与经济增速目标的复杂性有关：兼具预测与激励功能。经济增速目标的变化体现了潜在经济增长率水平，而对经济增速目标层层加码的现象也会影响中央目标的设定方式，使之趋于保守。因此，相比于复杂的现实，本章的研究较为简单，只刻画了不考虑预测性的目标激励功能。

本章小结

本章从多任务委托代理的视角讨论不同性质目标之间激励设计的相互作用，尤其讨论了预期性目标与约束性目标的激励问题。具体地，我们看到在两项目标成本独立的情况下，中央政府的最优激励方案是提供一组最优的“目标+激励强度”，满足高目标与完全正向激励（预期性目标）或完全负向激励（约束性目标）相匹配，而低目标则与正负向激励混合的形式（“胡萝卜+大棒”）的方式相匹配。对于低风险、央地共容利益空间大的目标，为激励地方政府付出努力，中央政府最优策略是选择高目标；对于高风险、央地共容利益空间小的目标，最优策略为低目标。这可以在一定程度上解释我国通过五年规划推进渐进式经济改革的过程，实质上是一个统合各方利益、破除改革阻力，实现国家目标的过程。

进一步地，我们考虑了当任务成本存在相关关系时，不同目标和激励强度应如何匹配的问题。本章以“十一五”规划以来对“约束性目标”和“预期性目标”的区分为例，分析给定激励强度，中央将如何根据不同性质目标的紧迫程度和成本关系（互补或冲突）确定最优的目标组合。通过对现实的观察，我们对预期性目标和约束性目标进行了合适的理论抽象，在参数设计上加以巧妙区分。

预期性目标是主要依靠市场力量完成，受随机因素影响较强，同地方的利益共容性较强；约束性目标则是政府必须履行的职责，可能并不符合地方固有偏好，是“政府之手”可直接发挥作用的领域，政策产出不确定性较小。建立在理论抽象的基础上，我们对两项目标的相关参数进行赋值，简化分析难度，以便更加集中讨论最优目标设定的问题。研究发现，给定激励强度，当中央政府较为重视预期性目标，且两项目标相冲突时，最优的目标组合为高预期性目标、高约束性目标；两项目标相互补时，最优的目标组合为高预期性目标与低约束性目标。当中央政府较为重视约束性目标且两项目标冲突时，最优的目标组合也为高预期性目标、高约束性目标；当两项目标互补时，最优的目标组合为高约束性目标与低预期性目标。

第四章、第五章讨论的是中央（上级）政府如何敦促地方（下级）政府执行目标的问题，也就是国家治理视域下的五年规划执行机制问题。主要关注在地方存在不同于中央的局部、私人利益的情况下，如何设置激励和目标的组合以使地方政府努力执行五年规划，促进国家目标的实现。第四、五两章的研究结论充分现实，五年规划通过支持性的目标绩效考核制度，确实起到了建立央地共容利益、协调地方偏好以加强中央权威的作用，这是本书所提出的“规划治理”的核心机制之一。

具体地，第四章在单任务委托代理的情况下发现随着央地利益冲突与地方（下级）政府风险厌恶程度的提高以及中央目标产出不确定性的增加，中央政府需提高激励水平，就是给地方政府一个预期，即完成上级任务目标的好处将会增加。而目标激励合约增加了“目标”这一激励手段，并且将线性合约中单一的激励强度细分为正向奖励与负向惩罚两部分，增加了中央（上级）政府设计激励合约工具弹性，从而能够以更低的成本达到激励效果，增进社会总福利。

第五章则在多任务委托代理的框架内，讨论如何设计预期性与约束性目标组合以实现中央意图。当政府职能逐渐向服务型转变，经济发展方式从高速度向高质量转变时，约束性目标将越来越重要，考核比重也逐渐提高。在这种情况下，如何处理好预期性指标和约束性指标的关系十分重要，具有启发性的结论是应该提高约束性指标的占比、数值，同时弱化预期性目标的考核比重，并根据预期性目标和约束性目标成本关系的变化，适度协调两类目标的具体设定。事实上，对央地利益的协调本身就是在扭转地方政府长期以来重视经济增长速度等预期性指标、忽视发展的成本与代价的做法。这种转变势在必行，是理顺我国政府与市场、中央与地方关系的重要一环，符合新发展理念下对经济发展方式的重新界定。由此可见，五年规划通过两类目标设置与考核，不仅协调了央地关系，也协调了预期与约束、政府与市场的关系，是国家治理中不可或缺的有力工具。

第六章

五年规划政策过程中的授权机制：目标设定权与适应性效率

五年规划的两类支持性制度对规划的执行绩效具有重要影响：一是围绕五年规划的各类目标建立起的目标绩效考核制度，对规划目标的考核结果直接决定了地方主政干部所获荣誉与奖惩。因此，在地方政府存在不同于中央政府的局部利益的情况下，五年规划绩效考核制度能够帮助创建并扩大央地共容利益，敦促地方政府切实将中央目标纳入效用函数，促进规划的落实。二是五年规划目标在由上至下的传递过程中，不是一成不变的，各级地方政府有权根据自己的实际情况对规划目标进行适当的调整。这种调整可能体现在对中央提出的具体指标的修改，也包括地方政府自设本级目标的行为，即地方政府在法理上拥有一定程度的目标设定权，这是保障目标适应性效率、促进五年规划有效执行的重要机制。

这两方面看似存在一定的矛盾，但实际上在不同层级的政府之间，两项制度设计的表现形式与执行效果各有侧重，密切配合、运行良好，都能够起到创建央地共容利益的作用。在中央和省级政府之间，目标的设定过程也是地方与中央利益协调的过程。中央提出了发展规划目标后，地方政府据此提出本级目标，国家发展改革委根据省级政府上报的规划目标进行审核，促使中央目标和省级目标有效衔，这在第四章中已做详尽分析。

例如，“十一五”规划提出了节能减排总体目标为20%，各省也分别提出了自己的目标。其中，上海和广东确立的节能减排指标分别为15%和17%，低于国家水平，理由是现有产业结构下能耗降低20%较为困难。经过国家发展改革委和两省市共同组织的调研与专家论证，最终上海将目标提高到国家发展改革委确定的水平，广东仍保持17%的目标。随着规划任务的深入执行，根据实际情况，中央和省级政府再次调整最终考核的节能减排指标，如黑龙江确立的节能减排目标为25%，但是完成实在有困难，最终确定的考核标准为20%。这说明在上两章讨论的目标绩效考核制中，其实存在着“非完全”的因素——目标设定权以及围绕目标设定的央地博弈。但这并不意味着规划权的下放削弱了中央政府的权威，当目标逐渐传导至基层政府，目标绩效考核制度的激励约束作用就逐渐发挥主导作用。

与此同时，除了中央政府下达的“任务菜单”外，地方政府也会在本级五年规划中引入自设目标，第三章统计了“十五”计划中对各省（自治区、直辖市）的自设目标数量和内容，发现全国五年规划的指标数为25个，然而各省（自治区、直辖市）平均制定的目标数量为31.5个。除青海省外，所有的省（自治区、直辖市）目标数量均超过全国，自设目标平均达到16.3个，这说明省级政府自设目标的动机十分强烈。自设目标主要集中在财政收入增速、财政收入总量规模，以及与地方经济发展特色相关的目标，如城镇化率、旅游业产值占比等，且在各省（自治区、直辖市）存在较大的差异。

以上现象说明，就上级政府提出的规划目标而言，下级政府至少享有“上级授意下的目标设定权”，并需要接受上级政府的目标绩效考核；对于自设目标而言，无论是目标方向还是具体指标，都是本级政府可以决定并继续下达的（基层政府除外）。因此，目标绩效考核制度和目标设定权两者本质上并不是相互冲突的，一方面，地方政府可以结合实际情况对目标进行调整或者自设目标。因为在局部信息的获取方面，中央政府处于相对劣势，但总体规划目标又是针对下辖的所有行政部门的，容易带来目标不符合地区实际、执行成本高企的问题。此时地方政府的目标设定权就起到了根据地方实际情况和目标执行中面对的问题灵活调整目标、保持目标理性的作用。另一方面，地方政府的目标设定权是存在“约束”的。如果目标与上级不相一致，本级政府可能在上级政府的要求下调整其目标。对于上级政府关注的地方五年规划目标绩效，由于考核权在上级，其最终标准也可能会根据上下级政府间的协商而定，总体而言，上级政府能够实现对下级政府的目标管控。

在第四章与第五章，我们已经充分讨论了存在地方政府局部或私人利益的情况下，中央政府如何通过设计规划指标与激励强度实现有效的目标绩效考核，促进规划执行。本章将着重探讨在央地经济分权的体制下，各层级政府拥有的“上级授意下的目标设定权”对于规划的执行和绩效究竟有何种影响，是否有必要以及应如何确定给予地方政府的权限范围。

本章主要讨论在“中央政府—中间政府—地方政府”三层级委托代理框架下，目标的层层制定与下达过程中可能产生的各层级政府目标不一致问题，以及其影响因素，对于现实中普遍存在的“层层加码”问题作出解释。第一节是关于目标设定权的理论探讨与实践探索；第二、第三节构建了两个理论模型分析能够规划目标存在自上而下的授权时，各级政府最优目标的行为选择；第四节针对模型得到的主要命题进行拓展讨论与案例分析；最后是本章结论。

第一节　关于目标设定权的理论探讨

周雪光、练宏（2012）将目标设定权定义为组织内部委托方为下属设定目标任务的控制权，目标的设定过程既可以是委托方单方面制定、自上而下推行，也可能采取委托方和下属协商沟通的方式，形成类似于市场过程中经谈判而成的契约。① 目标设定权是决定组织性质和宗旨的关键性控制权，事实上目标设定权的流动方式可能比以上提出的两类方式更为复杂。在五年规划的执行过程中，目标设定权的逐级下放是一个普遍存在且现有理论难以妥善解释的现象。

目标设定权是科层组织的核心，是权威的集中体现，而由于信息不对称的存在，国家层面的总体规划目标难以与地方实际完全相符，纵使目标设定过程经历了充分的沟通和协商，我们依然能够观察到省级层面的规划目标无法与国家层面目标一一对应。产生这一现象的根源就在于目标设定权被下放到下级政

① 参见周雪光、练宏：《中国政府的治理模式：一个“控制权”理论》，《社会学研究》2012 年第 5 期。

府，使其有权在上级政府可接受的范围内调整上级设定的目标，这一行为事实上“削弱”了科层内部自上而下的权威，对组织效能而言是一种损耗。然而，需要追问的是为何这种现象成为“默认选项”，其合法性又因何得以确认呢？保持规划目标的合理性、有效性是一个较为重要的原因。规划体制内，既要发挥集中力量办大事的执行优势，又要避免信息偏误和执行偏误。下级政府在信息与可支配的治理手段方面具有相对优势，对于辖区内存在的主要问题、利益偏好、执行规划的客观条件更为了解。这些“缄默知识”往往难以在规划的前期调研与目标协商过程中得到充分吸纳，而目标设定权的下放就起到挖掘“缄默知识”，用地方目标显示地方偏好的作用，从而使真正落在实处、影响经济与社会发展的目标更贴近实际。

一般情况下，发展条件好的地方政府会将本级目标设定在高于中央目标的水平，相反，实现目标有困难的地方政府则应适当调低目标或者选取更适合本地的相关目标。如此便可通过目标设定权的下放挖掘潜在产能，实现差异化目标治理，总体上提升规划治理的效果。然而，在科层制组织内部的目标下达的过程中，权力呈现自上而下单向流动特征，下级政府的工作绩效需要接受上级政府的认定与考核，考核结果直接决定下级政府收益。这就决定了在目标设定权的下放过程中，各级政府为完成本级目标、增加本级收益，几乎都会对上级目标进行调整，最为典型的就是实践中屡见不鲜却难以彻底解释或治理的层层加码现象。提起层层加码，无论是学术领域还是实践层面，几乎都对其持否定态度。例如，地方政府对于上级制定的经济增长目标的层层加码可能会引发一系列的问题，在行政系统内部导致基层政府不堪重负，产生规划执行中的选择性执行与政策产出的扭曲。最终造成财政支出结构失衡①、地方政府围绕减少环境规制的“逐底竞争”、区域市场分割与重复建设、过度的基础设施投资等问题。余泳泽等（2019）对经济增长目标和全要素生产率之间的关系进行了实证分析，认为经济增长目标的“层层加码”通过竞相投资带来了潮涌效应，扭曲了投资结构，抑制产业结构升级和技术创新，导致企业间资源要素的错

① 参见傅勇等：《中国式分权与财政支出结构偏向：为增长而竞争的代价》，《管理世界》2017 年第 3 期。

配，降低全要素生产率水平。①

那么究竟应该如何理解地方的规划权及层层加码现象呢？层层加码现象在五年规划运行与政府治理领域普遍存在，它促进了目标“保量完成”，但也易带来“层层掺水”、政策产出造假、合谋谎报等问题。对于层层加码产生机制与治理方式的研究有助于提高规划治理绩效，促进国家治理体系与治理能力现代化。关于层层加码的含义，学界的理解基本统一。周黎安等（2015）认为层层加码是规划目标从中央到基层政府被逐级抬高的现象，如 2004—2014 年市级经济增长目标平均高于所在省经济增长目标 2.0 个百分点，高于国家经济增长目标 4.0 个百分点②；侯祥鹏（2018）认为省级政府户籍人口城镇化率与常住人口城镇化率累计增加目标显著高于中央政府，市级目标则要高于省级目标③；地级市层面固定资产投资目标普遍高于省级政府目标。谢治菊等（2020）认为层层加码是政治锦标赛下的拔高标准与压力型体制下的权责冲突，表现为上级目标基础上“加数量、增速度、扩内容、提标准等”。如在脱贫攻坚战中，易地搬迁扶贫住房建设要求在省以下落实过程中存在拔高标准的现象，致使搬迁住房条件不断升级，为地方造成了沉重的财政负担。④ 崔晶（2020）从非正式制度的视角，将层层加码理解为基层政府面对多任务时的非正式执行行为，是各级政府因地制宜的自由裁量权的体现。⑤

关于层层加码产生的机制，存在两种竞争性的解释：以荣敬本为代表的压力型体制理论及以周黎安为代表的政治锦标赛理论，它们分别解释了地方政府加码的被动动机与主动动机。压力型体制理论关注行政科层组织内的“目标责任制”——自上而下的行政压力传导使下级政府必须接受上级政府的任务，

① 参见余泳泽等：《过犹不及事缓则圆：地方经济增长目标约束与全要素生产率》，《管理世界》2019 年第 7 期。

② 参见周黎安等：《“层层加码”与官员激励》，《世界经济文汇》2015 年第 1 期。

③ 参见侯祥鹏：《地方政府“层层加码”与人口城镇化推进——基于“十三五”规划文本的实证分析》，《现代经济探讨》2018 年第 2 期。

④ 参见谢治菊等：《扶贫责任异化：职责同构下的层层加码与消解》，《山东社会科学》2020 年第 1 期。

⑤ 参见崔晶：《基层治理中政策的搁置与模糊执行分析——一个非正式制度的视角》，《中国行政管理》2020 年第 1 期。

为确保实现目标，逐级摊派、逐级提高目标是各级政府的占优策略。一定程度的加码符合科层组织中目标管理的一般规律，可避免以等比例方式分解上级目标所导致的组织总目标因任何下级目标的失败而落空①。政治锦标赛理论捕捉到地方政府囿于辖区内横向竞争压力，为在晋升锦标赛中获取优势而主动加码的现象，由于干部激励效应在我国五级政府的框架下逐级放大，因此可以观察到越到基层政府，层层加码的程度越高，这为政治锦标赛的激励作用提供了有力的证明。两种理论根源于我国特殊的“层层分包”的行政体制，分别从科层制体系的“约束”与“激励”角度分析层层加码的原因——压力型体制理论下的层层加码是地方政府囿于目标绩效考核约束的被动行为，政治锦标赛理论下的层层加码则是地方干部在晋升激励下的主动行为。

综合以上文献，本书认为理解层层加码需要分别剖析“层层”和“加码”。“层层”对应我国五级分包的行政体制，特点在于“职责同构”，各级政府缺乏明确分工，上级政府负责任务布置、绩效考核与人事决策，下级政府负责执行并接受考核。在如此体制下，权威的纵向逐级下压催生了各级政府的加码动机。“加码”的前提在于各级政府围绕规划目标的设定存在灵活授权安排，地方政府具有因地制宜调整、制定本级目标的自由度，表现为政策目标的层级性——中央目标一般具有指导性和整体性，地方政府有权依据自身偏好、实际情况与能力设定特色目标②。结合政治锦标赛的激励，这种主动“加码”效应是逐级放大的，即越接近直接执行任务的基层政府，加码程度越高。层层加码是我国行政科层制下难以避免的现象，但未必是坏的。在某些条件下，层层加码在提高目标的适应性效率、激励地方政府保量完成目标方面具有积极作用，但另一些情况下却带来目标虚高导致的层层掺水现象，在实践中屡为诟病。沿着这一思路，本章通过设计目标激励合约对目标授权行为进行正式建模分析，试图寻找目标设定权下放的激励机制，以及层层加码有效与否的边界与决定性因素。事实上，无论是压力型体制还是晋升锦标赛的理论逻辑，在科层

---

① 参见赵天航等：《刚性约束失灵与变异：公共政策“层层加码”现象再解释——以 H 省“控煤”政策为例》，《党政研究》2020 年第 3 期。

② 参见贺东航等：《公共政策执行的中国经验》，《中国社会科学》2011 年第 5 期。

组织内，都可以用“委托代理”的基本分析框架进行解释，而不同于标准委托代理理论的是，代理人也有权制定目标，即需要在完全契约中引入授权这一非完全因素。

第二节　考虑政府间财政关系的目标设定权模型

本节尝试建立一个包含委托人、管理方和执行者在内的三层级委托代理模型来刻画我国五年规划的目标制定和执行过程。主要观察目标设定权下放对于推动五年规划目标执行的作用。

一、基本设定

假设存在三类参与人：委托人（P）—管理方（M）—执行者（A），三者之间就某项任务目标形成层层发包的关系。对应中国政府治理的现实，委托人可看作省政府，负责根据国家五年规划制定本省五年规划并确定激励模式；管理方为中间政府，可以理解为市一级政府，负责进一步分解委托人目标，发包给执行者；执行者可以理解为区县级政府，即基层政府，负责根据管理方的要求具体执行该任务。即 P 和 M 都具有设定目标的权力，A 只负责任务的执行。为了激励下级政府努力执行、完成任务目标，委托人和管理方都需要为下级政府设计合适的激励合约。

假设在规划目标的执行过程中，存在严格的目标绩效考核制，即管理方和执行者的支付只与是否完成上级政府的任务目标有关，上级政府不对下级政府进行额外的固定支付，这意味着管理方和执行者的最终支付可能为负。对应中国现实，这种激励方式是上级政府仅规定任务目标，下级政府需自筹资金、自想办法推进的五年规划任务。比如经济增长的任务（预期性目标），一般只是确定 GDP 增长目标，诸如招商引资、调整现有产业结构等具体措施需要地方政府自身努力获取相应资源和机会，争取完成上级所确定的增长目标。我们重点关注在此激励制度下，委托方和管理方的任务目标选择、执行方的努力程度有何特征。

二、核心假设

首先对三类参与人的行为作出以下假设：

（1）所有参与人都是风险中性的。

（2）A付出的努力为$e \in [0, 1]$，努力产生的成本为$\frac{e^2}{2}$，对应产出为$g = e + \varepsilon$。其中，$\varepsilon \sim U(-x, x)$ 代表自然状态的随机性，刻画目标风险：若$\varepsilon > 0$，证明自然状态是好的；若$\varepsilon < 0$，证明自然状态是差的。x越大，说明产出分布的随机性越强，即目标的风险（产出不确定性）越大。

（3）G_P是委托人为管理方设定的任务目标，G_M是管理方为执行者设定的目标。假设就任务目标而言，管理方和执行者只需要承担有限责任，即如果完成目标会有相应的奖励，但是如果没有完成目标也不会有负向惩罚。

三、参与人行为与效用假设

围绕某一项具体的政策任务，A、M和P的行为如下：

（1）执行者A：选择努力程度e以最大化自己的效用；

（2）管理方M：为A设定目标，给予支付，以激励执行者付出努力，同时最大化自身效用；

（3）委托人P：为M设定目标，给予支付，同时最大化自身效用。

不同于第四章和第五章的基本假设，在这里我们假设上级政府在激励下级政府的时候不是无成本的，奖惩将以一种有形的形式存在，“支付”给地方政府。上两章主要讨论行政体系内部的中央权威通过考评、奖惩等人事控制权的方式激励下级政府执行五年规划任务目标，这些非物质激励构成各层级政府之间权力关系的核心组成部分。

本节对假设进行调整，是为了刻画三层级政府之间关于目标设定的权衡取舍。在本节与第七章着重分析五年规划促进有效治理的机制时，我们在科层制内部的权威关系基础上，增添了对于上下级政府之间财政关系的考察，即对物质激励的讨论。事实上，现实中观察到为促使下级政府完成上级任务目标，上级政府有时需要进行一定的转移支付。这一设定回应了基层政府考评中的另一个方面，对下级单位进行绩效考核的时候，上级单位有时会根据最后的等级评定、当年本市经济发展与财政收支情况发放绩效奖金。这种根据表现情况从上级政府获得的奖金就是对基层工作人员实实在在的物质激励。

具体的模型效用函数与基本合约形式如下：

P 和 M 之间的合约：

$$\max_{G_P} U_P = g(e) - \alpha_P \max\{g(e) - G_P,\ 0\}$$
$$s.t.\ G_P \geqslant 0 \tag{6.1}$$

M 和 A 之间的子合约：

$$\max_{G_M} U_M = \alpha_P \max\{g(e) - G_P,\ 0\} - \alpha_M \max\{g(e) - G_M,\ 0\}$$
$$s.t.\ U_A = \alpha_M \max\{g(e) - G_M,\ 0\} - \frac{e^2}{2}$$
$$e^* = argmax\ U_A$$
$$G_M \geqslant 0 \tag{6.2}$$

其中，α_P 为中央对该任务目标的重视程度，α_M 为中间层对该任务目标的重视程度，它们的大小关系可以表明中央与地方偏好的一致性程度。若 $\alpha_P > \alpha_M$ ，则意味着这项任务目标对于 M 并不是很重要，但中央极为关注；若 $\alpha_P < \alpha_M$ ，则这项目标对地方很重要，内生的执行激励比较高；若 $\alpha_P = \alpha_M$ ，则这项任务目标对于中央和地方而言同等重要。为简便计算，令 $\alpha_M = 1$，$\alpha_p = t > 0$，则 $\frac{\alpha_P}{\alpha_M} = t$ 。

中央政府的效用包含两部分，代理人努力实行该任务带来的政策产出 $g(e)$ ，以及需要为激励中间层政府而付出的成本 $\alpha_P \max\{g(e) - G_P,\ 0\}$ ，一旦中间层政府上报的产出达到了中央目标，则需要为其支付超额完成的部分作为奖励，如果没有完成，则中央独享政策产出；中间层的效用函数同理也包含两部分，即从中央获得的奖励 $\alpha_P \max\{g(e) - G_P,\ 0\}$ ，以及为激励基层政府而付出的成本 $\alpha_M \max\{g(e) - G_M,\ 0\}$ ；代理方的效用函数也由两部分构成，即从中间层政府获得的完成奖励 $\alpha_M \max\{g(e) - G_M,\ 0\}$ ，与执行该任务目标

付出的成本 $\frac{e^2}{2}$。

博弈的时序满足：时期1，委托人（中央政府）为管理方（中间层政府）提出政策目标以及对应的激励合约；时期2，管理方进一步为代理方（基层政府）发包该目标，提出中间层目标与激励合约；时期3，代理人付出努力，最终获得任务目标产出，博弈参与人分别获得效用。

求解以上合约①发现最优合约满足：如果没有中间层，直接由中央下达给基层政府，均衡时的基层努力程度与中央目标组合为 $e^*=0$，$G_P^*=\frac{x}{2}$；如果存在中间层，则有：

(1) $x\in[0,\ 0.1]$，$G_M^*=\frac{1}{2}$，$e^*=0$，$G_P^*=\frac{x}{2}$；

(2) $x\in(0.1,\ 1]$，$G_M^*=0$，$e^*=1$，$G_P^*=\frac{x}{2}+1$；

(3) $x\in(1,\ +\infty)$，$G_M^*=\frac{x}{2}$，$e^*=0$，$G_P^*=\frac{x}{2}$。

四、核心命题

通过总结以上结果，我们可以得到以下两个核心命题：

命题6.1：在目标绩效考核制下，对于预期性目标而言，执行者的努力程度与管理方的目标有关：当管理方的目标为0时，执行者的努力程度为1，激励强度最高；当管理方的目标大于0时，执行者的努力程度为0。

这样的结果是由于在效用函数设计中，执行者的收益仅取决于是否完成管理方目标以及完成的程度与成本。但由于产出受到自然状态不确定性的影响，一旦管理方的目标高过风险的均值（0），会使无法完成目标的概率上升，即使努力执行任务目标，收益仍很可能为0。因此，只有在管理方目标为0的时候，才能激励执行方付出最大努力。当管理方目标是 $\frac{x}{2}$ 时，随着风险的增大，

① 求解过程从略。

超额完成目标概率降低，基层政府选择努力程度为 0 的期望收益大于 1。因此，中间层政府设定目标时需要受到防止基层政府努力程度下降的约束，为使执行方付出最大程度的努力，中间方的目标应尽量低。这同文献中提及的在目标的约束性（tautness）和灵活性（flexibility）之间的权衡相对应，高目标对下级政府的激励作用会随着目标完成概率的降低而降低。

命题 6. 2：当目标风险较低时，管理方会在委托方设定的任务目标基础上进行加码；随着风险增加与委托方目标的提高，管理方为了激励执行方，会进行任务目标的减码；当风险较大时，委托方和管理方的目标将一致，设定为风险期望值的一半。

我们观察到管理方目标的加码行为只有在目标风险较低才会出现。此时，即使加码后基层执行目标的努力程度降至 0，但由于中央目标较低，在风险服从假设中的均匀分布时，仍有可能完成中央目标。理性的管理方可以适度提高目标以发送该任务较为重要的信号。在目标风险较高但位于可控区间（$x \in (0.1, 1]$）且中央目标也较高，需要基层政府付出努力才有可能完成任务目标。为确保这一点，中间层政府会牺牲一部分个人收益，通过降低目标、层层减码的方式，激励基层政府切实执行目标。当任务目标的风险极高，地方政府努力完成目标的概率进一步下降，中间层政府的最优策略即与上级目标相一致。即管理方需要在“降低目标—执行方努力程度提高—给执行方支付提高”与“提高目标—执行方努力程度下降—给执行方支付降低”两种模式之间进行协调。

更为重要的是，第二节的理论模型告诉我们，如果中央政府不通过授权，而是直接对基层政府设计政策目标并进行考核，那么基层政府的最优努力程度总为 0，劣于存在中间层政府的情况。这说明目标设定权的下放能够发挥中间层政府（管理方）根据任务风险和中央目标的高低程度，及时调整基层政府面临的激励以提高指标完成度的作用。此外，当任务目标对于中央政府更重要的时候（$t > 1$），其需要付出的货币激励支付就更多；反之，当这项任务目标对于中间层政府更重要时（$t \leqslant 1$），中央政府需要付出的货币相应减少。这说明激励成本随利益共容程度的提高而增加，极端而言，如果两方利益不存在矛盾，货币转移只与任务风险有关，不会影响目标的选择。

第三节　考虑非物质激励的目标设定权模型

一、基本设定

本节沿用第四、第五两章的基本模型假设，构建委托人、管理方和代理人之间的多层级目标激励合约以刻画规划政策过程。本节仅考虑上级政府为下级政府提供非物质激励的情况，重点讨论目标设定权下放的经济含义以及层层加码的产生机制。

（一）博弈参与人与行为假设

首先，博弈参与人为中央政府、中间层政府以及基层政府，分别扮演委托人、中间方和代理人的角色，基本符合“行政发包制”结构，即中央政府将目标 T_1“发包”给中间层政府并以此为标准考核中间层绩效，中间层政府不具体执行，根据 T_1 向基层政府提出本级目标 T_2 并考核基层绩效，基层政府负责执行任务。中央和中间层政府、中间层政府与基层政府之间的权责关系是基本同构的。不同于理论模型（6.1），在此模型我们假设上级政府激励下级政府时，并不需要付出额外的货币支付。我们沿用第四、第五章中的假设：上级政府对下级政府采取“综合绩效评分”或“荣誉奖励”“谈话”“取消评优资格”等非物质激励，这意味着上级政府激励下级政府不需要付出任何外在成本，也不会对其效用造成损失。

这样假设弱化了上级政府设置目标时所面临的约束，有助于增强上一节理论模型（6.1）的结论。该模型（6.1）中上级政府制定目标时需要付出有形成本，因此更有动机提高目标以降低激励成本，而提高目标又将降低地方政府的努力程度。从而，上一节的模型（6.1）结论十分简洁且符合直觉，但解释力有限。在本节的模型中，上级政府制定目标不需要付出外生的成本，制定目标的约束只通过对代理人努力程度的影响而发挥作用。由此可以更加准确地观察到多层级委托代理的情况下，目标设置需要考虑的核心因素及其相关特征。

更为重要的是，模型假设基层政府作为代理人存在不同于中央政府的私人利益。中间层政府与中央政府利益一致，对上负责，有权因地制宜地调整中央目标，发挥承上启下、通过设定本级目标协调央地偏好的作用。如此假设是基于两点原因：一方面，我们需要明确当地方政府存在私人利益的时候，会对任务的推进产生何种影响。因此，让私人利益影响代理人对于努力程度的选择是较为合理的设定。另一方面，令基层代理人存在私人利益，能够使得央地利益共容性这一关键因素通过影响代理人的努力程度而影响中间层政府的目标设定。进而，可以将中间层政府视为央地偏好的调节者，分析五年规划执行机制对央地关系的治理作用。

（二）信息结构与博弈时序

假设中央政府、中间层政府和基层政府进行完全信息动态博弈。给定某项政策任务，中央政府为中间层政府提出目标 $T_1 \geqslant 0$ 和绩效考核合约 A_1；中间层政府决定是否接受，如果接受则对基层政府提出本级目标 $T_2 \geqslant 0$ 和绩效考核合约 A_2；基层政府决定自己在该政策任务上的努力程度 e。政策产出 $G(e, \theta)$ 受基层政府努力程度 e 与随机因素 θ 影响。θ 是随机变量，代表一项任务目标的实现难度或受努力程度以外其他因素的影响程度，即政策产出的不确定性。假设 $\theta \sim U[-x, x]$，即服从 $[-x, x]$ $(0 < x < 1)$ 上的均匀分布。T_1、T_2、θ 是参与人事前共同知识。

（三）合约基本设定

合约 A_1 和 A_2 是上级政府为下级政府设定的目标激励合约，下级政府完成或未完成目标时的收益规则不同。中间政府的收益 B_M 是以 T_1 为断点的分段函数：

$$B_M(G(e, \theta), T_1) = \begin{cases} a \cdot (G(e, \theta) - T_1) & G(e, \theta) \geqslant T_1 \\ b \cdot (T_1 - G(e, \theta)) & G(e, \theta) < T_1 \end{cases} \tag{6.3}$$

基层政府的收益 B_A 是以 T_2 为断点的分段函数：

$$B_A(G(e, \theta), T_2) = \begin{cases} a \cdot (G(e, \theta) - T_2) & G(e, \theta) \geqslant T_2 \\ b \cdot (T_2 - G(e, \theta)) & G(e, \theta) < T_2 \end{cases} \tag{6.4}$$

$a>0$ 是下级政府（中间层政府或基层政府）完成上级目标时面对的奖励强度，$b<0$ 是对未完成目标面临的惩罚强度。假设 a 和 b 是独立于 T_1、T_2 的外生参数，代表合约激励强度，$|a|$ 和 $|b|$ 越大，意味着目标越紧迫、上级政府越重视。由于我们假设中间层政府不存在异于中央政府的特殊利益，因此对于同一项任务而言，中央政府和中间层政府所判断的任务紧迫性（奖惩强度）是一致的，即中间层政府为基层政府设计合约 A_2 时，奖惩强度 a，b 的值与中间层在合约 A_1 中面临的奖惩强度相同。

中间层政府和基层政府的期望收益形式分别如式（6.5）和式（6.6）：

$$\int_{T_1}^{\infty} a\cdot(G(e,\ \theta)-T_1)f(G)\,dG+\int_{-\infty}^{T_1} b\cdot(T_1-(G(e,\ \theta))f(G)\,dG \tag{6.5}$$

$$\int_{T_2}^{\infty} a\cdot(G(e,\ \theta)-T_2)f(G)\,dG+\int_{-\infty}^{T_2} b\cdot(T_2-(G(e,\ \theta))f(G)\,dG \tag{6.6}$$

其中，$a\cdot(G(e,\ \theta)-T_i)>0(i=1,\ 2)$ 为政策产出高于目标时的下级政府收益；$b\cdot(T_i-(G(e,\ \theta)))<0(i=1,\ 2)$ 为政策产出低于目标时的下级政府收益，$f(G)$ 为产出的概率密度函数。为简化分析，令 $G(e,\ \theta)=e+\theta$，基层政府执行政策任务的成本为 $c\,e^2/2$。

基层政府面临“完美行政”和“地方利益代表者”两种决策，当央地利益一致性程度较高时，基层政府将从执行目标中获益、目标推行阻力下降。若中央目标与地方利益相冲突，基层政府更看重自身利益，中央目标难以推行。我们用基层政府推行任务的边际成本刻画央地利益的一致性程度。令 $c=c_1+\Delta c>0$，当中央目标与地方利益相冲突时，$\Delta c>0$，$c>c_1$；当中央目标与地方利益互补时，$\Delta c<0$，$0<c<c_1$；若中央目标与地方利益无关，$\Delta c=0$，$c=c_1$。基层政府执行任务的边际成本越低，央地利益共容性越强。

基于以上假设，最终得到基层政府的效用函数如下：

$$U_A=K+\int_{T_2-e}^{x} a(e+\theta-T_2)\,F(\theta)+\int_{-x}^{T_2-e} b(T_2-e-\theta)\,F(\theta)-\frac{1}{2}c\,e^2 \tag{6.7}$$

$K>0$ 为无论目标是否达成，基层政府都能够获得的“保留收益”，基层政府收益的考核以中间层目标 T_2 为标准。

中间层政府（管理方）只需向基层“发包”目标，无须执行，其收益取决于基层政策产出是否达到中央目标 T_1，期望效用如下：

$$U_M = k + \int_{T_1-e}^{x} a(e + \theta - T_1)\ F(\theta) + \int_{-x}^{T_1-e} b(T_1 - e - \theta)\ F(\theta) \tag{6.8}$$

$k > 0$ 为无论目标是否达成，中间层政府都能够获得的“保留收益”。为简化分析，本章假设同一项目标在不同层级政府间具有相同的奖励或惩罚强度（a 和 b），从而将讨论的重点集中于中间层的目标设计行为。

中央政府（委托人）的效用与政策产出正相关，我们将中央政府目标 T_1 作为外生给定变量，重点讨论中间层政府如何为基层政府设计目标激励合约，尤其是 T_2 的选择①，即讨论以下合约：

$$\max_{T_2} k + \int_{T_1-e}^{x} a(e + \theta - T_1)\ F(\theta) + \int_{-x}^{T_1-e} b(T_1 - e - \theta)\ F(\theta)$$

$$s.t.\ e \in \arg\max_{e\geqslant 0} K + \int_{T_2-e}^{x} a(e + \theta - T_2)\ F(\theta) + \int_{-x}^{T_2-e} b(T_2 - e - \theta)\ F(\theta) - \frac{1}{2}c\,e^2 \tag{6.9}$$

由于基层政府与中央政府的利益不完全一致，中间层政府面临较大的任务落实压力。为了表达坚决贯彻中央政策的决心并在晋升锦标赛中获取优势，现实中，中间层政府对中央目标的加码非常普遍，尤其当同一个辖区内的一个基层政府选择加码时，根据非合作博弈的基本原理，其他政府的最优策略也是加码。从这个意义上，中间层政府是否选择加码，不仅受模型中刻画的机制影响，也可能面临外生的“强体制性加码约束”，现实中表现为本级政府目标一般不会低于上级设定的目标，即：

$$\max_{T_2} k + \int_{T_1-e}^{x} a(e + \theta - T_1)\ F(\theta) + \int_{-x}^{T_1-e} b(T_1 - e - \theta)\ F(\theta) \tag{6.10}$$

$$s.t.\ e \in \arg\max K + \int_{T_2-e}^{x} a(e + \theta - T_2)\ F(\theta) + \int_{-x}^{T_2-e} b(T_2 - e - \theta)\ F(\theta) - \frac{1}{2}c\,e^2$$

---

① 由于我们设定了保留效用，且科层制内上下级政府关系不存在“退出”的可能性，因此在具体模型讨论中不对 IR（参与约束）进行讨论，这样的简化不会影响模型结论。

$T_2 \geqslant T_1 \quad e \geqslant 0$

结合规划现实，本章考虑两类特殊目标并据此对模型作出简化。“十一五”规划起，量化指标被分为预期性目标与约束性目标，预期性目标是期成目标，主要依靠市场主体的自主行为实现，政府负责创造发展环境、进行宏观调控；约束性目标是地方政府在公共服务等涉及公众利益领域必须履行的职责，一般具有法律效力并通过层层分解、考核的方式确保落实。在模型设计上，预期性目标是“软约束”，下级政府完成的程度越高，得到的奖励越多，但未完成不会受到惩罚，即 $b = 0$；约束性目标是“硬约束”，完成不会有奖励，但没有完成会受到惩罚，即 $a = 0$。由此，我们可以根据规划目标性质分别讨论层层加码产生的机制，利用逆向归纳法，分别求解基层政府最优努力程度、剖析中间层政府设计目标的权衡取舍并求解给定中央目标时的最优中间层目标，从而对层层加码现象进行解释。

二、预期性目标：$b = 0$

预期性目标的特征是下级政府完成目标会获得相应奖励，但是未完成目标不会受到惩罚，如经济增长率、城镇化率等，据此可将 $b = 0$ 带入式（6.7）得到预期性目标下代理人的效用函数。

$$U_A = K + \int_{T_2-e}^{x} a(e + \theta - T_2)\ F(\theta) - \frac{1}{2}c\,e^2 \tag{6.11}$$

接下来，讨论基层政府的最优努力程度，即求解以下效用最大化问题。

$$\max K + \int_{T_2-e}^{x} a(e + \theta - T_2)\ F(\theta) - \frac{1}{2}c\,e^2$$

$$s.\ t.\ e \geqslant 0 \tag{6.12}$$

（一）内点解（$2xc \geqslant a$，$x \geqslant T_2$）

根据边界条件，内点解更易出现在政策产出风险较大、央地利益共容程度低、正向激励强度①较低的情况中。基于效用最大化的一阶条件，可以解得基层政府的最优努力程度和推论 1：

① 正向激励强度即奖励强度 a，负相激励强度即惩罚强度 b。

$$e^* = \frac{a(x - T_2)}{2xc - a} \tag{6.13}$$

推论 1：对于预期性目标，给定政策产出风险、央地利益共容程度与正向激励程度，基层政府最优努力程度与中间层目标成反比；给定中间层目标、政策产出风险与央地利益共容程度，基层政府最优努力程度与正向激励强度成正比。

证明：$\frac{\partial e^*}{\partial T_2} = \frac{-a}{2xc - a} < 0$，$\frac{\partial e^*}{\partial a} = \frac{2xc(x - T_2)}{(2xc - a)^2} > 0$

推论 1 说明在政策产出风险高、央地利益一致性程度较低时，基层政府努力完成目标的动力不足，过高的中间层目标将“挤出”基层努力。正向激励水平的提高可适度缓解高目标的“挤出效应”，这意味着目标激励合约中，激励强度与目标之间存在互补、匹配关系。

此时，中间层政府完成中央目标的概率为

$$prob(e + \theta \geqslant T_1) = \frac{1}{2} - \frac{T_1}{2x} + \frac{a(x - T_2)}{2x(2xc - a)} \tag{6.14}$$

由式（6.14）可知，中间层政府完成中央政府目标的概率与本级目标 T_2 、中央目标 T_1 成反比，这意味着低目标更有助于激励基层政府努力执行规划任务。

再考虑中间层政府的最优目标设计。中间层政府的收益取决于基层政府实际完成目标的情况，中央政府根据中间层上报的产出对其进行绩效考评，根据预期性目标的性质对式（6.8）进行调整后的中间层效用函数为

$$U_M = k + \int_{T_1 - e}^{x} a(e + \theta - T_1)\ F(\theta) \tag{6.15}$$

最优的中间层目标需满足最大化中间层效用，好求解以下效用最大化问题式（6.16）：

$$\begin{aligned} &maxk + \int_{T_1 - e}^{x} a(e + \theta - T_1)\ F(\theta) \\ &s.\ t.\ T_2 \geqslant 0 \end{aligned} \tag{6.16}$$

将 $e^* = \frac{a(x - T_2)}{2xc - a}$ 带入中间层的效用函数，解得中间层的最优目标设计：

$$T_1 \in \left(0,\ \frac{x(4xc-a)}{2(2xc-a)}\right),\ T_2^* = 0 < T_1;\ T_1 > \frac{x(4xc-a)}{2(2xc-a)},\ T_2^* = x < T_1 \tag{6.17}$$

由此可得到推论 2。

推论 2：当一项目标政策产出风险较大、央地利益共容程度低、正向激励强度较低时，为促使基层政府投入努力，中间层政府的最优目标应低于中央政府目标，即通过“减码”方式激励基层政府，促进预期性目标的完成。

推论 2 解释了当基层政府执行目标的内在激励不足时，拥有目标设定权的中间层政府可以通过适度降低目标的方式达到激励基层政府、提高产出的效果。进一步地，给定中央目标，若不通过中间层，由中央直接向基层政府分解目标，基层政府的最优努力程度 $e_C^* = \frac{a(x-T_1)}{2xc-a}$，对比下放目标设定权后的最优努力 $e^* = \frac{a(x-T_2)}{2xc-a} > e_C$ 可知，规划目标设定权的下放有助于提高预期性目标的激励效果，客观上冲淡了央地利益冲突对中央目标推行的不利影响。

推论 2 也意味着给定正向激励强度，在参与人均为理性人的目标激励合约下，压力型体制未必带来加码。那么为何现实中依然普遍存在层层加码的现象呢？结合现有文献与现实，本章认为政治晋升锦标赛客观上强化了对上负责的动机，为确保完成甚至超额完成目标、获得晋升优势、向上级政府发送积极信号，中间层实际目标会偏离最优目标，模型中体现为中间层政府的体制性加码动机，即满足 $T_2 \geqslant T_1$ 的体制性约束。进一步地，我们加入体制性加码约束求解基层政府最优努力程度，得到推论 3。

推论 3：考虑体制性加码动机后的基层政府最优努力程度满足：

（1）$T_1 \in (0,\ x)$ 时，若 $T_2 \in \left[T_1,\ \left(1-\frac{2cx}{a}\right)T_1 + \frac{2cx}{a}\right]$，$e^* = \frac{a(x-T_2)}{2xc-a} \geqslant 0$；$T_2 > \left(1-\frac{2cx}{a}\right)T_1 + \frac{2cx}{a}$，$e^* = 0$。

（2）$T_1 > x$ 时，$e^* = 0$。

推论 3 意味着“健康加码”还是“有害加码”同中央目标密切相关。当中央政府的目标较低，即 $T_1 \in (0, x)$ 时，如果 $T_2 \in \left[T_1, \left(1-\frac{2cx}{a}\right)T_1+\frac{2cx}{a}\right]$，$e^* = \frac{a(x-T_2)}{2xc-a} \geqslant 0$，$prob(e+\theta \geqslant T_1) > 0$，体制性加码不会扭曲基层政府努力；如果 $T_2 > \left(1-\frac{2cx}{a}\right)T_1+\frac{2cx}{a}$，$e^* = 0$，$prob(e+\theta \geqslant T_1) < 0$，基层政府努力程度降低为0，无法保证政策产出。因此，在 $T_1 \in (0, x)$ 时，最优的 $T_2^* = T_1$，中间层政府在晋升锦标赛下的体制性加码为不引起政策扭曲的“健康加码”，但基层政府努力程度仍然低于不存在体制性加码的情况。值得注意的是，中间层政府的健康加码也是有限度的，过高的中间层目标将会使体制性加码从健康区间过渡到有害区间。

当中央政府目标较高（$T_1 > x$），$e^* = 0$，$prob(e+\theta \geqslant T_1) < 0$，无论 T_2^* 取何值都是扭曲政策产出的有害加码。这种体制性加码将必然引起任务失败、中间层与基层政府合谋谎报产出，下级政府只能依靠“层层掺水”应对中央考核，表现为中间层政府放松检查验收的标准、对辖区内各基层政府的绩效进行策略性调整等行为。

（二）角点解（$2xc < a$）

此时，基层政府的努力程度为可选范围内的最大值①且与中间层目标无关，中间层目标的唯一约束是体制性加码动机：$T_2 \geqslant T_1$，中间层政府完成中央政府目标的概率为

$$prob(e^* + \theta \geqslant T_1) = 1 - prob(\theta \leqslant T_1 - e^*) = \frac{1}{2} - \frac{T_1 - e^*}{2x} \tag{6.18}$$

中间层完成中央目标的概率与中央目标成反比且与中间层政府的目标无关。这说明当正向激励足、央地利益共容程度高、任务风险较小时，激励地方政府较为容易，下放目标设定权充分挖掘了基层政府的潜在政策产能。即使囿于体制性加码动机，中间层政府对中央目标的加码并不会扭曲基层政府的努力和政策产出，属于“健康加码”。

① 本文未对 e 做出范围限定，但现实中受到基层政府治理能力的约束，e 客观上存在最大值，但这不影响本文对层层加码性质的探讨。

以上对于基层政府最优努力程度、中间层政府最优目标以及完成中央目标概率的分析可总结为命题 6.3。

命题 6.3：给定预期性目标的正向激励水平，“健康加码”出现在央地共容利益强、政策任务产出不确定性较小的情况；随着央地利益冲突程度加深、政策任务产出的不确定性增强、中央目标的提高，中间层将进行“有害加码”并带来“层层掺水”；对基层政府的正向激励越低（任务紧迫性低），“有害加码”越易发生。

命题 6.3 展示出预期性目标体制性加码的“好坏”边界。“加码”产生自中间层政府面对政治锦标赛的对上负责动机，但加码的结果未必是坏的。在满足高央地共容利益、低产出不确定性的条件下，目标推行的政治阻力较小，适度加码有助于激励基层政府付出努力。随着央地利益冲突的加深、产出不确定性的提高，激励基层政府变得困难，若同时中央目标较高，那么将会出现“有害加码”。“层层掺水”来自央地事后信息不对称，是中间层和基层政府面对一项难以完成的目标合谋谎报产出的行为。总结而言，预期性目标“健康加码”需要满足三个基本条件：政策产出风险小；央地共容利益空间大；正向激励足。基层政府正向激励的下降或中央目标的提高，将可能使中间层目标跳到“有害加码”和“层层掺水”的区间。这为中央政府选择目标提供了有益的参考：对于一项高风险、高利益冲突的预期性政策任务须匹配低目标以避免有害加码，对于低风险、高利益共容的任务则可以适当提高目标以发挥对基层政府的激励作用。中央可以通过实施打破体制性加码约束的行政体制改革，或者调节对某项任务的激励强度的方式防止“有害加码”与“层层掺水”。

三、约束性目标：$a = 0$

约束性目标规定下级政府的政策产出底线，其特征是完成目标不会受到奖励，但是未完成目标会受到惩罚，对应政府的义务和职责。五年规划中的环境与生态资源保护的相关目标，包括单位 GDP 能耗降低和森林覆盖率等，民生福祉方面的劳动年龄人口平均受教育年限目标都是约束性目标。“十四五”规划将粮食综合生产能力和能源综合生产能力新增为安全保障类的约束性目标。

我们将 $a=0$ 带入式（6.5）即可得到预期性目标下代理人的效用函数。

$$U_A = K + \int_{-x}^{T_2-e} b(-e-\theta+T_2)\ F(\theta)\ -\frac{1}{2}c\,e^2 \tag{6.19}$$

由逆向归纳法，我们首先讨论满足代理人效用最大化时的最优努力选择问题，即求解：

$$maxK + \int_{-x}^{T_2-e} b(-e-\theta+T_2)\ F(\theta)\ -\frac{1}{2}c\,e^2$$

$$s.\ t.\ e \geqslant 0 \tag{6.20}$$

根据效用最大化的一阶最优条件，可求解基层政府最优努力程度：$e^* = \frac{b(x+T_2)}{b-2xc} > 0$。由此可得到基层政府在约束性目标上的最优努力关于负向激励水平与中间层目标的比较静态。

推论 4：对于约束性目标，给定其他外生参数，基层政府的最优努力程度与中间层目标成正比，与负向激励强度成正比。

证明：$\frac{\partial e^*}{\partial b} = -\frac{2xc(x+T_2)}{(b-2xc)^2} < 0$，$\frac{\partial e^*}{\partial T_2} = \frac{b}{b-2xc} > 0$（$b<0$）。

推论 4 意味着对于约束性目标，中间层目标的提高与负向激励的加强（b 变小）能够激励基层政府投入更多努力。这是由于约束性目标是对基层政府的履责要求，如不完成目标将会面临负向惩罚，相比于预期性目标，上级对下级政府行为的约束能力更强，压力型体制的特点更为明显。现实中，压力型体制甚至会使部分预期性指标的“约束化”，如对于经济发展目标等预期性指标，越往下级政府传递，越容易出现对目标进行约束性考核的情况。

进一步地，中间层的效用函数为

$$U_M = k + \int_{-x}^{T_1-e} b(-e-\theta+T_1)\ F(\theta) \tag{6.21}$$

将 $e^* = \frac{b(x+T_2)}{b-2xc}$ 代入式（6.21），根据效用最大化下的一阶条件，中间层政府最优的 $T_2^* = T_1 - \frac{2cx(T_1+x)}{b} > T_1$，加码程度为 $\cdot T = -\frac{2cx(T_1+x)}{b}$，自动满足体制性加码动机 $T_2 \geqslant T_1$，由此可得中间层政府对于约束性目标加码

程度的推论 5。

推论 5：对于约束性目标，给定其他外生参数，中间层政府对约束性目标的加码程度与中央目标、政策产出随机性、央地利益冲突程度成正比，与负向激励强度成反比①。

证明：由于 $b < 0$，$\frac{\partial \Delta T}{\partial b} = \frac{2cx(T_1 + x)}{b^2} > 0$，$\frac{\partial \Delta T}{\partial c} = -\frac{2x(T_1 + x)}{b} > 0$，$\frac{\partial \Delta T}{\partial x} = -\frac{2cT_1 + 4cx}{b} > 0$，$\frac{\partial \Delta T}{\partial T_1} = -\frac{2cx}{b} > 0$。

推论 5 意味着某项任务目标的完成难度与执行阻力越大、中央要求越高，中间层政府为促使目标完成、避免追责，加码程度越高。但是加码并不是无限度的，中间层目标与负向激励强度之间存在配合、互补关系，如果下级政府未完成目标的负向惩罚较高，则无须更高的目标加码即可保证中央目标的实现。

进一步地，我们分析中间层完成中央目标的概率：

$$prob(e + \theta \geqslant T_1) = \frac{-2cx^2 + (2T_1c + 2b)x - b(T_1 - T_2)}{2x(b - 2cx)} \tag{6.22}$$

观察式（6.22）发现，由于 $b < 0$，给定中央目标 T_1，中间层政府完成中央目标的概率与中间层目标 T_2 成正比（$\frac{\partial prob(e + \theta \geqslant T_1)}{\partial T_2} = \frac{b}{2x(b - 2xc)} > 0$），这意味着对于约束性目标，相比于中央直接对基层政府分解目标，规划目标设定权下放后中间层政府通过一定程度的加码可提高基层政府努力程度并提高完成目标的概率。我们可以将以上讨论总结为关于约束性目标的命题 6.4。

命题 6.4：对于约束性目标，为保障目标完成、避免惩罚，中间层政府会进行适度加码，这类加码不会扭曲政策产出或带来层层掺水，一般为有助于提高政策产出的“健康加码”。

举例而言，“十一五”规划中提出单位 GDP 能耗五年下降 20% 的目标，但是 2010 年上半年只完成了 14.8%，为此工业和信息化部重新向各省（自治

① 负向激励强度与 $b(b < 0)$ 成反比，与 $|b|$ 成正比。

区、直辖市）下达淘汰落后产能的任务，河北、山东、浙江等节能减排大省在任务分解过程中主动加码，加码目标逐级传递到下辖的市县政府，客观上保障了减排目标的完成。

值得注意的是，命题 6.4 并非意味着中间层政府的加码程度毫无约束，观察 $\Delta T = -2cx(T_1 + x)/b$，在其他参数保持不变的情况下，当负向激励非常强的时候，ΔT 趋向于 0，由此我们可以得到推论 6。

推论 6：给定中央目标，若某项约束性目标对应的负向激励足够强，中间层目标将与中央目标相一致。

通过整理部分省份地级市层面 2007—2018 年的政府工作报告，我们发现在“十一五”规划以前（2011 年以前），许多城市会对每年的单位 GDP 能耗给出本市规划目标，甚至高于省级目标，这一时期环保目标的约束性并不显著。但是在 2011 年后，明显发现各城市的目标基本都设定为“同省级目标一致”，这是由于目标约束性与负向激励的增强限制了中间层的加码动机。模型设定参与人均为风险中性的，现实中管理方与代理人如若是风险厌恶的，面对强有力的负向约束，将上级目标作为本级目标更为保险、理性。

第四节　拓展讨论与案例分析

根据以上对预期性和约束性目标加码情况的分析，我们得到了关于加码性质的命题 6.3 和命题 6.4，在此基础上，我们对模型参数、目标类型、加码机制进行进一步的总结与讨论。

一、拓展讨论

（一）合约激励强度对加码性质的影响

在目标激励合约中，目标与正负向激励都是重要的合约参数，但是面对不同性质目标，二者对于基层政府努力程度的影响并不相同。对于预期性（约束性）目标，基层政府的最优努力程度与中间层目标成反（正）比，与正（负）向激励水平成正比。目标与正负向激励两种合约手段存在相互补充、相机平衡的关系。预期性目标的正负向激励强度是决定基层政府努力程度的关键变量，无论面对何种目标，激励强度的提升均可提高基层努力程度。

约束性目标则不然，由于预期性目标的执行逻辑是目标越低，越容易（超额）完成并获得奖励，因此基层政府更希望面对一项低目标，如果目标过高，基层政府可以选择不努力，反正也不会受到惩罚。约束性目标具有法律效力，是地方政府履责的重要依据，未完成目标将会受到惩罚，因此目标越高，基层政府感受到的压力越大，只能努力执行政策任务。

对于预期性目标，正向激励水平影响“健康加码”与“有害加码”的边界，在其他参数不变的情况下，随着正向激励的下降，基层政府努力动机减弱，中间层的目标加码更容易从“健康区间”跳到“有害区间”，带来产出扭曲与层层掺水。对于约束性目标，一般情况下，中间层政府会进行适度“健康加码”，这自动满足体制性加码约束，但负向激励水平影响加码程度，即如果负向激励较强，中间层政府将降低加码程度。

（二）央地利益与中央目标对加码性质的影响

当央地共容利益强、目标较易推行时，体制性加码往往为健康加码，反之，当央地共容利益弱、目标推行阻力较大时，有害加码与层层掺水更易发生。对于约束性目标，加码程度与央地利益冲突程度成正比。这说明，五年规划的目标授权制度帮助中间层政府通过调整中央目标发挥协调央地关系、推进任务执行的作用，但体制性加码因素往往限制这种作用的发挥。

中央目标也是影响加码“好坏”的重要因素，治理层层加码的源头是中央需要将目标保持在合理区间，否则预期性目标将更易出现有害加码，约束性目标的加码程度越高，越容易带来不必要的社会成本。事实上，加码本质上是对中央意图的“偏离”，比如环境保护目标，过低不可，但也不宜过高，否则将不利于实现经济、社会与环境的协调发展。因此，在规划目标设定过程中，加强调研，保持中央目标合理性对于治理层层加码至关重要。

（三）加码机制与目标性质

目标激励合约的整体框架主要对应压力型体制，突出目标治理过程中的层层分包、层层考核特点。晋升锦标赛机制下，由于本章采用的是单代理人模型，各级政府囿于辖区内竞争而进行主动加码的动机是通过在模型中加入外生的体制性加码约束进行讨论的，符合现实中对约束性目标的普遍加码现象。研究发现，对于预期性目标而言，压力型体制将促使中间层政府适当降低中央目标以激励基层政府提高努力程度，晋升锦标赛导致的体制性加码约束是决定预期性目标“好坏”加码性质与边界的重要因素。而对于约束性目标，压力型体制将内生地促使中间层加码，晋升锦标赛机制下的体制性加码约束得以自动满足。最为关键的是我们发现如果负向激励很强，中间层政府的目标将与中央目标相一致，这与现实中观察到一般情况下，下级政府将约束性目标设置为与上级相同水平的现象吻合。

造成以上现象的原因在于晋升锦标赛本质上是激励各级政府在竞争中争取“出彩”的机制，预期性目标是做得好奖励多的目标，而且多涉及经济增长、城镇化率等被列为“考核指挥棒”的重要目标，因此晋升锦标赛更容易影响预期性目标加码的性质。约束性目标是上级政府为下级政府设定的底线目标，各级政府在约束性目标上的行为动机是“不出错”，而不是在约束性目标上展开晋升的竞争，因此压力型体制是决定约束性目标性质的关键因素。

二、案例分析

本章使用目标激励合约对不同性质规划目标的逐级传递过程进行抽象与刻画，得到层层加码的“好坏边界”，以下将从经济增速目标、“大跃进”时期的目标管理，以及疫情防控的层层加码现象进行案例分析①。

（一）从经济增速目标看政策产出风险对加码性质的影响

对于经济增速的目标，层层加码现象较为普遍且加码效应逐级放大。经济增速在五年规划中属于预期性目标，但在经济增长绩效是考核中的重中之重，也是政治锦标赛的重要指标，即正向激励 a 较大；经济增长符合基层政府与中央政府的共同利益，可提高地方财政收入水平，因此央地利益共容性强，边际

① 这些案例虽然不尽为五年规划目标，但都符合目标激励合约的基本形式。本书的分析结论不仅适用于五年规划，也普遍适用于任何一项需要从上至下层层推进的政策目标。

成本 c 较小。在市场环境基本稳定的条件下，$2xc < a$ 更容易成立，在中央目标较为合理的情况下，对于经济增速目标的加码能够发挥激励基层政府发展经济的“健康加码”作用，这可以解释为何对于经济增速的加码普遍存在且基本能够完成。若经济增长的不确定性增强或增长难度加大，则可能变为“有害加码”。2017 年辽宁省政府官方承认统计数据失真，2018 年内蒙古承认财政和经济数据造假，天津滨海新区政府公开 2016 年对 GDP 注水，挤掉水分之后，从超万亿调整为 6654 亿元。当全国经济增速逐渐放缓，部分经济发展相对乏力的地方面临的增长难度和政策产出不确定性有所增加，对 GDP 注水成为它们应对晋升锦标赛下体制性加码约束的选择，带来了“上级压下级，层层加码，马到成功；下级哄上级，层层掺水，水到渠成”的有害加码。

（二）从新冠肺炎疫情防控看约束性目标的加码程度

疫情防控是近两年各地方政府的“底线任务”，具有较强的约束性目标特征，而不同于五年规划中常规性、长期性的约束性目标，疫情防控时间短、任务重，具备极强的紧迫性——疫情防控不利甚至将直接被免职，根据推论 6，理性的中间层政府应将目标设定为与中央目标相同水平。但疫情防控具有特殊性，首先党中央“用大概率思维应对小概率事件”的指导方针，中央政府的疫情防控标准十分严格，即中央目标较高；同时，疫情具有极强的不确定性，稍有放松就可能导致疫情扩散、失控。因此，根据推论 5，面对较高的中央目标、较强的政策产出随机性，加码仍可能成为中间层政府的必要举措。

2021 年春节，国家卫健委倡导国民就地过年以减少大规模春运带来的疫情防控风险，在政策自上而下落实分解的过程中，部分地方出现设置不符合疫情防控实际的隔离措施，如限制人员乘车、强制居民就地过年、责令停产停业等，中纪委对个别地方不切实际的疫情防控加码行为进行了通报与处理。透明公开的疫情防控数据表明，各地对疫情防控政策的加码客观上巩固了当地疫情防控的效果，并未造成严重的“层层掺水”与产出瞒报，符合命题 6.4 的预测。可现实远比理论复杂，虽然政策产出得以保证，但疫情防控政策不切实际的加码是典型的“一刀切”行为，对企业生产和居民生活造成不良影响，这类约束性目标的层层加码也应积极治理。

本章小结

本章讨论了五年规划影响经济绩效的另一个原因——通过赋予地方政府规划权（目标制定权），保障了五年规划的灵活实施。本章聚焦于目标设定权下放对激励有效性的调节作用，刻画了在授权的过程中，中央政府在“发挥地方信息优势”与“防止地方利用规划目标设定权下放责任”之间进行权衡取舍。我国央地关系中长期存在着中央和地方之间权力“收放循环”的现象，唯有建立有效的制度约束和保障，才能够实现央地关系的平衡。而五年规划恰恰提供了这样一种可能——通过目标绩效考核制下的规划授权，在实现挖掘基层政府潜在政策产出的同时限制了中间层政府利用规划权力向下卸责的空间，将委托代理下的上下级政府之间的“完全契约”引入了目标设定权下放这一“非完全”的因素，是解决中央权威与有效治理矛盾的可行方式。

本章通过两个理论模型，分别对规划权下放后，中央和中间层政府的最优规划目标选择、基层政府的最优努力选择进行分析，尤其关注对于现实中普遍存在的层层加码问题。这些问题本身也是五年规划制度下无法避免的央地关系协调失败的结果。通过目标设定权的下放，在央地利益冲突较深的情况下，可以达到合理调整目标、促进目标实现的作用。

具体来看，第一个模型，在假设激励下级政府会对上级政府带来效用损失的前提下，发现对于预期性目标而言，管理方（中间层政府）目标越高，基层政府的努力程度越低；加码主要产生在目标风险较低的情况下；一旦风险或委托方目标提高，为了完成目标，激励基层政府，中间层反而有减码的动机；当风险超过一定范围，中间层政府难以通过调整目标既达到上级要求，又激励基层努力，最优策略变为与中央政府的目标保持一致。这说明加码的成本是代理人努力降低、完成目标的概率降低，加码的收益是能挖掘代理人的产出潜能。中间层政府既要对上负责，又要对下激励，需要通过策略性调整自身目标的方式，防范代理人的道德风险行为。

第二个模型沿用第四、第五章的基本假设，在非物质激励下的目标激励合约下，引入规划权下放的因素，探讨各级政府最优目标设定行为。研究发现，研究发现，央地共容利益、政策产出风险、中央目标、正负向激励强度是影响预期性加码好坏、约束性加码程度的重要变量。事实上，层层加码的本质来自行政科层制下，委托人与代理人对于风险与激励的经典权衡，在央地利益不完全一致时，加码是中间层政府近乎无成本地保证规划绩效的方式，这可以解释为何层层加码饱受诟病却一直存在。给定预期性目标的正向激励水平，“健康加码”出现在央地共容利益强、政策任务产出不确定性较小的情况；随着央地利益冲突程度加深、政策任务产出的不确定性增强、中央目标的提高，中间层将进行“有害加码”并带来“层层掺水”；对基层政府的正向激励越低（任务紧迫性低），“有害加码”越易发生。对于负向激励较强的约束性目标，为保障目标完成、避免惩罚，中间层政府会进行适度加码，这类加码不会扭曲政策产出或带来层层掺水，一般为有助于提高政策产出的“健康加码”。给定中央目标，若某项约束性目标对应的负向激励足够强，理性的中间层政府最终会将目标设定为与中央相同的水平。本章的研究提示我们在面对一项大家普遍否认却始终存在的事实，需要更加深入思考其内在逻辑机制。

第 七 章

五年规划的执行与验收治理模式：一个正式的控制权模型①

上一章提出了有效治理的第一个来源：目标设定权的下放，即下级政府可以根据当地实际情况调整上级制定的具体指标，或者自设新的目标，灵活调整目标执行激励。本章讨论在规划执行与验收过程中，实现有效治理的其他条件。对于一项规划任务，授权问题不仅存在于目标制定方面，还存在于执行过程中的激励配置和规划绩效的检查验收阶段，上下级政府间相应的权力关系构成五年规划任务实施中的政府治理模式。这同样也是五年规划发挥国家治理作用，协调不同层级政府间权力与利益关系的重要体现，尤其是对于五年规划绩效的中期评估或细化的各年度目标绩效的检验考查，是决定目标绩效考核制度能否发挥作用的关键。因此，有必要对规划执行、验收中因授权方式不同而形成的各类治理模式进行讨论。至此，按照五年规划各政策阶段的发生顺序，我们已经从目标制定权、目标执行中的绩效考核制度过渡到具体目标执行与验收中的政府间权力分配问题。

五年规划的落实，主要体现在政府出台的各类政策，政策的实施与验收是关系到规划目标能否真正有效完成的关键。其中，政府之间的权力关系是影响政策执行效果的重要因素，表现为在规划目标逐级落实的过程中，上级政府对下级政府的控制权强弱。现实中这类权力关系或治理模式十分复杂。研究工作更多地注意到那些上下级“高度关联”的治理模式，表现在自上而下的高度

① 本章主要内容已发表，参见姚东旻等：《中国政府治理模式的选择与转换：一个正式模型》，《社会》2021 年第 4 期。

动员、层层加码和极力推行。上下级政府间的任务落实也可能表现为稳定的“行政发包制”，即上级部门将各项任务打包发给下级部门，只是验收成果，而将实施过程交给下级。在另外情况下，各级政府部门的许多工作按照已有程序，按部就班、常规运行，在各自领域中有着相对独立性和自主权，表现出“松散关联”的治理模式等。这些治理模式因不同领域而异；在同一领域中也可能在不同时点上交替出现。

以五年规划中的人口自然增长率目标为例，主要对应现实中实施的计划生育政策。在早期阶段，中央政府将其作为一项国策而极力推行，层层建立专设机构，花大气力设置目标，部署落实，制定量化指标，建立强激励机制，检查验收，奖惩并举，以及铺天盖地的宣传教育工作。随着时间的推移，这些措施得到深入落实，计划生育工作随之常规化，表现出更多的行政发包制特征。在后期阶段，随着政策目标的变化，这一领域中的宣传和执行力度逐渐松弛，各级政府随属地任务难易程度而自行调节，呈现出更多的地区性差异，表现出了松散关联的治理模式①。

在环境生态保护目标的落实中也存在如此现象。环保政策在不同时点的实施执行表现出不同的治理模式②。在一些时点，上级环保部门目标设置和检查验收十分严格甚至苛刻；但在另外一些时点，检查验收类似于例行检查，有着很大弹性和谈判空间；同样地，下级地方环保部门的执行过程也有着相应的应对策略。换言之，我们在环保规划目标的执行与验收中观察到“高度关联”，“行政发包”和“松散关联”等不同治理模式的交替出现。

上述观察提出了关于五年规划执行、验收治理的一系列问题：为什么存在不同执行、验收治理模式？治理模式抉择背后的机制是什么？针对这些问题，周雪光、练宏（2012）提出了“控制权理论”，对政府治理模式进行理论解释，这同样适用于五年规划视角下的政策过程与政府行为研究。控制权理论的

① 参见艾云：《上下级政府间“考核检查”与“应对”过程的组织学分析——以 A 县“计划生育”年终考核为例》，《社会》2011 年第 3 期。

② 参见周雪光、练宏：《中国政府的治理模式：一个“控制权”理论》，《社会学研究》2012 年第 5 期。

核心命题是，行政系统内部的控制权可以分为目标设定权、检查验收权、激励配置权，它们在各级政府间的不同分配组合产生了不同政府治理模式。第六章我们已经集中对规划目标的设定权进行了讨论，本章我们主要关注五年规划具体政策的激励配置权和绩效的检查验收权问题。现实中，这两类权力在不同层级政府之间的配置模式较为复杂。例如环保领域的通常做法是，上级部门定期向属地政府下达明确可测的削减污染量的指标，进行阶段性检查验收，并将具体的部署实施、激励配置诸权力交与属地政府。但有时上级政府对政策实施过程有着严格规定和控制，迫使下级政府密切关注和执行政策指令，这时我们观察到一个高度关联的治理模式。

本章在控制权理论基础上进行建模分析。首先，依然借鉴多层级委托代理理论，将科层组织内部控制权的一般理论正式模型化，澄清其假设前提、准确定义各种治理模式、剖析其核心机制。其次，将一般理论应用于五年规划任务目标的实施过程，将具体规划目标的治理模式视为上下级政府间控制权分配与组合的合约，引入任务属性以捕捉不同政府治理模式的应用边界和转化规律。最后，根据正式模型提出可验证的经验假设，引用文献中的具体事例来印证和阐释模型的现实意义。

第一节　控制权理论与规划治理模式

关于政策任务以及规划目标在执行与验收过程中的治理模式已经积累了可观的文献，提供了本章研究的起点。在政府文献中，学者们特别注意到“高度关联”（tight-coupling）的治理模式，时常以运动式治理形式呈现出来。冯仕政（2011）对这一现象作了深入系统的分析，指出这是中央政府动员资源以推行重大政策的一种重要组织形式。① 高度关联式治理有着一系列鲜明特点，如自上而下的政治压力，高度动员的过程以及密集严格的检查考核。这些举措在各级政府间建立了密切关联：一方面，上级政府有权决定任务激励，并

① 参见冯仕政：《中国国家运动的形成与变异：基于政体的整体性解释》，《开放时代》2011 年第 1 期。

执行严密督查；另一方面，下级政府积极迎合，如此表现出组织学文献提出的组织内各层次、各部门间的高度关联。

周黎安（2016）提出的“行政发包制”是另外一种重要的治理模式，即上级政府将某一行政区域内的各项规划任务（如经济发展、城市管理、社会治安等）一揽子打包发给下级政府，由对方负责实施，而上级政府只是验收承包结果；在这一点上，行政发包制与市场上企业间外包制类似。① 但在行政发包制中，上级政府拥有随时随地干预的权力，这是随其行政性质而来的特点。行政发包制是介于韦伯的科层制与市场的外包制之间、行政权力与承包机制相糅合的一种混合形态，涉及行政权分配、财权分配和预算控制、考核监督与内部控制、人员激励等要素的关联性和互补性。与“高度关联”的治理模式相比，在行政发包制中各级政府间权限和边界分明，下级政府拥有具体部署和实施规划任务的相对独立空间。经济增长目标的执行与验收主要采取了行政发包制。

“松散关联”模式指组织中各部门按部就班处理某项规划任务的组织形式，在组织学文献中得到广泛注意。这一形式按照已有规章制度运作，不为其他任务目标所干扰，因此区别于高度关联的治理模式；在松散关联模式中，政府部门各行其是，有着固定运作模式，与其他部门或领域相对分离，适用于常态性的五年规划目标治理，以及细化的年度目标任务。

如上所述，在政府不同领域和同一领域的不同时点上时常可以观察到五年规划在执行与验收阶段不同治理模式的交替出现。本章使用控制权理论并将其扩展到一般性的三级委托代理框架中。中央政府（委托方）掌握规划目标设定、治理模式选择、激励与验收的权力；基层政府（代理方）如乡镇政府、街道、职能部门承担具体执行规划目标的职责。其中，中央政府可将激励与验收的权力授予中间政府（管理方）如省政府、市政府。在政府内部的权威关系中，控制权可以从三个维度配置组合：目标设定权、检查验收权、激励配置权。目标设定权是委托方设定规划目标的权力，可由委托方单方面设定也可由

---

① 参见周黎安：《行政发包的组织边界兼论“官吏分途”与“层级分流”现象》，《社会》2016 年第 1 期。

委托方、管理方协定；检查验收权指对契约完成情况的认定权，委托方可自己行使或下放至管理方；激励配置权是对代理方设计激励方案、实行考核奖惩的权力，也包括契约执行中的资源配置权。后两类权力在不同层级政府之间的配置，就是五年规划在具体执行与验收阶段下的政府间治理模式。值得注意的是，目标绩效考核刻画了执行过程中的“中央权威”部分，或者说，正式制度的作用。而本章所讨论的内容更加关注执行、验收过程中的“有效治理”因素，即授权与非正式制度的作用，这对于第五、第六章的内容形成了补充。

第二节　任务属性、多维控制权分配与最优治理模式

我们将控制权分析框架放进科层组织治理模式的一般理论中，讨论围绕五年规划的具体政策任务，委托方—管理方—代理方的三级科层组织中控制权理论的基本概念，使用委托代理模型刻画这一理论的逻辑链条，并依托任务属性对治理模式间的抉择标准进行模型化分析。以下将介绍对控制权理论的建模思路，包括治理模式的形成与特征、任务属性视角下的最优治理模式选择，以及五年规划执行、验收中有效治理模式之间的权衡机制。

一、多维控制权的分配和组合——治理模式的形成

本章引入“委托方—管理方—代理方”三级科层组织框架，重点讨论三个维度控制权在委托方和管理方之间的分配。委托方是规划合约的设计者，有权决定权力分配模式，关心组织整体目标，且全部的组织资源都来自委托方；管理方可依据委托方的授权而直接推动代理方的规划任务实施；代理方是规划任务的直接落实者，不享有任何维度的控制权。对应到政府组织，委托方、管理方和代理方则分别对应中央政府、中间层政府及直接执行规划任务的基层政府。

首先，可以罗列出三维控制权在委托方和管理方之间的 8 种完备分配组合，构成了科层组织围绕五年规划任务“治理模式”的完备集，见图 7.1。其中囊括了文献中讨论较多的高度关联、行政发包、松散关联与联邦制等。

在以上治理模式中，委托方和管理方分别扮演五年规划目标设置者、规划

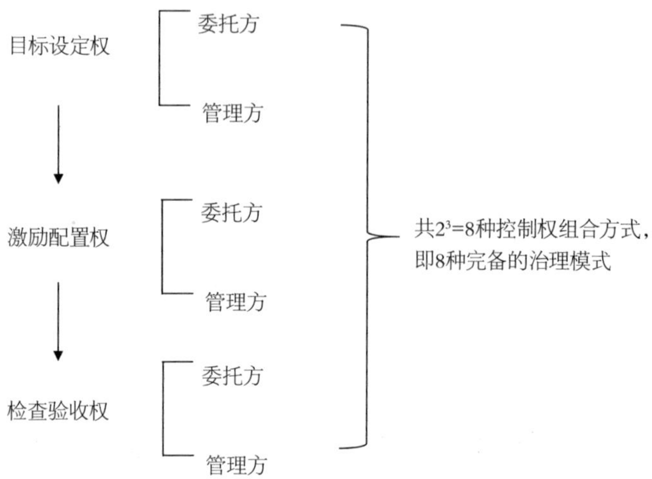

图 7.1　完备治理模式的形成

任务的激励者和规划治理绩效验收者的角色，从而决定了不同治理模式下组织资源和信息的流动。组织的资源即委托方为了完成规划任务所配备的全部资源（物质、技术等），控制权的配置直接影响资源在各层间的流动方向；组织的信息特指任务产出信息，是检查验收的对象，验收权的配置影响信息的流动方式。这是控制权理论的核心框架，具体到本章，我们不再考虑目标设定权（见第六章），只刻画激励配置权和检查验收权的配置，讨论五年规划执行、验收过程中的最优政府间权力配置模式。

二、最优治理模式的选择

（一）最优治理模式的选择标准：给定组织效能下的成本最小化

针对某项具体规划任务，执行与验收治理模式应该由谁来选择，选择的标准是什么？这些问题是研究最优治理模式、扩展控制权理论的关键。在现实中，有限理性的委托方无法事前确定任务的最优治理模式；治理模式的抉择可能是一个不断试错的过程。但从理论建模以便深入分析其机制条件的目标来考虑，我们根据委托代理模型，对此作出理性化假设：委托方是组织的设计者与发起者，可以权衡不同治理模式，预判某项规划任务在各治理模式下的组织成本与信息、资源结构等，并据此选择适合该规划任务的最优治理模式。即根据规划任务的属性设计相应治理合约，通过设计代理方和管理方的激励相容条件以确保任务目标的实现。

这里需要说明激励相容条件在模型中所发挥的作用。委托方选择“最优”治理模式，需要一个选择标准，本章以“组织成本最小化”作为选择的依据。理论上讲，最优治理模式的选择方式有两类：一类是给定组织资源情况下，寻找组织效能最高的治理模式；另一类则是给定组织效能一致的情况下，选择组织成本最低的治理模式。由于组织效能存在诸多维度，不便于作为最终的比较标准，本章选择了第二类方法。激励相容条件使不同治理模式中的“委托方一管理方一代理方”行为方式完全一致，从而确保不同治理模式的组织效能相同。在这一基础上，作为治理模式选择者的委托方，可以根据组织成本对各类五年规划目标治理模式进行比较选择，其中影响组织成本高低变化的因素（任务属性）成为建模重点。

（二）决定组织成本的关键因素：规划任务属性

在明确了五年规划治理模式选择标准后，我们需要分析组织成本的影响因素。假定五年规划执行、验收的治理模式是针对具体任务而存在的，即不同领域、不同时点上治理模式的选择取决于完成具体规划任务的考虑。为此，我们引入“任务属性”作为影响各治理模式下完成该规划任务组织成本的关键因素，进而决定治理模式的应用边界与转换。

具体考虑规划任务的三个属性：任务难度、验收难度、任务风险。其中，任务难度衡量代理方任务执行的困难程度；验收难度衡量检查验收到真实规划任务产出信息的难易；任务风险由两部分构成，即规划任务固有风险以及由授权带来的风险。对应中国政府治理的现实，可以将任务风险理解为某项政策任务的政治风险。如旧城区改造规划任务中的城建拆迁易导致社会矛盾，存在较高的任务固有风险，而一旦将激励配置权下放给管理方，亦将产生较高的授权风险。本章重点关注委托方下放控制权后，由于目标、手段的偏离带来的风险变化。我们在众多属性中选取以上三种是基于其在政府治理过程中的两点共性：（1）随规划任务而变化：不同的任务难度、验收难度以及任务风险是不同的，可从这三个维度对任务进行较为完备的区分；（2）随控制权的分配方式而变化：当控制权属于不同的主体时，同一任务的属性也会改变，影响治理模式选择。

假设任务目标的执行和验收技术具有不确定性，即使基层政府和验收方努力执行任务、验收产出，也可能会使规划任务失败（低产出）或看不到有效产出信息。在模型中，分别用任务成功的概率、成功验收到真实任务产出的概率、“期望”任务风险刻画以上三个属性。一项规划任务在这三方面的属性诱发了不同治理模式间多种权衡机制的考虑，从而决定了这项规划任务所对应的最优治理模式。除了三个任务属性外，还需要考虑验收成本在不同验收权主体之间的差异及对组织成本的影响。

至此，我们已说明建模的基本框架，见图 7. 2。模型通过激励相容条件保证组织效能一致的前提下，比较由规划任务属性决定的不同治理模式达到相同组织效能的组织成本，委托人根据组织成本最小化原则选择最优治理模式。在这一过程中，任务属性是决定组织模式选择的核心因素。

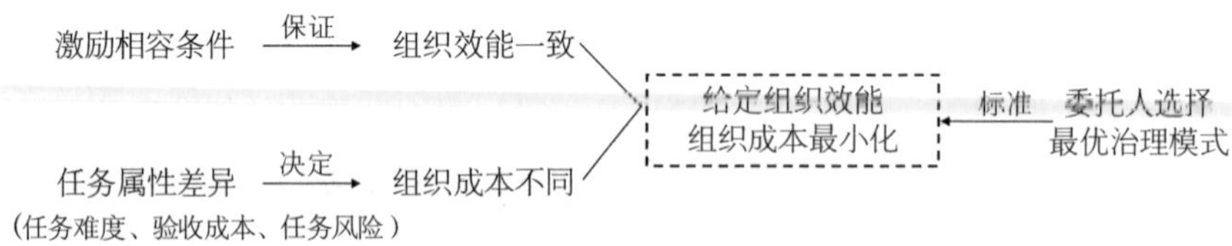

图 7. 2　最优治理模式的分析框架

三、五年规划执行、验收治理模式的权衡机制

最优执行、验收治理模式的选择取决于规划任务属性差异带来的权衡取舍（trade off）。在接下来的分析中，假设目标设定权和全部组织资源都属于委托方，激励分配权和检查验收权可以在委托方和管理方之间自由配置，将治理模式简化为四种，在中国政府治理中，本章重点探讨高度关联、行政发包、松散关联三种模式。以下通过基本假设和权衡机制对各治理模式之间的优劣进行分析与比较。

假设 1：下放激励权可以提高激励效率，但同时可能提高任务风险。

面对一项规划目标或任务，委托方在选择是否下放激励权时，面临着效率和风险的权衡。委托方下放激励权至管理方会产生两方面效果：第一，较之委托方，管理方更加了解代理方任务执行的过程，这些信息优势有助于管理方找到合适的代理方并给予恰当激励。在模型中体现为下放激励权可提升任务成功概率和激励效率。第二，由于管理方的利益并不与委托方完全一致，潜在的机会主义行为将带来授权风险并损失委托方的名义权威，威胁组织目标。假设 1 刻画的激励效率与任务风险的权衡是委托方在激励分配权维度上授权与否的主要考虑。在中国政府治理现实中，假设 1 意味着中央政府（委托方）下放激励权给中间政府（管理方），可以提高任务成功的概率，但可能增加任务风险。例如，经济发展任务上的向下授权可调动地方积极性，但可能以牺牲生态环境和收入分配的公平为代价、产生政企合谋或腐败等，为中央政府增加“任务风险”这一授权成本。

假设 2：下放验收权会节约验收成本，但同时会降低看到真相的概率。

规划任务的激励权和验收权具有内在联系，准确行使激励权的前提是获知有关任务产出的真实信息，验收权和激励权的分离可能导致验收方的策略性信息隐瞒与产出信息“失真”，降低验收效率。

假设由于验收技术的不完备性，验收方即使努力工作，也不能确保看到真相，而是依据一个外生概率看到任务完成的真实结果；就验收成本而言，距离代理方物理距离更近的管理方，更加具有成本优势。因此，为节约验收成本，委托方具有下放验收权的动机。一旦下放，物理距离、利益共同体等因素又使管理方在实际验收时为代理方所引导、操纵，降低“发现真相”的概率。基于以上两个假设，我们可以将治理模式的核心权衡机制归纳如下。

机制 1：规划任务风险增加与激励效果提升之间的权衡。

机制 1 是关于规划任务的激励权下放与否的选择。由假设 1，激励权下放给管理方能提高任务成功概率，从而提升激励效果、节约激励成本。这里主要涉及任务难度属性，即任务成功概率。任务难度越高、下放激励权的边际成功概率提升越多，效果越明显。此外，激励权的下放将增大任务风险，推高组织成本。直觉上看，当任务风险较大时，如果任务的难度低，激励权下放对激励效果的提升不明显，委托方会更偏向自己掌握验收权与激励权以规避风险；反之，当任务风险较小时，如果任务难度很大，此时提升激励效率成为主要考虑，委托方更倾向于下放激励权。

机制 2：验收成本节省与验收效果降低之间的权衡。

机制 2 主要针对规划绩效验收权下放的权衡：

（1）验收真相概率的下降：由假设 2，管理方验收时更有可能与代理方串谋，从而降低发现真实产出的概率，降低验收效果。直觉上看，当任务产出容易查证，管理方或委托方行使验收权的验收效果差异不明显，验收成本的节约成为主要考虑，委托方更偏向下放验收权；反之，若任务产出难以查证，提高验收准确性是当务之急，委托方更倾向于自己掌握验收权。

（2）管理方的策略性隐瞒：当同时拥有验收权和激励权时，管理方事后可能策略性地隐瞒验收结果，造成信息扭曲。管理方隐瞒真相的动机越大，组织成本越高，这将消减管理方验收的成本优势。

至此，我们可以用图 7. 3 将假设和相关机制进行总结。

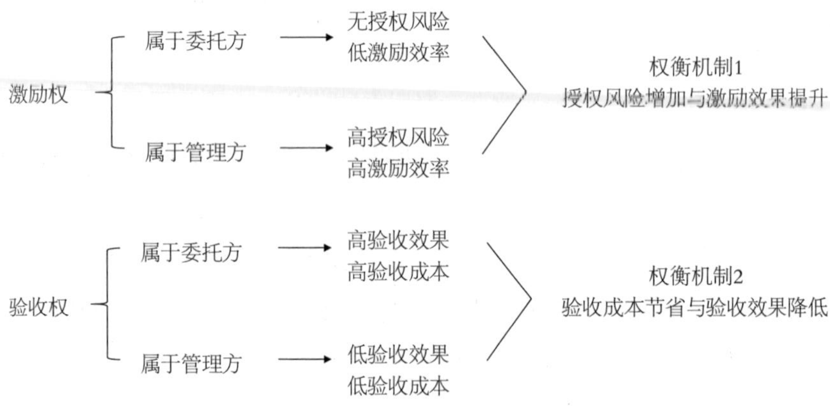

图 7. 3　假设与机制

第三节　基于三层级委托代理模型的“规划治理”模型

一、定义五年规划的执行、验收治理模式

从五年规划的政策过程中，检查验收权和激励配置权在管理方与委托方的

配置对组织中的信息与资源流动的影响出发，可定义五年规划任务执行与验收中的不同治理模式。

治理模式 1（高度关联）：中央政府（委托方）同时拥有激励权和验收权。此时任务的产出信息从基层（代理方）直接流向中央，资源从中央直接流向基层，中间层（管理方）只是被动地执行指令而被虚化，缺乏实际的组织功能。

治理模式 2（行政发包）：中央政府（委托方）拥有验收权，中间政府（管理方）拥有激励权。此时中央政府负责收集规划任务产出信息，并根据验收结果将相应的财政资源分配给中间政府，中间政府直接对基层（代理方）进行激励与分配。信息从基层直接流向中央，资源则从中央流到中间、再到基层。

治理模式 3（松散关联）：类似常规任务目标，中间政府（代理方）同时拥有激励权和验收权。产出信息从基层政府（管理方）流向中间层后，继续从中间层流向中央（委托方），中间政府可能谎报验收结果。从资源流动来看，中央根据中间层的上报信息，向下分配资源到中间层，再由中间层向基层分配资源。图 7. 4 直观地描述了以上三种治理模式中信息和资源的流动过程，其中虚线表示组织中信息的流动方向，实线表示组织中财政资源的流动方向。

进一步地，可以将一般理论中提及的三种规划任务治理模式间的权衡机制对应到中国的政府治理实践中，见表 7. 1。

表 7. 1　不同治理模式的权衡取舍

治理模式的比较	权衡取舍关系
治理模式 1 与治理模式 2（高度关联与行政发包）	是否将激励权下放给中间层政府（管理方）机制 1
治理模式 2 与治理模式 3（行政发包与松散关联）	是否将验收权下放给中间层政府（管理方）机制 2
治理模式 1 与治理模式 3（高度关联与松散关联）	激励权、验收权的双重下放（管理方）机制 1、机制 2

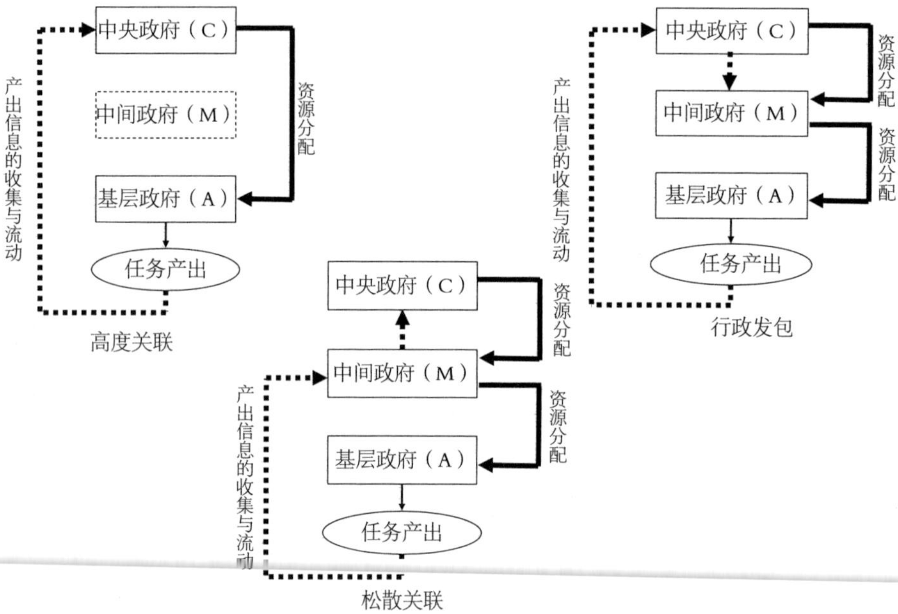

图 7.4　三种治理模式下的信息流动与资源分配方式①

二、基本设定

基于建模的考虑，我们从任务的三类属性入手，探讨所涉及的各级政府行为特点，提出本章的基本模型设定和参数说明。

（一）“规划任务难度”与基层政府行为

规划任务执行是整个政策过程的第一步，首先对基层政府的行为加以描述。假设基层政府的努力程度是离散的，即努力②（$e_A = 1$）或不努力（$e_A = 0$），任务产出集也是离散的：（x_H，x_L），分别代表成功（高产出）或不成功

---

① 需要注意的是，本章沿用了第六章模型 1 的基本假设，即考虑不同层级政府间，就五年规划目标的执行和验收存在财政转移支付。我们依然讨论政府间整体的财政关系，而非地方官员所关注的非物质激励。这样的假设有助于我们理解各级政府之间普遍存在的财权、事权分配现象，刻画五年规划具体政策目标在执行、验收中的实际情况。

② e_A 表示基层政府执行任务的努力程度，x_H 表示任务的“高产出”，x_L 表示任务的“低产出”。

（低产出）。若基层政府不努力，则获得低产出 x_L ①；若基层政府努力执行任务，依据假设 1，产出结果则会根据激励权的归属而产生差异。具体来说，当激励权属于中央政府时，基层政府以概率 π 获得高产出 x_H ，以概率 $1-\pi$ 获得低产出 x_L 。当激励权下放至中间层时，获得高产出的概率提高了 $\Delta\pi$ ，最终该概率变为 π'（$\pi'=\pi+\Delta\pi$，$0\leqslant\pi'\leqslant1$），而努力但获得低产出的概率则变为 $1-\pi'$ 。

规划任务难度直接影响基层政府执行任务的激励。π 、π' 代表“任务难度”，其值越低则规划目标难度越高，即便基层付出努力仍然不易成功，此时基层政府的激励难度较高；其值越高，则说明任务难度、激励难度越小。同时，$\pi'>\pi$ ，由机制 1 引出的意义是，相对于高度关联型来说，行政发包和松散关联模式的激励效果更好。

（二）规划治理绩效的“验收难度”与验收方行为

基层生产过程结束后，掌握验收权的一方需要对规划任务进行绩效上的检查验收，其获得规划任务产出信息，验收后的信息集为（x_H，φ，x_L）②。在模型中，验收方是产出信息的唯一来源，因此，激励方只能信任验收方，并根据其提供的信息给予基层政府相应的激励。验收的努力程度同样是离散的，若验收方不努力，则不能看到真相③；若验收方努力验收，依据假设 2，结果会因验收权的归属不同而异：当中央政府拥有验收权时，努力验收并看到真相的概率为 p' ，验收到空集的概率为 $1-p'$ ；当验收权属于中间层，该概率下降 $\Delta p>0$，看到真相与看到空集的相应概率分别变为 p 和 $1-p$（设 $p=p'-\Delta p$，$0\leqslant p'\leqslant1$，$\Delta p>0$）。

p，p' 衡量任务产出的验收难度。p，p' 越低，表明验收难度大，验收效果

---

① 可以用条件概率公式对此进行数学表达，条件概率表示在给定某一事件发生的条件下，另一事件发生的概率，即 $prob(x_L \mid e_A=0)=1$，$prob(x_H \mid e_A=0)=0$。

② x_H 表示验收到目标的“高产出”，x_L 表示验收到目标的“低产出”，φ 表示没有验收到信息。

③ 即与基层政府一致，努力程度只有 0 或 1 两个值，若为 1，即代表“努力”，0 为“不努力”，若中央政府为验收者，即 $e_c=0,1$；若中间层为验收者，即 $e_M=0,1$。

差。与此同时，设中央和中间层政府验收的边际成本分别为 c，m 。由一般理论，模型严格区分验收成本和验收效果。验收成本体现了信息收集的便利性，而验收效果一方面取决于不同治理模式验收到真实产出的概率差异，另一方面也受到验收方操纵信息（例如策略性隐瞒产出）的影响。因此，在验收成本方面，松散关联模式更具有优势；但在验收效果上，高度关联和行政发包型模式比松散关联模式更有优势，体现在 $p' > p$ 。

（三）“规划任务风险”与政府授权

除了任务执行与验收过程中的属性，我们还需要考虑激励权下放带给中央政府的任务风险。任务风险（ R_i ）包含两部分：“规划任务固有风险（ $\bar{R}_i$ ）”与“授权风险（ ΔR_i ）”，满足 $R_i = \bar{R}_i + \Delta R_i$ ，$\bar{R}_i \geqslant 0$，且规划任务风险是纯粹的外生变量，直接加入组织成本中。一般认为，如果一项任务固有风险较高，那么授权风险也较高，即 $\frac{\partial \bar{R}_i}{\partial \Delta R_i} > 0$。如城建拆迁这类任务，固有风险较高，执行中易产生社会矛盾。一旦授权后，地方政府将自己的利益加入其中，可能带来政策执行的偏差，其授权风险会高于诸如统计信息收集等固有风险较低的任务。因此，为使文章表达更为简洁，将固有风险（ $\bar{R}_i$ ）标准化为0，使不同任务的初始风险属性保持一致，任务风险大小的差别只通过 ΔR_i 体现。

为捕捉风险发生的或然性，用外生参数 α_C（ $0 < \alpha_C < 1$）表示发生任务风险发生的概率。一旦发生风险，会给中央政府带来直接成本。尽管可以采用很多种函数形式表示这一直接成本，一个符合现实的假设是，这一放权带来的直接成本显然应该与其产生的放权收益（激励效果的提升，即任务成功概率的提高）高度正相关，即，对于委托方来说，放权的“诱惑”越大，也面临着更高的任务风险。有了这种认知，模型就采用最为简化的设置形式，任务风险带来的直接成本与其放权收益在数量上相等。由于任务固有风险标准化为0，则最终由于授权差异导致的规划任务风险变化量可用 $R_C = \alpha_C \Delta R = \alpha_C \cdot \Delta \pi$ 来表示。相较于其他两种模式，高度关联治理模式在降低任务风险方面具有优势。

综上，图7.5展示了不同任务属性对政府行为、政策执行效果的影响。

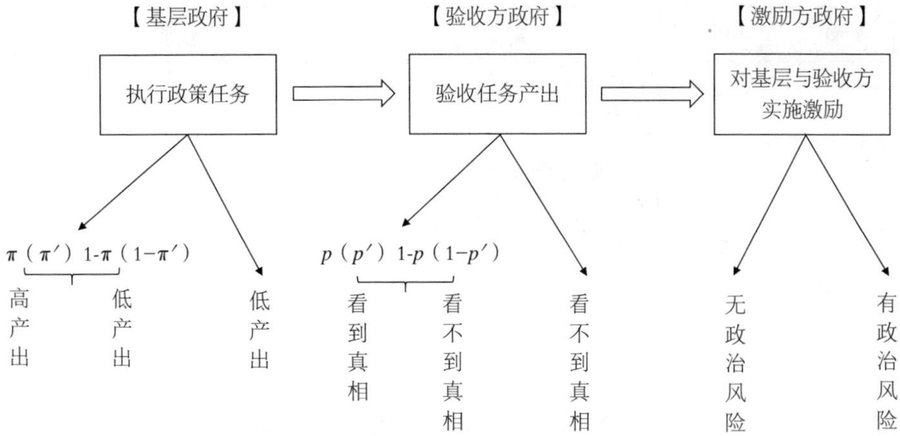

图 7.5　任务属性与参与方政府行为

表 7.2 展示了模型中所涉及的参数。

表 7.2　核心参数说明

类型	参数	定义	说明
概率类	π	中央政府拥有激励权时，规划任务的成功概率（基层努力时）	$\pi\in(0,1]$，对应治理模式 1
	$\Delta\pi$	激励权下放给中间层带来的规划任务成功概率的边际增加值（基层努力时）	$\Delta\pi\in(0,1]$，对应治理模式 2、治理模式 3
	π'	中间层拥有激励权时，规划任务的成功概率（基层努力时）	$\pi'=\pi+\Delta\pi$ $\pi'\in(0,1]$，对应治理模式 2、治理模式 3
	p	验收权下放给中间层时，验收到真实产出的概率（中间层努力时）	$p\in(0,1]$，对应治理模式 3
	Δp	验收权上收中央，导致验收到真实产出概率的边际增加值（中间层努力时）	$\Delta p\in(0,1]$，对应治理模式 1、治理模式 2
	p'	中央拥有验收权时，验收到真实产出的概率（中间层努力时）	$p'=p+\Delta p$ $p'\in(0,1]$，对应治理模式 1、治理模式 2
	$R_C=\alpha_C\Delta R$ $=\alpha_C\cdot\Delta\pi$	分权给中央带来的任务风险	$\alpha_C\in(0,1]$ 为任务风险出现的概率

续表

类型	参数	定义	说明
成本类	ε	基层政府努力执行任务的成本	$\varepsilon = 1$
	c	中央政府努力验收成本	$c \in (0, \infty)$
	m	中间政府努力验收成本	$m \in (0, c)$

三、合约设计

这一部分使用多层级委托代理模型，将政策任务的治理看作三级政府间的合约。根据一般理论，中央政府（委托方）事前能够考虑到博弈的全过程以及各参与者的行为模式，其目标是设计合约、依组织成本最小化原则选择治理模式以激励各方努力完成任务。这一过程分为两步：第一步，针对三种治理模式的信息、权力特征，分别调试各种激励相容条件，设计治理合约，规定各方的支付以及资源、信息传递方式，从而确保组织效能相同；第二步，比较三种治理模式在满足一致可比原则下的组织成本，即计算三类治理合约成本，对比寻求最低者作为最优治理模式。

在模型中，中央政府进行治理模式选择、各方政府共同推动任务执行的整体时序图见图 7.6。

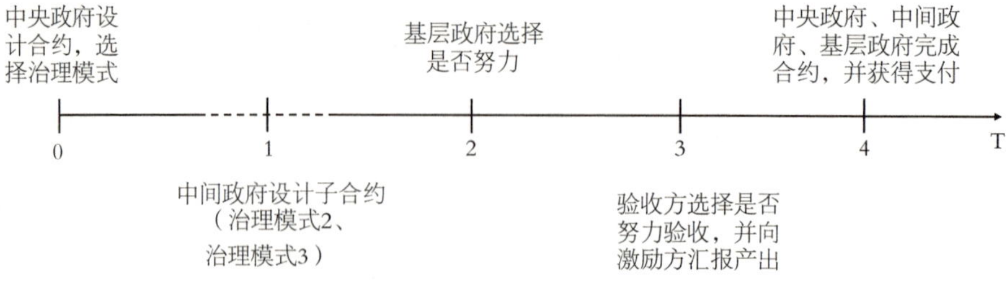

图 7.6　合约参与人的博弈时序图

参考瓦法伊（Vafaï，2005）的思路设计治理合约，通过在治理合约中设置各类激励相容条件与有限责任约束，使三类治理模式下的中央政府、中间层、基层政府的行为与组织效能一致。① 具体地，三类治理模式的合约设计、内在机制与含义如下。

（一）治理模式1（高度关联）

$$\min_{B_H,\ B_L,\ B_\varphi} p'[\pi B_H + (1-\pi) B_L] + (1-p') B_\varphi + c$$

$$s.t.\ \pi x_H - p'[\pi B_H + (1-\pi) B_L] - (1-p') B_\varphi - c \geqslant \pi x_H - B_\varphi \quad (7.1)$$

$$p'[\pi B_H + (1-\pi) B_L] + (1-p') B_\varphi - 1 \geqslant p' B_L + (1-p') B_\varphi \quad (7.2)$$

$$B_L \leqslant B_\varphi,\ B_H \leqslant B_\varphi \quad (7.3)$$

$$B_H \geqslant 0,\ B_L \geqslant 0,\ B_\varphi \geqslant 0 \quad (7.4)$$

具体来看，中央政府的目标函数为

$$\min_{B_H,\ B_L,\ B_\varphi} p'[\pi B_H + (1-\pi) B_L] + (1-p') B_\varphi + c$$

此时，中央政府的目标是组织成本最小化，组织成本由激励成本和中央验收成本 c 构成，不包含任务风险。

各约束条件分别代表：

（1）中央政府激励相容条件：

$$\pi x_H - p'[\pi B_H + (1-\pi) B_L] - (1-p') B_\varphi - c \geqslant \pi x_H - B_\varphi$$

即中央努力验收的期望收益高于不努力的期望收益。

（2）基层政府激励相容条件：

$$p'[\pi B_H + (1-\pi) B_L] + (1-p') B_\varphi - 1 \geqslant p' B_L + (1-p') B_\varphi$$

基层政府努力执行任务的期望收益高于不努力的期望收益。

（3）中央政府说真话条件：$B_L \leqslant B_\varphi$，$B_H \leqslant B_\varphi$

中央不会欺瞒基层政府，此条件排除了中央验收到实情而谎称什么也没看到。

（4）基层政府有限责任条件：$B_H \geqslant 0$，$B_L \geqslant 0$，$B_\varphi \geqslant 0$

基层政府最差的情况是无所得。

（二）治理模式2（行政发包）

$$\min_{G_H,\ G_L,\ G_\varphi} p'[\pi' G_H + (1-\pi') G_L] + (1-p') G_\varphi + c + \alpha_C \cdot \Delta\pi$$

---

① Kouroche Vafaï, "Collusion and Organization Design", *Economica*, Vol. 72, No. 285 (February 2005), pp. 17-37.

$$s.t. \max_{B_H, B_L, B_\varphi} p'[\pi'(G_H - B_H) + (1-\pi')(G_L - B_L)] + (1-p')(G_\varphi - B_\varphi) \quad (7.5)$$

$$s.t.\ p'[\pi' B_H + (1-\pi') B_L] + (1-p') B_\varphi - 1 \geqslant p' B_L + (1-p') B_\varphi \quad (7.5.1)$$

$B_H \geqslant 0$，$B_L \geqslant 0$，$B_\varphi \geqslant 0$（7.5.2）

$$\pi' x_H - p'[\pi' G_H + (1-\pi') G_L] - (1-p') G_\varphi - c - \alpha_C \cdot \Delta\pi \geqslant \pi' x_H - G_\varphi - \alpha_C \cdot \Delta\pi \quad (7.6)$$

$$G_L \leqslant G_\varphi,\ G_H \leqslant G_\varphi \quad (7.7)$$

$$G_H - B_H \geqslant 0,\ G_L - B_L \geqslant 0,\ G_\varphi - B_\varphi \geqslant 0 \quad (7.8)$$

中央政府的目标函数：$\min\limits_{G_H, G_L, G_\varphi} p'[\pi' G_H + (1-\pi') G_L] + (1-p') G_\varphi + c + \alpha_C \cdot \Delta\pi$

中央只需对中间层进行支付，目标函数中相应支付变量变为（G_H，G_φ，G_L）。组织成本包括激励成本、中央的验收成本以及激励权下放带来的或然任务风险（$\alpha_C \cdot \Delta\pi$）。同时，任务成功概率为 π'。

特别地，下放激励权使中间政府和基层政府间存在“子合约”——中间层可自行设计与基层的支付合约，激励基层政府并最大化中间层的剩余。这实际上体现了“行政发包”的内核——中央政府赋予中间层充分的资源和权力去激励基层政府完成任务，虽不关心中间层采取的激励方式，但会亲自验收成果。由此，子合约中，中间层的目标函数为

$$\max_{B_H, B_L, B_\varphi} p'[\pi'(G_H - B_H) + (1-\pi')(G_L - B_L)] + (1-p')(G_\varphi - B_\varphi)$$

各约束条件依次为：

（7.5.1）基层政府激励相容条件：

$$p'[\pi' B_H + (1-\pi') B_L] + (1-p') B_\varphi - 1 \geqslant p' B_L + (1-p') B_\varphi$$

式（7.5.2）基层政府有限责任条件：$B_H \geqslant 0$，$B_L \geqslant 0$，$B_\varphi \geqslant 0$

式（7.6）中央政府激励相容条件：

$\pi' x_H - p'[\pi' G_H + (1-\pi') G_L] - (1-p') G_\varphi - c - \alpha_C \cdot \Delta\pi \geqslant \pi'$

$x_H - G_\varphi - \alpha_C \cdot \Delta\pi$

式（7.7）中央政府说真话条件：$G_L \leqslant G_\varphi$，$G_H \leqslant G_\varphi$

由于中央拥有验收权且仅对中间层进行支付，因此该条件作用在（G_H，G_φ，G_L）上。

式（7.8）中间层有限责任条件：$G_H - B_H \geqslant 0$，$G_L - B_L \geqslant 0$，$G_\varphi - B_\varphi \geqslant 0$

有限责任条件作用在中间层进行财政资源再分配后的剩余收益上，即中间层至多把中央所有的拨付全部给基层，不能收不抵支。

（三）治理模式3（松散关联）：

$$\min_{G_H,\ G_L,\ G_\varphi} p[\pi' G_H + (1-\pi') G_L] + (1-p) G_\varphi + \alpha_C \cdot \Delta\pi$$

$$s.t.\ \max_{B_H,\ B_L,\ B_\varphi} p[\pi'(G_H - B_H) + (1-\pi')(G_L - B_L)] + (1-p)(G_\varphi - B_\varphi) - m \tag{7.9}$$

$$s.t.\ p[\pi'(G_H - B_H) + (1-\pi')(G_L - B_L)] + (1-p)(G_\varphi - B_\varphi) - m \geqslant G_\varphi - B_\varphi \tag{7.9.1}$$

$$p[\pi' B_H + (1-\pi') B_L] + (1-p) B_\varphi - 1 \geqslant p B_L + (1-p) B_\varphi \tag{7.9.2}$$

$$B_L \leqslant B_\varphi,\ B_H \leqslant B_\varphi \tag{7.9.3}$$

$$B_H \geqslant 0,\ B_L \geqslant 0,\ B_\varphi \geqslant 0 \tag{7.9.4}$$

$$G_H - B_H \geqslant 0,\ G_L - B_L \geqslant 0,\ G_\varphi - B_\varphi \geqslant 0 \tag{7.10}$$

中央政府的目标函数：$\min_{G_H,\ G_L,\ G_\varphi} p[\pi' G_H + (1-\pi') G_L] + (1-p) G_\varphi + \alpha_C \cdot \Delta\pi$

此时激励权和验收权同时下放，组织成本包括激励成本和任务风险，任务成功的概率以及验收到真相的概率分别变为 π' 和 p 。

由于激励权下放，仍然存在中间层和基层政府的子合约，中间层须承担验收成本。子合约中，中间层的目标函数为

$$\max_{B_H,\ B_L,\ B_\varphi} p[\pi'(G_H - B_H) + (1-\pi')(G_L - B_L)] + (1-p)(G_\varphi - B_\varphi) - m$$

相应的约束条件依次为：

式（7.9.1）中间政府激励相容条件：

$p[\pi'(G_H - B_H) + (1-\pi')(G_L - B_L)] + (1-p)(G_\varphi - B_\varphi) - m \geqslant G_\varphi - B_\varphi$

中间层掌握验收权，需保证中间层努力验收的期望收益高于不努力。

式（7.9.2）基层政府激励相容条件：

$p[\pi' B_H + (1-\pi') B_L] + (1-p) B_\varphi - 1 \geqslant p B_L + (1-p) B_\varphi$

式（7.9.3）中间层说真话条件：$B_L \leqslant B_\varphi$，$B_H \leqslant B_\varphi$

类似于治理模式 1，排除作为验收方的中间层看到实际产出却谎称没有看到的情况。

式（7.9.4）基层政府有限责任条件：$B_H \geqslant 0$，$B_L \geqslant 0$，$B_\varphi \geqslant 0$

式（7.10）中间层有限责任条件：$G_H - B_H \geqslant 0$，$G_L - B_L \geqslant 0$，$G_\varphi - B_\varphi \geqslant 0$

以上三个治理合约通过激励约束条件的设置，将三种治理模式统一放置在组织成本的框架下进行比较。通过合约求解发现，正如机制 3 所预测，治理模式 3 里的中间层的确会在一些情形下，事后对中央政府隐瞒真实产出信息①。

当合约的具体设计完成之后，本章重点关注三种治理合约的履行会给中央政府带来的比较组织成本②。这一成本体现在，给定相同的组织效能时，中央政府承担的激励成本、验收成本和任务风险。在我们的模型假设下，治理成本的高低决定了中央政府的事前治理模式选择。

第四节　最优执行与验收模式的理论分析

本节通过数值模拟，求解出最优的三类合约并比较其激励成本，寻找最优的五年规划任务治理模式。在本章的设定下，决定最优治理模式选择条件的关键是影响组织成本的四个方面：任务风险、验收效果、验收成本、激励效果。这些因素又都与任务的特征属性高度相关，因而我们重点考察多维任务属性组合差异对于治理模式组织成本及其排序的影响，以总结不同规划任务的最优治理模式的静态抉择规律。

---

① 三类合约的求解结果见附录 3 的第 1 部分；治理模式 3 中间层谎报动机的证明与讨论见附录 3 的第 2 部分。

② 三类治理模式的组织成本见附录 3 的第 3 部分。

一、不同治理模式的总体分布描述

首先，以任务难度、验收难度与任务风险三大属性作为坐标轴，模拟展示最优治理模式在三维空间①中的分布见图 7.7。其中黑色代表治理模式 1（高度关联）、白色代表治理模式 2（行政发包）、灰色为治理模式 3（松散关联）。不同的颜色表示在此参数组合范围内，着色所代表的治理模式组织成本最低，因此成为对应政策任务属性下的最优治理模式。可以观察到，着色的分布会随着政策任务属性参数组合的变化而变化。

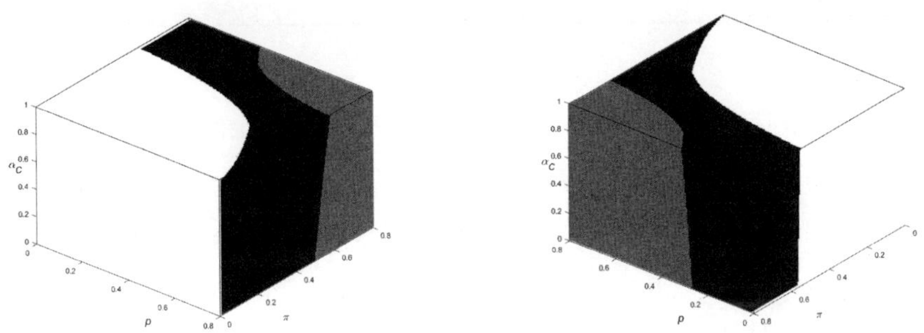

图 7.7　“任务难度—验收难度—任务风险”维度下的最优治理模式分布②

以上三维模拟从直观上给出了最优治理模式的大致分布，在下面的静态选择和动态转化分析中，我们通过模拟结果刻画和描述分布背后的机制。在这个基础上，我们可以根据一般理论关于治理模式权衡的两种机制，从“任务风险”“验收效果”“验收成本”和“激励效果”四个影响组织成本与最优治理模式选择的方面，比较三种治理模式之间的优劣，作为后文模拟结果的分析基准。

① 由于上述任务属性参数都介于（0，1］之间，我们可绘制出一个三维封闭立方体，在这个立方体内颜色分布变化，表现治理模式的分布模式（patterns）；模拟过程举例见附录 3 的第 4 部分。

② 模拟时，除任务属性之外的其他参数都固定。由此得到的全部三维图像中，其颜色分布模式较为稳健，其他诸如努力成本等参数的变化并不改变图像的形状和颜色的分布。

表 7.3　各治理模式的优劣

	任务风险（由激励权下放导致，与 α_c 正相关）	验收效果		验收成本（中央成本大于中间层成本，$c>m$）	激励效果（与 π 正相关，即与任务难度负相关）
		真相获取程度（与 p 正相关，即与验收难度负相关）	真相隐瞒动机（与 π 负相关，即与难度正相关）		
高度关联（治理模式 1）	0	++	0	++	+
行政发包（治理模式 2）	+	++	0	++	++
松散关联（治理模式 3）	+	+	+	+	++

表 7.3 概括了不同治理模式的组织成本在任务属性上的优劣特点。从防控任务风险的角度来看，高度关联更具优势；从验收效果来看，松散关联模式中验收到真相的概率较低且中间层存在隐瞒动机，因此高度关联和行政发包具有优势；从验收成本来看，松散关联的模式优势明显；在激励效果方面，行政发包和松散关联通过下放激励权提高任务成功概率，从而更具优势。例如，任务难度较高时，治理模式 2 与治理模式 3 将提升激励效果，但在治理模式 3 下隐瞒真相的可能也就会越高。综合两种效应，难度大的任务应使用行政发包的治理模式；同理，松散关联模式更可能应用在难度较小且容易验收的任务上，因为此时隐瞒真相的可能性低，不同验收主体看到真相的概率差异不大，更有助于发挥治理模式 3 在验收成本上的优势。这一推理与图 7.7 中的治理模式空间分布图基本吻合。

观察表 7.3 中的横行，可以发现，每种治理模式在直接影响组织成本的四个关键因素上“高低错落”不一，这意味着，在整体上并不存在一种治理模式“先天”拥有组织成本的优势；相反，每一种治理模式，在“一定的条件下”，都有可能成为“最优模式”。下一部分我们将从任务属性出发，重点研究如何刻画这些与最优治理模式直接对应的“前提条件”。

二、最优治理模式的选择

表7.3显示，决定最优治理模式选择条件的关键是影响组织成本的四个方面：任务风险、验收效果、验收成本、激励效果。这些因素又都与任务目标的特征属性高度相关，因而我们重点考察多维任务属性组合差异对于治理模式组织成本及其排序的影响，以总结不同任务的最优治理模式的静态抉择规律。

（一）"任务难度—验收难度"（$\pi-p$）维度下的最优治理模式分布

我们将图7.7的治理模式三维分布图，沿着平行于"任务风险"（α_C）的方向分别做两次剖面，即可得到五年规划目标在"任务难度—验收难度"维度下，低政治风险（左）与高政治风险（高）下最优治理模式的二维分布图，见图7.8。为方便对比，右图中的白色虚线勾勒出左图低α_C时的最优治理模式分布边界。

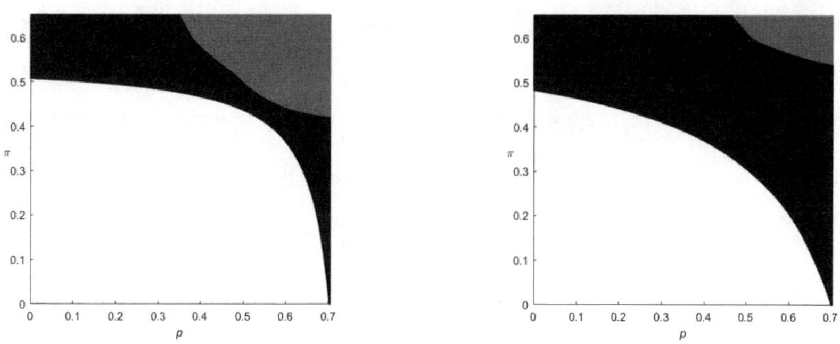

低政治风险　　　　高政治风险

图7.8　"任务难度—验收难度"维度下的最优治理模式分布图

依据任务难度和验收难度的高低组合，可使用二维矩阵刻画最优治理模式的分布特征，见表7.4，进一步总结出该维度下五年规划执行与验收的最优治理模式静态选择的命题7.1。

表 7.4 “任务难度—验收难度”维度下最优治理模式分布矩阵

任务难度 \ 验收难度	难（低 π）	易（高 π）
难（低 π）	行政发包 （治理模式 2）	高度关联或行政发包 （治理模式 1 或治理模式 2）
易（高 π）	高度关联 （治理模式 1）	松散关联 （治理模式 3）

命题 7.1：当规划任务“易做易查”时，最优治理模式为“松散关联”；当规划任务“易做难查”时，最优治理模式为“高度关联”；当规划任务“难做难查”时，最优治理模式为“行政发包”；当规划任务“难做易查”时，“行政发包”与“高度关联”都有可能成为最优，进一步的抉择取决于规划任务风险的高低——若任务风险较低，最优治理模式为“行政发包”，若任务风险较高，则为“高度关联”。

我们可根据规划任务属性，从激励效果、验收效果、验收成本、任务风险四个方面对最优治理模式在“任务难度—验收难度”维度下解释该分布。第一，若规划任务“易做”（规划目标易达成），三种治理模式在激励效果方面的差异不大。同时，松散关联中的验收方隐瞒真相的动机较小，此时行政发包与松散关联相比，其防止策略性隐瞒的验收效果优势不明显，反而松散关联中的验收成本优势得以发挥。因此，当规划任务易做时，可以首先排除行政发包。进一步地，若规划任务同时验收难度较高，相对于节约验收成本，降低验收难度更为紧要，因此具有“验收效果”优势的高度关联即为“易做难查”时的最优治理模式；反之，若验收难度低，此时松散关联的“验收成本”优势将得到发挥，从而成为“易做易查”时的最优治理模式。

第二，若规划任务难做，由机制 3 可知松散关联型的中间层政府将有很大动机对上隐瞒真相，从而扭曲信息、降低“验收效果”首先被排除，高度关联和行政发包两类治理模式更具有验收效果优势。对比二者，规划任务风险则成为主要权衡因素。由于任务风险的变化不在此二维图中刻画，因而两种模式都有可能出现。直觉上看，任务风险较高时，更可能采用高度关联型治理模式，反之则采用行政发包型治理模式。

（二）“任务风险—验收难度”（$\alpha_C - p$）下的最优治理模式分布

类似地，将图7.7沿平行于“任务难度”（π）的方向做剖面①，即可得到五年规划目标在“任务风险—验收难度”维度下最优治理模式的二维分布图，见图7.9。

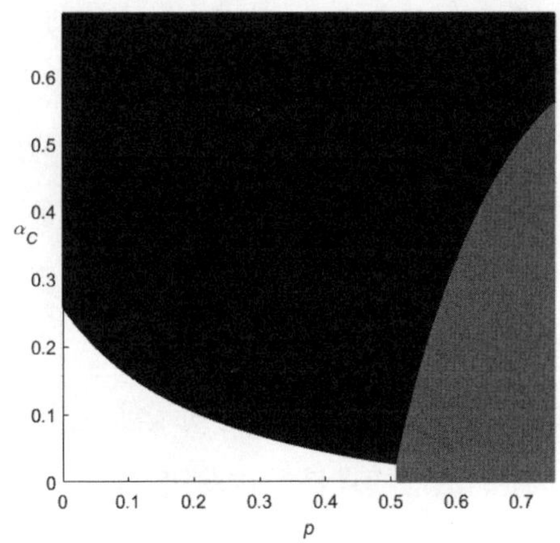

图7.9 “任务风险—验收难度”下的最优治理模式分布图

根据图7.9，我们可以依据任务风险和验收难度的高低组合，用下面矩阵（表7.5）描述最优治理模式的分布，进一步得出“任务风险—验收难度”维度下最优治理模式静态选择命题7.2。

表7.5 “任务风险—验收难度”维度下最优治理模式分布矩阵

任务风险 \ 验收难度	难（低p）	易（高p）
小（低α_C）	行政发包 （治理模式2）	松散关联 （治理模式3）
大（高α_C）	高度关联 （治理模式1）	

① 此时π的取值固定，选取大于0.1的π，从而使其显著的大于0。

命题 7. 2：在规划任务风险较低的前提下，若任务“易查①”，最优的治理模式为“松散关联”，若“难查”则最优治理模式为“行政发包”；规划任务风险较高时，最优治理模式是“高度关联”。

命题 7. 2 表明，如果规划任务的风险非常高，无论任务验收难度如何，都应选择高度关联的治理模式。这是因为依据机制 1，此时控制“任务风险”是核心考量，在防控“任务风险”方面高度关联模式具有绝对优势。当规划任务风险处在一个相对可控（较小）的范围时，只需要对比行政发包和松散关联两种模式。此时，若任务“难查”，由机制 2 可知提高验收效果、防止验收信息的扭曲比节约验收成本更为重要。因此，行政发包治理模式中，中央政府掌握验收权的“验收效果”优势得以发挥，使其成为最优治理模式。反之，当规划任务“易查”时，识别验收真相不是主要障碍，松散关联治理模式的“验收成本”优势将得以发挥，成为最优治理模式。

在环境保护相关的五年规划任务中，尤其是涉及环境保护指标的执行贯彻、验收等过程中，典型的治理模式是行政发包。这其中的原因在于该规划任务风险小，下放激励权不容易带来全局性风险，但同时验收难度较大：减排量的确认要求委托方（生态环境部以及省级环保部门）花费诸天以审查所有档案资料并和管理方就验收细节进行密集讨论，而且需要大量的经验。因此环保领域的行政发包治理模式符合命题 7. 2 的预测。

（三）“任务风险—任务难度”（ $\alpha_C - \pi$ ）下的最优治理模式分布

最后，我们将图 7. 7 中的三维立方体沿平行于“验收难度”（ p ）的方向做剖面，得到五年规划目标在“任务风险—任务难度”维度下最优治理模式的二维分布，见图 7. 10。值得注意的是，在规划任务难度极大时，无论政治风险如何变化，最优治理模式均为“行政发包”。此时，与命题 7. 1、命题 7. 2 中不同的是，规划任务的风险维度失去了意义，为得到更为精确的最优治理模式分布含义，将任务目标难度分为“极难”“较难”与“较易”三段描述分布规律。

---

① 易查和易做两个属性没有必然相关关系。

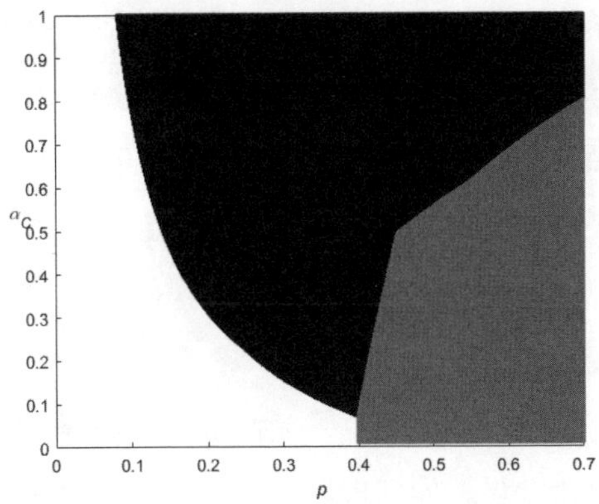

图 7.10　“任务风险—任务难度”下的最优治理模式分布图

同样地，最优治理模式的二维分布矩阵见表 7.6，同时可总结出“任务风险—任务难度”维度下的最优治理模式静态选择命题 7.3。

表 7.6　“任务风险—任务难度”维度下的最优治理模式分布矩阵

任务风险 \ 任务难度	极难（低 π）	较难	易（高 π）
小（低 α_C）	行政发包（治理模式 2）	高度关联或行政发包（治理模式 1 或治理模式 2）	松散关联（治模式 3）
大（高 α_C）		高度关联（治理模式 1）	高度关联（治理模式 1）

命题 7.3：当规划任务极难时，最优治理模式为“行政发包”；当规划任务较难时，且任务风险较大时，最优治理模式为“高度关联”，若规划任务风险较小，则最优治理模式为“高度关联”或“行政发包”；当规划任务较易时，且任务风险较小时，最优治理模式为“松散关联”，当规划任务风险较大时，“高度关联”为最优治理模式。

具体来看，当规划任务易做时，由机制 1 可知，此时三种模式的“激励效果”差异不大，规避任务风险成为重要考虑，当任务风险较高时，高度关联能够完全避免任务风险，从而成为最优治理模式。从而松散关联治理模式将在规划任务难度、任务风险双低的情况下成为最优治理模式。如在计划生育规划目标执行初期具有紧迫性，一旦无法有效推行，会给中央带来较高的规划任务风险；同时计划生育任务的执行可以细化为各指标，只要保证执行力度，规划任务执行难度就会相对下降。此时中央政府为了强有力地推动这一国家目标，集各种权力于一身来部署实施，从目标制定到督促执行和检查验收，体现为高度关联的模式。这符合命题 7. 3 对于“高任务风险”与“易做”规划任务选择治理模式 1 的含义。

当规划任务难度极大时，面对几乎无法成功的任务，无论任务风险的高低，都会优先选择行政发包。如何理解这一结论呢？本书的模型暗含两个假设，第一，规划任务风险虽然很高，但仍处于可控状态，即任务风险不是无穷大；第二，中央政府利用治理模式的首要目标仍然在于任务的实施，组织成本的考量是在规划任务得以实施的大前提满足之后的第二目标。

当指出这两点暗含假设之后，如果中央政府面临一个极端困难但仍需要完成的五年规划任务目标，同时任务风险可控，此时若不采用行政发包，将激励权下放，则往往会面临一个注定失败的结果（无穷的组织成本①）。因而此时中央政府的第一目标，自然会导致其忽略任务风险的高低所引发的组织成本变化。当然，这一结论是一个极端情形，刻画了中央政府为必须达成的五年规划任务目标而采取的“无奈之举”。但这种特殊情形的最优选择是局部和短暂的。随着规划任务的执行，一旦任务风险积累到一定程度，中央政府很可能会改变偏好。因此更普遍的情况是，当任务难度较大，但并非极大时，若任务风险较高，则为了防控风险，需选择“高度关联”模式；任务风险较低时，则需要在防控风险和提高激励效果方面进行权衡。总结来看，在低规划任务风险情况下，随着任务难度从“易”逐渐过渡到“极难”，治理模式从松散关联相应过渡到行政发包；在规划任务高风险的情况下，除了规划任务“极难”的

① 观察各治理模式组织成本函数，发现当任务成功的概率趋近于 0（即面对一项几乎不可能成功的任务），高度关联治理模式的组织成本趋近于无穷大，而行政发包治理模式的组织成本是有限的。换句话说，激励分配权的下放能够最大化地释放行政发包模式的“激励效果”优势，将一项“注定失败”的任务转变为“可能成功的任务”。只要任务风险是有限的，行政发包的组织成本就一定小于高度关联。

情况，选择行政发包，其余都应该是高度关联模式。这符合命题 7.3 的内在含义。

以上讨论了在给定任务属性的条件下关于五年规划具体任务目标执行与验收阶段的最优治理模式静态选择，但在五年规划任务执行过程，同一任务的属性也可能会发生变化。进一步地，可以将单一规划任务属性变化带来的治理模式转化一般趋势总结如下：保持其他任务属性不变，规划任务难度上升，最优治理模式倾向于转化为“行政发包”；验收难度下降，最优治理倾向于转化为“松散关联”；若规划任务风险提高，最优治理模式倾向于转化为“高度关联”。随着规划任务难度的上升，行政发包的“激励效果”优势凸显，从而更大程度上降低组织成本；随着验收难度的下降，松散关联模式在“验收效果”上的劣势将变得不再明显，而“验收成本”优势将得以充分发挥；而五年规划的任务风险一旦上升，高度关联模式在防控“任务风险”上的优势则更为重要。

本章小结

本章将控制权理论扩展到科层组织内部权威关系的一般性理论，讨论五年规划执行和验收过程的最优治理模式。通过引入“规划任务属性”这一关键因素，打开了最优治理模式选择的“黑箱”，根据与任务难度、验收难度、任务风险相关的基本假设和权衡机制，提出了五年规划执行和验收最优治理模式选择标准，即组织效能一致前提下的组织成本最小化，从而为治理模式的静态选择与动态转化提供了一个分析框架。

理论模型不能离开现实的政策实践，在五年规划越来越强调规划实施、绩效考核的背景下，规划任务的执行过程中，如何选择具体的政策治理模式将具有非常重要的意义。本章以中国的五年规划执行和验收的政府过程为参照，将上述一般理论应用到中国政策治理模式中，借鉴委托代理模型，对中央政府（委托方）—中间层政府（管理方）—基层政府（代理方）间针对某项规划任务（政策过程）的契约关系进行细致的刻画。通过对高度关联、行政发包与松散关联三种典型治理模式对应的最优治理合约设计、组织成本求解，在保证三类治理模式组织效能一致可比的基础上，选择组织成本最低的模式作为该规划任务的最优治理模式。最后，通过数值模拟的技术，展示了规划任务属性条件下最优治理模式的静态选择与动态转化规律，并以命题的形式作出了总体上的总结。研究发现行政发包的治理模式更加偏好难度较高的规划任务；松散关联的治理模式则更加容易出现在规划任务难度低、验收难度低的任务中；随着规划任务风险的扩大，高度关联的组织成本优势凸显。

本章在全文中的意义有以下两个方面。首先，从五年规划的自然发生过程来看，本章刻画了五年规划的执行和验收过程中不同层级政府间的权力分配模式，我们称其为五年规划中的政府治理模式。前文已经分别探讨了规划制定过程、规划目标设定中的授权行为、规划执行中的中央权威和正式制度——目标绩效考核制，本章则重点从激励配置和检查验收环节进行剖析。其次，本章与前文的内容是互为补充、支撑的关系。一方面，五年规划的具体落实是以细化的各类规划任务为主体的，而关于这些政策任务在实际的执行与验收过程中，出于信息有效性和执行、验收效率的考虑，并无法完全按照正式制度中由上至下的模式进行。第四、第五章从正式的目标绩效考核制度入手分析了五年规划及配套制度如何保障“中央权威”，本章则从非正式、不完全的政府间授权关系角度入手，对实际政策执行和验收中形形色色的权力配置方式进行分析，讨论了“有效治理”的因素。另一方面，在执行与验收过程中的权力分配模式，也是最终影响目标绩效考核的重要因素，只有保持良好的验收信息有效性才能够保证目标绩效考核制度真正发挥作用。而对于五年规划执行验收中的授权模式分析，我们主要采取了组织效能相同下的组织成本比较方法，得到了针对不同属性任务的最优治理模式分布。至此，本书完成了对五年规划从目标制定、绩效考核、目标执行到最终验收的政策全过程分析，引入中国政府科层制内部的正式权威与灵活授权模式两类特征对国家治理视域下的五年规划政策机制进行了深入剖析。

结 语

第一节 “规划治理”的核心权衡与理论逻辑

增长与发展是经济学永恒的主题，经典增长理论告诉我们，知识、资本、劳动、技术创新是经济发展的内生动力，然而世界各国的经济发展路径与取得的成就不尽相同。真正重要的问题不在于是否拥有各类生产要素，而是为何有些国家无法有效配置生产要素，实现增长。制度是其中十分重要的因素之一，各国实行的发展战略与模式也能够为此提供解释。

近半个世纪以来，中国的经济增长与社会发展取得了显著成就，国家面貌发生了巨大的变化，人民生活水平迅速提高。由各项具备中国特色的制度所支撑起的国家治理体系可作为解释中国经济增长与社会发展的独特视角。本书关注“规划治理”这一在我国运行了 70 余年的国家治理模式。在中国的经济改革过程中，人们往往关注那些富有争议、极具变化性的因素，而忽略了自始至终存在并潜移默化影响着经济、社会发展形态的稳定性因素。很显然，编制并实施五年规划就具有这样的特征，改革开放后，许多计划经济时代的制度都逐渐退出历史舞台，而从“一五”计划到“十四五”规划，五年规（计）划是从未被放弃的重要国家治理方式。我们希望通过本书的工作，揭开五年规划运行背后政治与经济逻辑的一角，引发学界对于五年规划制度的研究兴趣。

当今世界政治经济格局正逐步发生变化，以信息化为特征的新一轮科技革命和产业变革方兴未艾，我国已跃升为世界第二大经济体，面临的国际竞争局势也越发严峻。近年来，国家治理在党和国家的重要会议、文件中屡被提及，对基本制度的研究和反思也逐渐丰富。回望来路，巨擘未来，总结利弊得失，对我国而言是进一步促进改革、稳定、可持续发展的必要环节，对世界而言，也是推动构建人类命运共同体、承担大国责任的历史使命。在这样的背景下，对五年规划的本质、作用与机制的研究将有助于其更好地发挥国家治理的功能。本书重新审视这项已为大家司空见惯的制度，尝试将中国政治、经济与社会中的众多现象串联起来，从五年规划的角度做以解读，深化对于国家治理的理解。

从概念与研究范畴上，本书只考虑“国民经济与社会发展的五年规划纲要”，即每五年制定一次、由人大审议通过的国家、各省市的总体性五年规划，其内容涵盖了经济增长与发展、法治建设、社会治理、环境保护等诸多方面，是我国中长期发展的蓝图。本书的核心观点是五年规划及其支持性制度通过对经济、政治与社会体系中各主体关系的协调，实现了中央权威和有效治理的相对平衡，进而发挥国家治理的功能。我们仅从央地关系治理的角度，分析五年规划在行政系统内部是如何协调偏好、有效执行的，而并没有将讨论的重点放在五年规划如何作用于市场。这是由于对该问题的讨论已经较为丰富，产业政策就是一个重要的切入点，而五年规划的制定与执行机制对政府间关系的协调也是影响大国治理过程和效能的重要方面，从现有研究来看依然存在深入挖掘的可能。

本书主要围绕五年规划在央地协调方面发挥国家治理作用的机制展开，基本假设是中央和地方之间在利益偏好上并不完全一致。五年规划通过独特的政策过程和配套的支持性制度设计促进国家目标的实现，这是国家能力的集中体现，也是国家治理效能的重要来源。一方面，规划制定的政策过程设计精细，经过长期反复的地方调研和多方论证，使中央能够掌握整体性知识，保证规划目标的适应性效率，有助于保障“目标理性”；另一方面，规划的激励机制设计包含了目标绩效考核制度、赋予地方政府规划权、在规划执行验收过程中设计多种上下级政府的权力配置与治理模式，在保证中央权威的同时，也提高了地方的积极性，根据国家目标灵活调整激励，促进有效治理。这些支撑性制度共同起到了协调央地偏好、创造央地共容利益以促进目标推行，保持规划灵活性和适应性以提高规划效率的作用，协调了中国国家治理中一对最为重要的关系：中央权威与有效治理。进一步地，五年规划将改革和发展的动态目标纳入了稳定、精妙的政策过程中，既降低了改革风险，也削弱了改革阻力，是中国能够持续进行渐进式边际改革并依然维持社会稳定的重要原因所在。

第二节 关于“规划治理”机制的主要研究结论

本书的核心命题是，在央地偏好存在差异的情况下，五年规划及其支持性制度通过协调央地关系，同时发挥了大国治理中，中央权威与有效治理的优势，促进了国家目标的实现并作用于经济绩效，是我国国家治理的重要手段。在五年规划的视角下，所谓中央权威，是指中央（上级）政府能够控制、影响地方（下级）政府执行规划的能力，包括对目标、人事与资源的统筹安排，保证政策意图顺畅的上传下达，减少执行损耗；有效治理，是指地方政府能够根据实际情况调整、自设目标，调配资源、设置激励，促进规划“因地制宜”。只有两种作用同时发挥机制，才能够实现规划治理的“弹性优势”，本书将这两种效应统一于一个科层制内部的“委托代理”基本框架下，结合五年规划的现实因素，寻找五年规划发挥国家治理作用的机制与优劣势。

从中央权威来看，核心结论是：（1）在地方政府存在私人利益，央地偏好不一致的情况下，中央政府可以通过提高激励强度的方式，促使地方政府在中央的任务目标上付出努力，协调央地偏好。（2）我们将五年规划抽象为围绕具体指标的“目标激励合约”，提出在激励效果相同的情况下，相比于线性合约，“目标”作为新激励手段，能够降低线性激励合约的成本，增进社会福利。这为论证五年规划的国家治理绩效建立了“比较基准”。此外，结合实际从不同任务的成本关系、任务的紧迫程度、央地利益偏好差异、任务风险等因素入手，分别讨论了约束性目标与预期性目标的最优设计问题及多目标激励手段之间的权衡。

从有效治理来看，我们得到的核心结论是：（1）对于预期性目标，在央地利益冲突强、任务风险高的情况下，下放目标设定权会使中间层政府在“向下卸责”的驱动下产生“减码”动机以激励基层政府提高努力，而体制性加码因素限制了这类行为，容易造成“有害加码”；对于约束性目标，理性的中央政府需调整对中间层的激励模式，削弱其卸责动机，表现为通过加强负向激励使上下级目标保持一致。（2）对于预期性目标，层层加码未必是坏的，可能是有助于挖掘基层产出潜力的“健康加码”，但也会随着央地利益冲突、任务风险、正向激励与目标的变化而跳到“有害加码”与层层掺水的情况。（3）中国政府治理中广泛存在的上下级控制权灵活配置现象，适应了不同属性的规划任务执行与验收过程中提高治理效率、降低组织成本的需要。这证明了灵活授权会改善激励，提高治理绩效。

第三节　关于完善“规划治理”机制的建议

在本书的研究结论之上，我们尝试从理论、历史与现实出发，对五年规划的运行提出以下政策建议。

从理论上推演，五年规划对于中央权威和有效治理的平衡方面仍有改进空间。在科层制行政体系中，严格自上而下的人事管理制度造成地方官员对上负责的强烈动机并与其追求政绩与晋升的个人动机吻合，共同缔造了科层文化中的“权威效率”，同时也带来“信息效率”和“执行效率”上的隐患。虽然预期性目标设定权的下放可利用政府间逐级卸责的动机实现恰当“减码”以提高规划任务产出，但由于权威在科层组织中发挥核心作用，地方政府往往会选择“加码”以最大限度无成本地防范基层道德风险或发送与中央保持一致的信号。但在目标设定方面，“过犹不及”，加码易带来掺水，从而降低“信息效率”和“执行效率”。对于约束性目标，中央政府需要克服中间层的加码动机才能避免“有害加码”。如何协调这两种效率之间的矛盾呢?

中央政府可以使用多种手段的组合，即“调整规划目标+调整目标考核机制+调整授权机制”。举例而言，对于经济增长目标的层层加码现象，中央政府可以采取降低总体目标、调整经济增速在绩效考核中占比与加强对地方政府设定经济增长目标行为的临时性干预等方式来应对。事实上，面对经济增长方式由高速度向高质量转变的要求，“十三五”规划已经显著下调了经济增速为改革腾挪空间，“十四五”规划更是没有提出五年年均 GDP 增速目标，并着力探索主体功能区下的多指标官员考核体系调整。在“十一五”规划期间，针对各省（自治区、直辖市）对经济增速的普遍加码，国家发展改革委对各省（自治区、直辖市）的目标设计提出了修改意见，最终降低了加码程度。又如降低能耗、主要污染物减排等约束性目标，为防止地方政府层层加码降低完成目标的概率，中央可以采取直接分解目标、加强垂直管理以及不再下放目标设定权的方式，而事实也符合理论预测。

本书的建议是，针对实际运行中出现的“权威效率”与“信息效率”“执行效率”相冲突的问题，中央政府可以通过五年规划的目标设定与激励约束设计改善等“组合拳”创建央地共容利益的方式加以解决。具体如何操作需要紧密结合实际情况，并建立在对各项组合措施严格的成本收益分析基础上进行选择。

针对五年规划实际运行中存在的问题，我们提出以下具体建议。

（1）规划内容：规划之手本质上是政府政策对经济社会的有形影响，这在规划供给、促进产业发展方面起到了明显的效果，已有文献和现实政策运行已经较为充分地证明了这一点。但是在微观企业创新、扩大内需、提高经济效率等方面，规划之手的直接作用将有所削弱，而对这些领域提出的规划目标更容易成为“名惠实不至”的空泛期望。因为这些领域多是由市场主体内生演化的动机所形成的，需要政府从间接规划、改进市场运行环境、降低企业经营成本等宏观层面作出努力，而不是以直接项目或投资的形式推动目标实施。近年来实施的简政放权、优化营商环境方面的改革正是迎合了这一趋势——减少对微观主体的直接干预，以政府能够直接影响的市场环境为出发点，转变政府和规划的职能，促进有效市场和有为政府相结合，从而提高规划绩效。

（2）规划衔接：应明确规划的法律地位，进一步厘清不同层级政府、部门形形色色规划文件的优先级，做好规划之间的内容衔接与支持性制度的统一。之前的文献注意到规划内容统一的重要性，本书建议除此之外，也应重视对于规划激励、约束机制的衔接。即要求各级政府依据高质量发展的要求建立起统一明确的政绩考核规则，降低规划权下放带来的权威效率下降问题，切实转变发展理念。

（3）规划实施：制度运行容易带来惯性，而各类新情况、新信息如果不能及时为中央掌握，将会在一定程度上加大央地目标的背离程度。此时仅靠内部的支持性制度难以推动规划实施与改革的进行，需要参考类似“运动型治理”的模式，集中力量攻坚某一领域等方式，增强中央权威、重构央地利益结构，将央地关系拉回到高利益共容的健康状态，推进规划的顺利实施。

（4）使五年规划期和官员任期相匹配并探索官员为目标制定负责的有效机制，提高地方官员为“目标设定”负责的动机，从而使地方政府目标设定更为合理、科学。同时，也要探索保障地方规划目标连续性的其他机制，加强规划绩效评估，并作为地方政府履职评估的重要依据。

第四节　关于“规划治理”的进一步研究方向

国家治理视角下的五年规划政策机制与治理绩效研究，这是一个非常庞大而又重要的话题。本书撰写过程中，笔者花费了大量的时间思考如何破题，如何寻找一个恰当的切入点，如何抓住五年规划作为国家治理的手段，影响经济绩效的经济学机制和规律。最终，本书选择从央地治理的角度，分析五年规划如何通过目标绩效考核制度和政府间就规划权、执行与绩效评估中的激励配置与验收权协调央地利益偏好，兼顾有效治理与中央权威。方法论上，主要以合约理论中的委托代理模型为工具，并使用了博弈论的分析方法，对参与人的均衡选择进行理论分析。本书没有使用宏观经济增长模型，是因为将五年规划看作一种制度；没有按照经济增长目标对于经济增长的解释等经验研究的思路展开，主要原因是更想知道其背后的机制道理，分析中国五年规划的政策机制。

囿于时间和精力，就这一主题仍有诸多问题留待探讨。首先，本书没有考虑五年规划在具体产业领域的治理作用，未讨论各部门专项规划和其中的“条条”关系。路风 2019 年在《管理世界》上发表的文章《冲破迷雾——揭开中国高铁技术进步之源》对笔者有着极大的启发。该文对高铁问题持续关注与密集调研，从历史性和过程性的视角对中国高铁的建设过程进行全面梳理，提出国家作为行动者在高铁建设中的重要作用。中国拥有强大的国家能力，国家成为“具有战略远见的决策者、长期风险的承担者和技术创新网络的创造者”①，国家的规划和推动是我国高铁建设中的重要成功因素。但是传统的政府与市场二分视角难以解释这一问题。因此，对于国家规划因素在推进具体产业发展、调节政府与市场关系方面的研究仍是十分重要的，这是五年规划发挥国家治理作用的另一个方面。

其次，本书并未使用锦标赛模型，或者说我们回避了对官员晋升的讨论。因为对这一问题一直存在争议，模型假设良多，难以完全适合五年规划的实际。我们只讨论了在（基层）政府考核中，普遍存在的“综合绩效考评”制度，将五年规划目标看作综合考评中的各项指标，从科层制内部激励的角度处理了这一问题。后续我们可以考虑从晋升竞争的角度理解中央权威与有效治理的协调，补充现有结论。

最后，我们暂时没有进行实证研究，主要原因在于本书的目标是对五年规划的国家治理作用机制进行经济学理论分析并解释现实中的现象，书中提及的实例和文件多来源于现有研究和笔者收集到的各地规划文本。实证研究并非本书的重点，但下一步可以就书中所提出的重要命题进行实证分析。

笔者想引用一位素昧相识的专家对本书的评价作为全书结尾，也作为对自己的激励：在目前中国学术界重经验（数据）轻理论（机制）的大环境下，本书难能可贵之处在于：将主流经济学理论和中国现实情况相结合，用以研究五年规划、国家治理这类重大现实问题。真正好的理论研究需要作者投入大量的时间和精力，并在未来的发表过程中面临更大的不确定性，作者这种敢于长时间投入坐冷板凳的专研精神是值得肯定的。

① 路风：《冲破迷雾——揭开中国高铁技术进步之源》，《管理世界》2019 年第 9 期。

参考文献

中文文献：

艾云：《上下级政府间“考核检查”与“应对”过程的组织学分析——以A县“计划生育”年终考核为例》，《社会》2011年第3期。

［美］巴里·诺顿：《经济发展计划体系在中国的回归：论韩博天、麦尔敦和胡鞍钢的研究》，《开放时代》2013年第6期。

白雪洁、孟辉：《新兴产业、政策支持与激励约束缺失——以新能源汽车产业为例》，《经济学家》2018年第1期。

［美］彼得·埃文斯、迪特里希·鲁施迈耶、西达·斯考克波编著：《找回国家》，方立维等译，三联书店2009年版。

蔡拓：《全球治理与国家治理：当代中国两大战略考量》，《中国社会科学》2016年第6期。

曹正汉：《中国上下分治的治理体制及其稳定机制》，《社会学研究》2011年第1期。

陈昌智：《中华人民共和国经济简史》，四川大学出版社1990年版。

陈刚等：《美国地方政府的规划实践》，《北京规划建设》2002年第1期。

陈家建、赵阳：《“低治理权”与基层购买公共服务困境研究》，《社会学研究》2019年第1期。

陈进华：《治理体系现代化的国家逻辑》，《中国社会科学》2019年第5期。

陈明明：《党治国家的理由、形态与限度——关于中国现代国家建设的一个讨论》，《复旦政治学评论》2009年第1期。

陈升等：《省级五年发展规划实施与绩效：以“十二五”为例》，《科研管理》2019年第4期。

陈升等：《政府视角下省级五年规划编制科学水平对其实施绩效影响的实证研究》，《电子科技大学学报（社会科学版）》2019年第4期。

陈志敏：《国家治理、全球治理与世界秩序建构》，《中国社会科学》2016年第

6 期。

崔晶：《基层治理中政策的搁置与模糊执行分析——一个非正式制度的视角》，《中国行政管理》2020 年第 1 期。

［美］丹尼·罗德里克：《相同的经济学，不同的政策处方》，张军扩、侯永志译，中信出版社 2009 年版。

邓大才：《通向权利的阶梯：产权过程与国家治理——中西方比较视角下的中国经验》，《中国社会科学》2018 年第 4 期。

［英］恩内斯特·拉克劳、查特尔·墨菲：《领导权与社会主义的策略——走向激进民主政治》，尹树广、鳖传今译，黑龙江人民出版社 2003 年版。

冯仕政：《中国国家运动的形成与变异：基于政体的整体性解释》，《开放时代》2011 年第 1 期。

［波］弗·布鲁斯：《社会主义经济的运行问题》，周亮勋等译，中国社会科学出版 1988 年版。

［美］弗兰克·H. 奈特：《风险、不确定性与利润》，著安佳译，商务印书馆 2010 年版。

［德］弗里德里希·李斯特：《政治经济学的国民体系》，陈万煦译，商务印书馆 2017 年版。

傅勇、张晏：《中国式分权与财政支出结构偏向：为增长而竞争的代价》，《管理世界》2017 年第 3 期。

高培勇：《论国家治理现代化框架下的财政基础理论建设》，《中国社会科学》2014 年第 12 期。

郭定平：《政党中心的国家治理：中国的经验》，《政治学研究》2019 年第 3 期。

郭中华、郭台辉编：《当代国家理论：基础与前沿》，广东人民出版社 2017 年版。

国家发展和改革委员会经济研究所：《“十三五”规划研究：经济发展和深化改革》，经济科学出版社 2014 年版。

［英］弗里德里希·奥古斯特·冯·哈耶克：《致命的自负：社会主义的谬误》，冯克利、胡晋华译，中国社会科学出版社 2000 年版。

韩博天、奥利佛·麦尔敦：《规划：中国政策过程的核心机制》，《开放时代》2013 年第 6 期。

韩博天：《红天鹅：中国独特的治理和制度创新》，中信出版社 2018 年版。

何艳玲：《理顺关系与国家治理结构的塑造》，《中国社会科学》2018 年第 2 期。

贺东航、孔繁斌：《公共政策执行的中国经验》，《中国社会科学》2011 年第

5 期。

侯祥鹏：《地方政府“层层加码”与人口城镇化推进——基于“十三五”规划文本的实证分析》，《现代经济探讨》2018 年第 2 期。

胡深、吕冰洋：《经济增长目标与土地出让》，《财政研究》2019 年第 7 期。

黄清吉：《论国家能力》，中央编译出版社 2013 年版。

［波］兰格·奥斯卡：《社会主义经济理论》，王宏昌译，中国社会科学出版社 1981 年版。

黎文靖、郑曼妮：《实质性创新还是策略性创新？——宏观产业政策对微观企业创新的影响》，《经济研究》2016 年第 4 期。

李书娟、徐现祥：《目标引领增长》，《经济学（季刊）》2021 年第 5 期。

李友梅：《当代中国社会治理转型的经验逻辑》，《中国社会科学》2018 年第 11 期。

林毅夫：《潮涌现象与发展中国家宏观经济理论的重新构建》，《经济研究》2007 年第 1 期。

林毅夫、巫和懋、邢亦青：《“潮涌现象”与产能过剩的形成机制》，《经济研究》2010 年第 10 期。

林毅夫等：《中国的奇迹：发展战略与经济改革》，格致出版社 2014 年版。

刘鹤：《提高中等收入者比重和扩大国内市场：“十二五”规划〈建议〉的基本逻辑》，《中国民营科技与经济》2011 年第 4 期。

刘瑞：《中国经济发展战略与规划的演变和创新》，中国人民大学出版社 2016 年版。

刘树成：《美国〈总统经济报告〉法制化研究》，《经济学动态》2017 年第 3 期。

刘树成：《美国〈总统经济报告〉法制化研究之二——兼对“中国应取消 GDP 增长目标”的回应》，《经济学动态》2018 年第 5 期。

［英］阿瑟·刘易斯：《经济增长理论》，周师铭等译，商务印书馆 1999 年版。

［英］阿瑟·刘易斯：《经济计划原理》，丁忱译，商务印书馆 1965 年版。

路风：《冲破迷雾——揭开中国高铁技术进步之源》，《管理世界》2019 年第 9 期。

罗祎楠：《中国国家治理“内生性演化”的学理探索——以宋元明历史为例》，《中国社会科学》2019 年第 1 期。

吕方、梅琳：《“复杂政策”与国家治理——基于国家连片开发扶贫项目的讨论》，《社会学研究》2017 年第 3 期。

［美］曼库尔·奥尔森：《权力与繁荣》，苏长和、嵇飞译，上海人民出版社

2005 年版。

［美］曼库尔·奥尔森：《国家的兴衰：经济增长、滞涨和社会僵化》，李增刚译，上海人民出版社 2007 年版。

［美］道格拉斯·诺思：《理解经济变迁过程》，钟正生等译，中国人民大学出版 2007 年版。

钱雪松等：《产业政策、资本配置效率与企业全要素生产率——基于中国 2009 年十大产业振兴规划自然实验的经验研究》，《中国工业经济》2018 年第 8 期。

［美］乔尔·S. 米格代尔：《强社会与弱国家》，张长东等译，江苏人民出版社 2009 年版。

渠敬东：《项目制：一种新的国家治理体制》，《中国社会科学》2012 年第 5 期。

全国人大财政经济委员会办公室、国家发展和改革委员会发展规划司：《建国以来国民经济和社会发展五年计划重要文件汇编》，中国民主法制出版社 2008 年版。

［法］让·皮埃尔·戈丹：《现代的治理，昨天和今天：借重法国政府政策得以明确的几点认识》，《国际社会科学》1999 年第 1 期。

荣敬本：《从压力型体制向民主合作体制的转变：县乡两级政治体制改革》，中央编译出版社 1998 年版。

［美］塞缪尔·亨廷顿：《变化中的政治秩序》，王冠华等译，三联书店 1989 年版，第 1 页。

［日］神野直彦：《财政学：财政现象的实体化分析》，彭曦译，南京大学出版社 2012 年版。

盛来运、郑鑫：《实现第二个“一百年”目标需要多高增速?》，《管理世界》2017 年第 10 期。

史普原：《项目制治理的边界变迁与异质性——四个农业农村项目的多案例比较》，《社会学研究》2019 年第 5 期。

世界银行：《从计划到市场：1996 年世界发展报告》，中国财政经济出版社 1996 年版。

宋凌云、王贤彬：《重点产业政策，资源重置与产业生产率》，《管理世界》2013 年第 12 期。

唐啸：《正式与非正式激励：中国环境政策执行机制研究》，中国社会科学出版社 2016 年版。

唐啸、王英伦、鄢一龙：《中国地区五年规划：实证测量与全貌概览》，《南京大学学报（哲学·人文科学·社会科学）》2018 年第 5 期。

唐亚林：《新中国 70 年：政府治理的突出成就与成功之道》，《开放时代》2019

年第 5 期。

陶然等：《经济增长能够带来晋升吗？——对晋升锦标竞赛理论的逻辑挑战与省级实证重估》，《管理世界》2010 年第 12 期。

王汉生、王一鸽：《目标管理责任制：农村基层政权的实践逻辑》，《社会学研究》2009 年第 2 期。

王浦劬、汤彬：《当代中国治理的党政结构与功能机制分析》，《中国社会科学》2019 年第 9 期。

王绍光、胡鞍钢：《中国国家能力报告》，辽宁人民出版社 1993 年版。

王绍光、鄢一龙：《大智兴邦：中国如何制定五年规划》，中国人民大学出版社 2015 年版。

翁仙红：《基层政府绩效考评研究：以建德市为例》，西北大学，硕士学位论文，2017 年。

吴建南、赵志华：《目标设置至关重要吗？来自专利喜与忧的证据》，《科学学研究》2018 年第 9 期。

武力：《中华人民共和国经济史》，中国经济出版社 1999 年版。

［美］西达·斯考切波：《国家与社会革命：对法国、俄国和中国的比较分析》，何俊志、王学东译，上海人民出版社 2007 年版。

习近平：《切实把思想统一到党的十八届三中全会精神上来》，《求是》2014 年第 1 期。

向玉乔：《国家治理的伦理意蕴》，《中国社会科学》2016 年第 5 期。

谢岳、党东升：《草根动员：国家治理模式的新探索》，《社会学研究》2015 年第 3 期。

谢治菊、许文朔：《扶贫责任异化：职责同构下的层层加码与消解》，《山东社会科学》2020 年第 1 期。

徐现祥、梁剑雄：《经济增长目标的策略性调整》，《经济研究》2014 年第 1 期。

徐现祥、刘毓芸：《经济增长目标管理》，《经济研究》2017 年第 7 期。

徐现祥等：《中国经济增长目标的选择：以高质量发展终结“崩溃论”》，《世界经济》2018 年第 10 期。

徐宪平：《国家发展战略与宏观政策》，北京大学出版社 2018 年版。

徐岩等：《合法性承载：对运动式治理及其转变的新解释——以 A 市 18 年创卫历程为例》，《公共行政评论》2015 年第 2 期。

荀丽丽、包智明：《政府动员型环境政策及其地方实践——关于内蒙古 S 旗生态移民的社会学分析》，《中国社会科学》2007 年第 5 期。

鄢一龙：《目标治理：看得见的五年规划之手》，中国人民大学出版社 2013 年版。

晏艳阳、王娟：《产业政策如何促进企业创新效率提升——对“五年规划”实施效果的一项评价》，《产经评论》2018 年第 3 期。

燕继荣：《国家治理及其改革》，北京大学出版 2015 年版。

杨其静、郑楠：《地方领导晋升竞争是标尺赛、锦标赛还是资格赛》，《世界经济》2013 年第 12 期。

杨瑞龙：《建立现代化经济体系必须处理好政府与市场之间的关系》，《经济理论与经济管理》2018 年第 1 期。

杨伟民：《发展规划的理论和实践》，清华大学出版社 2010 年版。

姚东旻等：《中国政府治理模式的选择与转换：一个正式模型》，《社会》2021 年第 4 期。

姚开建、陈勇勤：《改变中国的十个五年计划》，中国经济出版社 2003 年版。

余明桂等：《中国产业政策与企业技术创新》，《中国工业经济》2016 年第 12 期。

余泳泽、杨晓章：《官员任期、官员特征与经济增长目标制定——来自 230 个地级市的经验证据》，《经济学动态》2017 年第 2 期。

余泳泽等：《过犹不及事缓则圆：地方经济增长目标约束与全要素生产率》，《管理世界》2019 年第 7 期。

余泳泽、潘妍：《中国经济高速增长与服务业结构升级滞后并存之谜——基于地方经济增长目标约束视角的解释》，《经济研究》2019 年第 3 期。

余泳泽等：《地方政府环境目标约束是否影响了产业转型升级?》，《经济研究》2020 年第 8 期。

俞可平：《治理与善治》，社会科学文献出版社 2000 年版。

俞可平：《论国家治理现代化（修订版）》，社会科学文献出版社 2015 年版。

［美］约瑟夫·熊彼特：《经济发展理论》，何畏等译，商务印书馆 1991 年版。

詹新宇、刘文彬：《中国式财政分权与地方经济增长目标管理——来自省、市政府工作报告的经验证据》，《管理世界》2020 年第 3 期。

张军：《分权与增长：中国的故事》，《经济学（季刊）》2007 年第 7 期。

张莉等：《重点产业政策与地方政府的资源配置》，《中国工业经济》2017 年第 8 期。

张涛、王广凯：《“五年规划”指标设定对我国创新活动的影响效应》，《河北经贸大学学报》2017 年第 2 期。

赵天航、原珂：《刚性约束失灵与变异：公共政策“层层加码”现象再解释——以H省“控煤”政策为例》，《党政研究》2020年第3期。

折晓叶、陈婴婴：《项目制的分级运作机制和治理逻辑——对“项目进村”案例的社会学分析》，《中国社会科学》2011年第4期。

郑有贵：《中华人民共和国经济史，1949—2012》，当代中国出版社2016年版。

中共中央文献研究室：《三中全会以来重要文献选编上》，人民出版社1982年版。

钟宁桦等：《“五年规划”与中国企业跨境并购》，《经济研究》2019年第4期。

周飞舟：《三年自然灾害时期我国省级政府对灾荒的反应和救助研究》，《社会学研究》2003年第2期。

周飞舟：《财政资金的专项化及其问题　兼论“项目治国”》，《社会》2012年第1期。

周黎安：《中国地方官员的晋升锦标赛模式研究》，《经济研究》2007年第7期。

周黎安：《转型中的地方政府：官员激励与治理》，格致出版社2008年版。

周黎安等：《“层层加码”与官员激励》，《世界经济文汇》2015年第1期。

周黎安：《行政发包的组织边界兼论“官吏分途”与“层级分流”现象》，《社会》2016年第1期。

周黎安：《“官场+市场”与中国增长故事》，《社会》2018年第2期。

周太和：《我国经济体制改革的历史经验》，人民出版社1983年版。

周雪光：《权威体制与有效治理：当代中国国家治理的制度逻辑》，《开放时代》2011年第10期。

周雪光等：《中国政府的治理模式：一个“控制权”理论》，《社会学研究》2012年第5期。

周雪光：《行政发包制与帝国逻辑——周黎安〈行政发包制〉读后感》，《社会》2014年第6期。

周雪光：《寻找中国国家治理的历史线索》，《中国社会科学》2019年第1期。

英文文献：

Acemoglu，D.，et al.，“Institutions as A Fundamental Cause of Long-Run Growth”，in *Handbook of Economic Growth*，Aghion，P. and Durlauf，S. N.（eds.），Amsterdam：Elsevier，2005.

Acemoglu，D.，*Introduction to Modern Economic Growth*，Princeton：Princeton University，2009.

Acemoglu, D. and Robinson, J. A. ,*Why Nations Fail: The Origins of Power, Prosperity and Poverty* (*Vol.* 4), New York: Crown Publishers, 2012.

Allen, R. C. ,*Farm to Factory: A Reinterpretation of the Soviet Industrial Revolution* (*Vol.* 11), Princeton: Princeton University, 2003.

Andreoni, J. ,et al. ,"The Carrot or the Stick: Rewards, Punishments, and Cooperation", *American Economic Review*, Vol. 93, No. 3 (June 2003) .

Ansell, C. K. ,et al. (eds.), *Governance in Turbulent Times*, New York: Oxford University, 2017.

Ayittey, G. B. ,"The Failure of Development Planning in Africa", in *The Collapse of Development Planning*, Buchanan J. M. (ed.), New York: New York University, 1994.

Backer, L. C. ,"The Party as Polity, The Communist Party, and The Chinese Constitutional State: A Theory of State-Party Constitutionalism", *Penn State Legal Studies Research Paper*, No. 5 (January 2009) .

Bates, R. H. ,et al. ,*Analytic Narratives*, Princeton: Princeton University, 1998.

Bevan, G. and Hood, C. ,"What's Measured is What Matters: Targets and Gaming in the English Public Health Care System", *Public Administration*, Vol. 84, No. 3 (August 2006) .

Bird, S. M. ,et al. ,"Performance Indicators: Good, Bad, and Ugly", *Journal of the Royal Statistical Society*, Vol. 168, No. 1 (January 2005) .

Blanchard, O. and Shleifer, A. , "Federalism With and Without Political Centralization: China versus Russia", *IMF Staff Papers*, Vol. 48, No. 1 (January 2001) .

Blyth, M. ,"Structures Do Not Come with an Instruction Sheet: Interests, Ideas, and Progress in Political Science", *Perspectives on Politics*, Vol. 1, No. 4 (December 2003) .

Bolton, P. and Dewatripont, M. ,*Contract Theory*, Cambridge: MIT Press, 2004.

Bonin, J. P. ,"The Visible Hands, Quantity Targets as Coaxing Tools", *Journal of Comparative Economics*, Vol. 1, No. 3 (September 1977) .

Bonin, J. P. and Marcus, A. J. , "Information, Motivation, and Control in Decentralized Planning: The Case of Discretionary Managerial Behavior", *Journal of Comparative Economics*, Vol. 3, No. 3 (September 1979) .

Buchanan, J. M. , "Market Failure and Political Failure", *Cato Journal*, Vol. 8, No. 1 (Spring/Summer 1988) .

Carnoy, M. ,*The States and Political Theory*, Princeton: Princeton University, 1984.

Carroll, G., "Robustness and Linear Contracts", *American Economic Review*, Vol. 105, No. 2 (February 2015).

Carter, N., et al., *How Organizations Measure Success: The Use of Performance Indicators in Government*, London: Routledge, 1992.

Chen, Y. J., et al., "Career Concerns and Multitasking Local Bureaucrats: Evidence of a Target-based Performance Evaluation System in China", *Journal of Development Economics*, Vol. 133 (July 2018).

Chena, D., et al., "Five-Year Plans, China Finance and Their Consequences", *China Journal of Accounting Research*, Vol. 10, No. 3 (September 2017).

Christ, M. H., et al., "Sticks and Carrots: The Effect of Contract Frame on Effort in Incomplete Contracts", *The Accounting Review*, Vol. 87, No. 6 (June 2012).

Dahrendorf, R., *Reflections on the Revolution in Europe*, New York: Routledge, 2005.

Diamond, P., "Managerial Incentives: On the Near Linearity of Optimal Compensation", *Journal of Political Economy*, Vol. 106, No. 5 (October 1998).

Evans, P. B., *Embedded Autonomy: States and Industrial Transformation*, Princeton: Princeton University, 1995.

Fan, L. S., "On the Reward System", *The American Economic Review*, Vol. 65, No. 1 (March 1975).

Fukuyama, F., *State-Building: Governance and World Order in the 21st Century*, Cornell: Cornell University, 2004.

Gao, J., "Governing by Goals and Numbers: A Case Study in The Use of Performance Measurement to Build State Capacity in China", *Public Administration and Development*, Vol. 29, No. 1 (January 2009).

Grossman, S. J. and Hart, O. D., "Implicit Contracts under Asymmetric Information", *The Quarterly Journal of Economics*, Vol. 98 (1983).

Guilfoyle, S., "On Target? —Public Sector Performance Management: Recurrent Themes, Consequences and Questions", *Policing: A Journal of Policy and Practice*, Vol. 6, No. 3 (February 2012).

Hannan, R. L., et al., "Bonus versus Penalty: Does Contract Frame Effect Employee Effort?" in *Experimental Business Research*, Rapoport A., Zwick R. (eds.), Boston: Springer, 2005.

Hare, P. G., "Central Planning", in *Fundamentals of Pure and Applied Economics*,

Lesourne, J. and Sonnenschein, H. (eds), Oxfordshire: Harwood Academic, 1991.

Hart, O., et al, "The Proper Scope of Government: Theory and an Application to Prisons", *The Quarterly Journal of Economics*, Vol. 112, No. 4 (November 1997).

Hay, C, et al., *The State: Theories and Issues*, New York: Bloomsbury Publishing, 2006.

Hirschman, A. O., *The Strategy of Economic Development*, New Haven: Yale University, 1958.

Holmstrom, B. and Milgrom, P., "Aggregation and Linearity in the Provision of Intertemporal Incentives", *Econometrica*, Vol. 55, No. 2 (March 1987).

Hood, C., "A Public Management for All Seasons?", *Public Administration*, Vol, 69, No. 1 (March 1991).

Hunter, H., "Optimum Tautness in Developmental Planning", *Economic Development and Cultural Change*, Vol. 9, No. 4 (July 1961).

Jackson, P. M., "Governance by Numbers: What Have We Learned Over the Past 30 Years?", *Public Money and Management*, Vol. 31, No. 1 (January 2011).

Keren, M., "On the Tautness of Plans", *The Review of Economic Studies*, Vol. 39, No. 4 (September 1972).

Keren, M., "The Incentive Effects of Plan Targets and Priorities in a Disaggregated Model", *Journal of Comparative Economics*, Vol. 3, No. 1 (March 1979).

Kim, D. S. and Yang, J., "Beating the Target: Performance Management around the Annual Incentive Target", *Kelley School of Business Research Paper*, No. 19 (February 2014).

Kornai, J. and Rose-Ackerman, S. (eds), *Building A Trustworthy State in Post-Socialist Transition*, New York: Palgrave Macmillan, 2004.

Krasner, S. D., *Defending the National Interest: Raw Materials Investments and US Foreign Policy*, Princeton: Princeton University, 1978.

Li, X., et al., "Target Setting in Tournaments: Theory and Evidence from China", *The Economic Journal*, Vol. 129, No. 623 (October 2019).

Mann, M., "The Autonomous Power of the State: Its Origins, Mechanisms and Results", *European Journal of Sociology/Archives Européennes de Sociologie*, Vol. 25, No. 2 (November 1984).

Mann, M., *The Sources of Social Power: A History of Power from The Beginning to AD 1760*, Cambridge: Cambridge University, 2012.

Martin, M. ,et al. ,“Target Performance Goals in CEO Compensation Contracts and Management Earnings Guidance”, *Kelley School of Business Research Paper*, No. 17 - 19 (March, 2017) .

Miller, J. B. and Thornton, J. R. ,“Effort, Uncertainty, and the New Soviet Incentive System”, *Southern Economic Journal*, Vol, 45, No. 2 (October 1978) .

Mirrlees, J. A. ,“An Exploration in the Theory of Optimum Income Taxation”, *The Review of Economic Studies*, Vol. 38, No. 2 (April 1971) .

Mirrlees, J. A. ,“Optimum Accumulation under Uncertainty: The Case of Stationary Returns to Investment”, in *Allocation Under Uncertainty: Equilibrium and Optimality*, Jacques. H. D. (ed.), London: Palgrave Macmillan, 1974.

Naughton, B. ,“China's Experience with Guidance Planning”, *Journal of Comparative Economics*, Vol. 14, No. 4 (December 1990) .

Nordlinger, E. A. ,et al. ,“The Return to the State: Critiques”, *American Political Science Review*, Vol. 82, No. 3 (September 1988) .

Price, L. ,et al. ,“Assessment of China's Energy-Saving and Emission-Reduction Accomplishments and Opportunities during the 11th Five Year Plan”, *Energy Policy*, Vol. 39, No. 4 (April 2011) .

Rhodes, R. A. W. ,“The New Governance: Governing without Government”, *Political Studies*, Vol. 44, No. 4 (September 1996) .

Riker, W. H. ,“Implications from the Disequilibrium of Majority Rule for the Study of Institutions”, *American Political Science Review*, Vol. 74, No. 2 (June 1980) .

Rosenstein-Rodan, P. N. ,“Problems of Industrialization of Eastern and South-Eastern Europe”, *The Economic Journal*, Vol. 53, No. 210/211 (January—September, 1943) .

Shi, X. and Xu, Z. ,“Environmental Regulation and Firm Exports: Evidence from the Eleventh Five-Year Plan in China”, *Journal of Environmental Economics and Management*, No. 89 (May 2018) .

Vafaï, K. , “Collusion and Organization Design”, *Economica*, Vol. 72, No. 285 (February 2005) .

Wang, F. ,et al. ,“Population, Policy, and Politics: How will History Judge China's One-Child Policy?”, *Population and Development Review*, Vol. 38, No. 1 (2012) .

Weber, M. ,“Politics as a Vocation”, in *From Max Weber: Essays in Sociology*, H. H. Gerth and C. Wright Mills (eds.), New York: Oxford University, 1946.

Weick, K. E. , “Educational Organizations as Loosely Coupled Systems”,

Administrative Science Quarterly, Vol. 21, No. 1 (March 1976).

Weitzman, M. L., "The New Soviet Incentive Model", *The Bell Journal of Economics*, Vol. 7, No. 1 (Spring, 1976).

附 录

附录一

1. 线性契约下的 IC 条件确定性等价转化

$$E(-e^{-\mu[s_1(e_1+\theta)+s_2e_2-(\frac{1}{2}e_1^2+\frac{1}{2}e_2^2+\beta e_1e_2)]}) = (-e^{-\mu[s_1e_1+s_2e_2-(\frac{1}{2}e_1^2+\frac{1}{2}e_2^2+\beta e_1e_2)]})E(e^{-\mu s_1\theta})$$

在 $\theta \sim N(0,\ \sigma^2)$ 时，$E(e^{-\mu s_1\theta}) = e^{\frac{1}{2}\mu^2 s_1^2\sigma^2}$，则：

$$E(-e^{-\mu[s_1(e_1+\theta)+s_2e_2-(\frac{1}{2}e_1^2+\frac{1}{2}e_2^2+\beta e_1e_2)]}) = (-e^{-\mu[s_1e_1+s_2e_2-(\frac{1}{2}e_1^2+\frac{1}{2}e_2^2+\beta e_1e_2)]}) \cdot e^{\frac{1}{2}\mu^2 s_1^2\sigma^2}$$

$$= -e^{-\mu[s_1e_1+s_2e_2-(\frac{1}{2}e_1^2+\frac{1}{2}e_2^2+\beta e_1e_2)-\frac{\mu}{2}s_1^2\sigma^2]} = -e^{-\mu B(e_1,\ e_2)}$$

此时 $B(e_1,\ e_2)$ 满足关于代理人风险厌恶系数 μ，产出方差 σ^2 递减，关于中央政府给地方政府的激励强度与 LG 的“自激励强度” s_1、s_2 递增，由指数形式的期望效用函数，我们可将优化问题转化为最大化代理人的确定性等价收益。由此，IC 条件转化为

$$(e_1,\ e_2) \in \arg\max_{e_1,\ e_2}[s_1e_1 + s_2e_2 - \left(\frac{1}{2}e_1^2 + \frac{1}{2}e_2^2 + \beta e_1e_2\right) - \frac{\mu}{2}s_1^2\sigma^2]$$

2. 命题 4.1 证明

由于 $s_1 + s_2 > s_1 - \beta s_2 > 0$，$s_1 + s_2 > s_2 - \beta s_1 > 0$，$1 - \beta^2 > 0$，

通过对 e_1^* 和 e_2^* 进一步地求导发现：$\frac{\partial e_1^*}{\partial s_1} = \frac{1}{1-\beta^2} > 0$，$\frac{\partial e_1^*}{\partial s_2} = \frac{-\beta}{1-\beta^2} > 0$，$\frac{\partial e_1^*}{\partial \beta} = \frac{s_1 - \beta s_2}{(1+\beta)^2(\beta-1)} < 0$；$\frac{\partial e_2^*}{\partial s_2} = \frac{1}{1-\beta^2} > 0$，$\frac{\partial e_2^*}{\partial s_1} = \frac{-\beta}{1-\beta^2} > 0$，$\frac{\partial e_2^*}{\partial \beta} = \frac{s_2 - \beta s_1}{(1+\beta)^2(\beta-1)} < 0$。

3. 命题 4.2 证明

在任务目标冲突、成本替代的情况下，通过对 e_1^* 和 e_2^* 的简单求导发现：

$\frac{\partial e_1^*}{\partial s_1}=\frac{1}{1-\beta^2}>0$，$\frac{\partial e_1^*}{\partial s_2}=\frac{-\beta}{1-\beta^2}<0$，$\frac{\partial e_1^*}{\partial \beta}=\frac{s_1-\beta s_2}{(1+\beta)^2(\beta-1)}$，当 $\frac{s_1}{s_2}\geqslant\beta>0$ 时，$\frac{\partial e_1^*}{\partial \beta}\geqslant 0$，当 $\frac{s_1}{s_2}<\beta$ 时，$\frac{\partial e_1^*}{\partial \beta}\leqslant 0$；

$\frac{\partial e_2^*}{\partial s_2}=\frac{1}{1-\beta^2}>0$，$\frac{\partial e_2^*}{\partial s_1}=\frac{-\beta}{1-\beta^2}<0$，$\frac{\partial e_2^*}{\partial \beta}=\frac{s_2-\beta s_1}{(1+\beta)^2(\beta-1)}$，当 $\frac{s_2}{s_1}\geqslant\beta>0$ 时，$\frac{\partial e_2^*}{\partial \beta}\geqslant 0$，当 $\frac{s_2}{s_1}<\beta$ 时，$\frac{\partial e_2^*}{\partial \beta}\leqslant 0$。

进一步地，我们观察到：$\frac{\partial e_1^*}{\partial s_1\partial\beta}=\frac{\partial e_2^*}{\partial s_2\partial\beta}=\frac{2\beta}{(1-\beta^2)^2}>0$，$\frac{\partial e_1^*}{\partial s_2\partial\beta}=\frac{\partial e_2^*}{\partial s_1\partial\beta}=-\frac{2\beta^2+1}{(1-\beta^2)^2}<0$，这意味着两项任务目标的成本替代程度越强，该任务激励强度提高导致的边际努力改善程度也会提高，同时也将增强冲突任务激励强度上升带来的努力替代效应，证毕。

4. 考虑地方政府参与约束后的最优激励求解（线性合约）

首先，由确定性等价，我们可以将 IR 条件写为

$$s_1e_1+s_2e_2-\left(\frac{1}{2}e_1^2+\frac{1}{2}e_2^2+\beta e_1e_2\right)-\frac{\mu}{2}s_1^2\sigma^2\geqslant 0$$

将 e_1^* 和 e_2^* 分别带入上式可得：

$$\frac{s_1^2+s_2^2-2\beta s_1s_2}{1-\beta^2}\geqslant\mu s_1^2\sigma^2$$

我们将 IR 条件取紧，即 $\frac{s_1^2+s_2^2-2\beta s_1s_2}{1-\beta^2}=\mu s_1^2\sigma^2$，通过简单替换带入中央政府效用函数中得：

$$u_P=\alpha\left[\mu s_1\sigma^2-\frac{s_2^2}{(1-\beta^2)s_1}+\frac{\beta s_2}{1-\beta^2}\right]-cs_1$$

此时，中央政府面对的问题就是在 $s_1\in[0,1]$ 的情况下，最大化自己的

效用。当我们仅考虑内点解时，其一阶最优条件满足：

$$\alpha\left[\mu\sigma^2+\frac{s_2^2}{(1-\beta^2)\,s_1^2}\right]-c=0$$

解之得：$s_1^*=s_2\sqrt{\dfrac{1}{\left(\dfrac{c}{\alpha}-\mu\sigma^2\right)(1-\beta^2)}}$ ①

此时中央政府的效用如下：

$$u_{P1}=\alpha\left[\mu s_2\sqrt{\frac{1}{\left(\frac{c}{\alpha}-\mu\sigma^2\right)(1-\beta^2)}}\,\sigma^2-\frac{s_2^2}{(1-\beta^2)\,s_2\sqrt{\frac{1}{\left(\frac{c}{\alpha}-\mu\sigma^2\right)(1-\beta^2)}}}+\frac{\beta s_2}{1-\beta^2}\right]$$

$$-c\,s_2\sqrt{\frac{1}{\left(\frac{c}{\alpha}-\mu\sigma^2\right)(1-\beta^2)}}$$

5. 目标激励合约下的地方政府效用函数

$$u_A=-e^{-\mu[a\int_T^{\infty}(G-T)f(G)\,dG+b\int_{-\infty}^{T}(T-G)f(G)\,dG+s_2e_2-(\frac{1}{2}e_1^2+\frac{1}{2}e_2^2+\beta e_1e_2)]}$$

$$-e^{-\mu[a\int_T^{\infty}(G-T)F(G)+b\int_{-\infty}^{T}(T-G)F(G)+s_2e_2+s_2e_2-(\frac{1}{2}e_1^2+\frac{1}{2}e_2^2+\beta e_1e_2)]}$$

$$=-e^{-\mu[a[(G-T)F(G)\mid T-\int_T^{\infty}F(G)\,dG]+b(T-G)F(G)\mid T-\int_{-\infty}^{T}F(G)\,dG+s_2e_2-(\frac{1}{2}e_1^2+\frac{1}{2}e_2^2+\beta e_1e_2)]}$$

$$=-e^{-\mu\left[a[(G-T)F(G)\mid T]-a\int_T^{\infty}F(G)\,dG+b[(T-G)F(G)\mid T]-b\int_{-\infty}^{T}F(G)\,dG+s_2e_2-(\frac{1}{2}e_1^2+\frac{1}{2}e_2^2+\beta e_1e_2)\right]}$$

$$=-e^{-\mu\left[a[(G-T)F(G)\mid T]-a\int_T^{\infty}F(e_1+\theta)\,d(e_1+\theta)+b[(T-G)F(G)\mid T]-b\int_{-\infty}^{T}F(e_1+\theta)\,d(e_1+\theta)+s_2e_2-(\frac{1}{2}e_1^2+\frac{1}{2}e_2^2+\beta e_1e_2)\right]}$$

$$=-e^{-\mu\left[a[(G-T)F(G)\mid T]+b[(T-G)F(G)\mid T]-\left(a\int_{T-e_1}^{\infty}F(\theta)\,d\theta-b\int_{-\infty}^{T-e_1}F(\theta)\,d\theta\right)+s_2e_2-(\frac{1}{2}e_1^2+\frac{1}{2}e_2^2+\beta e_1e_2)\right]}$$

由于 $-e^{-\mu A}$ 关于 $A=a[(G-T)F(G)\mid T]+b[(T-G)F(G)\mid T]-\left(a\int_{T-e_1}^{\infty}F(\theta)\,d\theta-b\int_{-\infty}^{T-e_1}F(\theta)\,d\theta\right)+s_2e_2-\left(\frac{1}{2}e_1^2+\frac{1}{2}e_2^2+\beta e_1e_2\right)$ 单调递增，因此地方政府的效用最大化问题可以转化为 A 的最大化问题，从而可将 IC、IR 条件进行转化。

---

① 满足 $\frac{c}{\alpha}-\mu\sigma^2>0$。

附录二

地方政府效用函数的转化

$$u_A = \alpha_1 [a_1(e_1 + \theta_1 - T_1) F_1(\theta_1) \Big|_{T_1 - e_1}^{k}$$

$$- a_1 \int_{T_1 - e_1}^{k} F_1(\theta_1) d(\theta_1) + b_1(T_1 - e_1 - \theta_1) F_1(\theta_1) \Big|_{-k}^{T_1 - e_1}$$

$$+ b_1 \int_{-k}^{T_1 - e_1} F_1(\theta_1) d(\theta_1)]$$

$$+ \alpha_2 [a_2(e_2 + \theta_2 - T_2) F_2(\theta_2) \Big|_{T_2 - e_2}^{1}$$

$$- a_2 \int_{T_2 - e_2}^{1} F_2(\theta_2) d(\theta_2) + b_2(T_2 - e_2 - \theta_2) F_2(\theta_2) \Big|_{-1}^{T_2 - e_2}$$

$$+ b_2 \int_{-1}^{T_2 - e_2} F_2(\theta_2) d(\theta_2)] - \left(\frac{1}{2} c_1 e_1^2 + \frac{1}{2} c_2 e_2^2 + \beta_{12} e_1 e_2 \right)$$

$$= \alpha_1 [a_1(e_1 + k - T_1) - a_1(H_1(k) - H_1(T_1 - e_1)) + b_1(H_1(T_1 - e_1) - H_1(-k))]$$

$$+ \alpha_2 \begin{bmatrix} a_2(e_2 + 1 - T_2) - a_2(H_2(1) - H_2(T_2 - e_2)) \\ + b_2(H_2(T_2 - e_2) - H_2(-1)] \end{bmatrix}$$

$$- \left(\frac{1}{2} c_1 e_1^2 + \frac{1}{2} c_2 e_2^2 + \beta_{12} e_1 e_2 \right)$$

其中，$H_1(\cdot)$ 和 $H_2(\cdot)$ 为对概率分布函数积分后的原函数。

附录三

我们按照治理合约的求解结果、治理模式 3 中间层谎报动机的证明、各治理模式的组织成本、模拟过程展示的逻辑顺序进行相关数学计算、证明结果的展示。

1. 治理模式支付矩阵表

我们使用“支付矩阵”的形式展示三种治理模式下，最优治理合约的求解结果——中央政府、中间政府、基层政府在不同产出状态下获得的支付

(或付出的成本)。

具体来看，支付矩阵代表不同产出状态下，三级政府的效用，满足每种产出状态下，C 一栏的支付数为 M 与 A 一栏支付数之和的相反数，即我们认为中央政府付出了成本，获得负效用。与前文模型对应，值得注意的是，M 一栏的支付数为根据合约中间层从中央获得的总财政资源 G 减去中间层为激励基层政府努力生产而付出的财政资源 B。

附表 1　最优合约的求解结果

治理模式	临界值	临界条件	产出状态 / 参与人	H	φ	L
1	$\pi^{*}=\frac{1}{1+c}$（支付矩阵临界值）	$\pi\leqslant\pi^{*}$	C	$-\frac{1}{p'\pi}$	$-\frac{1}{p'\pi}$	0
			M	0	0	0
			A	$\frac{1}{p'\pi}$	$-\frac{1}{p'\pi}$	0
		$\pi>\pi^{*}$	C	$-\frac{1}{p'\pi}$	$-\frac{1+c}{p'}$	0
			M	0	0	0
			A	$\frac{1}{p'\pi}$	$\frac{1+c}{p'}$	0
2	$\pi'^{*}=\frac{1}{1+c}$（支付矩阵临界值）	$\pi'\leqslant\pi'^{*}$	C	$-\frac{1}{p'\pi'}$	$\frac{1}{p'\pi'}$	0
			M	0	$\frac{1}{p'\pi'}$	0
			A	$\frac{1}{p'\pi'}$	0	0
		$\pi'>\pi'^{*}$	C	$\frac{1}{p'\pi'}$	$-\frac{1+c}{p'}$	0
			M	0	$\frac{1+c}{p'}$	0
			A	$\frac{1}{p'\pi'}$	0	0

续表

治理模式	临界值	临界条件	产出状态 / 参与人	H	φ	L
3	$\pi''^{*}=\frac{1}{1+m}$（中间层谎报临界值）	$\pi'\leqslant\pi''^{*}$ 中间层谎报 $\pi'>\pi''^{*}$ 中间层如实汇报	C	$-\frac{1}{p\pi'}$	$-\frac{1}{p\pi'}$	$-\frac{m}{p(1-\pi')}$
			M	0	0	$\frac{m}{p(1-\pi')}$
			A	$\frac{1}{p\pi'}$	$\frac{1}{p\pi'}$	0

2. 关于治理模式 3（松散关联）组织成本与中间层谎报动机的讨论

从理论上我们认为，当中间层政府同时掌握了验收权和激励权时，将会存在向中央谎报的动机。下面，我们进行数学证明。

证明：求解治理模式 3 的最优合我们发现满足合约条件的解有无穷多个，只需满足：

$$\pi' G_H+(1-\pi')G_L=\frac{1+m}{p},\ G_H\geqslant\frac{1}{p\pi'},\ G_L\geqslant 0,\ B_H=B_\varphi=G_\varphi=\frac{1}{p\pi'},$$

$B_L=0$

从理论上看，由于此时验收权和激励权均属于中间层，那么中间层可能看到低产出而向中央汇报为空集，以增加自身收益的可能。进一步地，我们需要从数学上严谨地证明中间层谎报的动机是否存在、找出谎报临界值，分析不同情况下组织成本的变化规律。

由于 $\pi' G_H+(1-\pi')G_L=\frac{1+m}{p}$，$G_H\geqslant\frac{1}{p\pi'}$，$G_L\geqslant 0$，不妨令 $G_H=\frac{1}{p\pi'}+x$，$x\in\left[0,\frac{m}{p\pi'}\right]$，则：$G_L=\frac{\frac{m}{p}-\pi' x}{1-\pi'}$，$G_H\geqslant\frac{1}{p\pi'}$，$G_L\geqslant 0$。

比较如实汇报与谎报下中间层的收益 G_L-B_L 与 $G_\varphi-B_L$ 可知：若 $G_\varphi-B_L\geqslant G_L-B_L$，即 $x\geqslant\frac{\pi'(m+1)-1}{p\pi'^2}$，中间层会谎报；若 $G_\varphi-B_L<G_L-B_L$，即 $x<\frac{\pi'(m+1)-1}{p\pi'^2}$，中间层会如实汇报。由于 $x\in\left[0,\frac{m}{p\pi'}\right]$，且

$\frac{\pi'(m+1)-1}{p\pi'^2} < \frac{m}{p\pi'}$恒成立，至此可证明治理模式3中，中间层可能存在谎报动机。

下面可通过讨论x的取值范围对谎报临界值、组织成本进行讨论。

令$a = \frac{\pi'(m+1)-1}{p\pi'^2}$且$a \in [0, \frac{m}{p\pi'}]$：

(1) $a \geqslant 0$，即$\pi' \geqslant \frac{1}{m+1}$，$x \in [0, a]$时，中间层一定不谎报；$x \in [a, \frac{m}{p\pi'}]$时，一定谎报。

(2) $a < 0$时，即$\pi' < \frac{1}{m+1}$，在$x \in [0, \frac{m}{p\pi'}]$的区间内均谎报。

进一步地，我们可以求解出谎报下组织成本的表达式：

$$C = p\pi' G_H + (1 - p\pi') G_\varphi = p\pi' x + \frac{1}{p\pi'} + R$$

可以发现C关于x递增，这意味着中央在设计契约的时候，需要尽量减小x，从而降低中间层谎报时的组织成本。具体来看：

(1) $a \geqslant 0$时，即$\pi' \geqslant \frac{1}{m+1}$，中央可以通过选择$x$最小化组织成本。当$x \in [a, \frac{m}{p\pi'}]$时，中间层会谎报，则令$x = a = \frac{\pi'(m+1)-1}{p\pi'^2}$，组织成本最低为$C_1 = m + 1 + \frac{1-p}{p\pi'} + R + P$；当$x \in [0, a]$，中间层不谎报，组织成本恒为$C_2 = m + 1 + \frac{1-p}{p\pi'} + R$，最优的$x = 0$。由于$C_1 > C_2$，因此$\pi' \geqslant \frac{1}{m+1}$时，中间层不谎报的组织成本最低，为$C_2 = m + 1 + \frac{1-p}{p\pi'} + R$。

(2) $a < 0$时，即$\pi' < \frac{1}{m+1}$，此时中间层一定谎报，令$a \geqslant 0$时，即$x = 0$时激励成本最低，为$C_3 = \frac{1}{p\pi'} + R$。

3. 组织成本

得到三种治理模式下的治理合约后，将相关变量带入中央政府的效用函数，从而求得不同治理模式的组织成本见附表 2，为比较、选择不同任务的最优治理模式提供标准（成本最小化）。

附表 2　不同治理模式对应的最终组织成本

治理模式	任务特征表达式及含义	组织成本表达式
高度关联	$\pi \leqslant \frac{1}{1+c}$ 任务成功概率小于一定数值	$C_{1-1} = \frac{1-p'}{p'\pi'} + 1 + c$
	$\pi > \frac{1}{1+c}$ 任务成功概率大于一定数值	$C_{1-2} = \frac{1+c}{p'}$
行政发包	$\pi' \leqslant \frac{1}{1+c}$ 任务成功概率小于一数值	$C_{2-1} = \frac{1-p'}{p'\pi'} + 1 + c + \alpha_c \Delta\pi$
	$\pi' > \frac{1}{1+c}$ 任务成功概率大于一定数值	$C_{2-2} = \frac{1+c}{p'} + \alpha_c \Delta\pi$
松散关联	$\pi' \leqslant \frac{1}{1+m}$ 中间层对上隐瞒真相	$C_{3-1} = \frac{1}{p\pi'} + \alpha_c \Delta\pi$
	$\pi' > \frac{1}{1+m}$ 中间层如实汇报	$C_{3-2} = m + 1 + \frac{1-p}{p\pi'} + \alpha_c \Delta\pi$

4. 模拟过程举例

给出组织成本后，在进行各治理模式间组织成本比较时，我们采取了数值模拟的技术方法。举例来说，给定任务风险，以任务难度和验收难度为二维坐标平面，组织成本为纵轴，绘制出不同参数组合下的三种模式成本曲面示意图，见附图 1。

可以看出，给定一个特殊任务，例如令 $\alpha_C = 0.91$，$p = \pi = 0.5$，$C_1 = 2.94$，

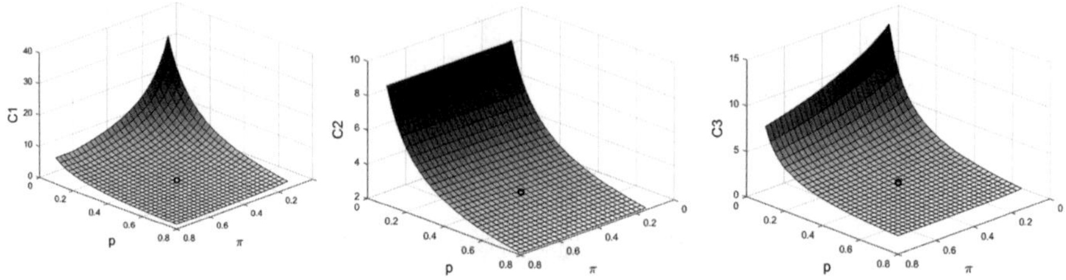

治理模式1　　治理模式2　　治理模式3

附图 1　p，π 维度下的成本曲面示意图

$C_2 = 3.01$，$C_3 = 2.81$ 对应 A、B、C 三点，比较组织成本（即三点高度），可知在这组参数下，最优的治理模式应该是总体成本最低的治理模式 3。

致　谢

人们对于时间的感知是会随着年龄的增长而变化的。四年时光，于刚刚踏入小学校门的我而言，是长高了的个子，是换掉的乳牙。那时候，时间漫长，无忧无虑。如今博士四年时光却已匆匆而逝，我也迎来了人生的新阶段，选择了以教书育人为业。20余年始终在校园里求知求索，此时的成长往往是那些不可见的、藏在心底的些许感悟与困惑，关于世界，关于科学，关于人生，关于自我。

我不是一个天资聪颖、目标明确的人，即使到了博士阶段，依然时常感到迷茫和无所适从，幸而遇到了我的导师李军林和师母郭亚玲。自从2014年硕士入学开始至今，我与导师和师母已经相识、相处6年。李老师常说，学生们在导师身边的时间甚至超过陪伴父母，而在我的心中，导师和师母就是我的家人。李老师在学业上给予了我关键性的指导，带领我走上学术的道路，帮助我确定五年规划和国家治理这一研究方向，极大地拓宽了我的研究视野。在生活中，导师和师母也对我悉心关照，回首这六年，我的每一次选择、每一件大事都有他们的默默支持和陪伴，我每一次的进步都凝结着他们无私的付出。感恩之情，溢于言表，唯愿以后也能够时常陪伴在导师和师母身边。

我还要特别感谢我的爱人周方伟，我们从2010年至今同窗十载，除了硕士阶段外都在一处求学，共同的知识结构与专业兴趣促进了彼此之间的交流。尤其在撰写博士学位论文期间，他的许多建议与思路都为我带来了极大的启发。如今，我们即将一同毕业，走向人生的新阶段，唯愿未来可期，共同成长。

另外，十分感谢我的两位师兄姚东旻和王麒植，他们为我树立了学业和事业的奋斗榜样，不厌其烦地与我讨论论文思路，在我彷徨忧惧之时开导、指引我，为我答疑解惑。我也要感谢那些陪伴我、帮助我的亲切的师友们，感谢你们的信任、尊重与真诚。

最后，我要感谢我的母亲颜玉娟和姐姐崔源。自 1994 年父亲过世，母亲一个人艰难地把我和姐姐抚养成人，给予我们全部的爱并全力支持我读书。她的乐观主义精神深深地感染着我们，让我意识到即使面对困境，只要坚持下去，也总会寻得希望。我的姐姐自我上大学离开家乡以来，独自承担着照顾母亲的责任，只为让我在北京安心读书。唯愿以后我也能够照顾好她们，成为她们的依靠。

谨以此文献给可爱的你们，也献给当年作出读博士的决定、立志研究组织经济学问题的自己。接下来，便以此为起点，开拓新世界吧！

崔　琳

2022 年 7 月 18 日于北京

责任编辑:陆丽云

图书在版编目(CIP)数据

目标、制度与激励:“规划治理”的经济学理论框架/崔琳 著. —北京:
人民出版社,2023.3
ISBN 978-7-01-025173-8

Ⅰ.①目… Ⅱ.①崔… Ⅲ.①中国经济-经济管理-研究 Ⅳ.①F123

中国版本图书馆 CIP 数据核字(2022)第 194558 号

目标、制度与激励
MUBIAO ZHIDU YU JILI
——“规划治理”的经济学理论框架

崔 琳 著

人民出版社 出版发行
(100706 北京市东城区隆福寺街 99 号)

北京华联印刷有限公司印刷 新华书店经销

2023 年 3 月第 1 版 2023 年 3 月北京第 1 次印刷
开本:710 毫米×1000 毫米 1/16 印张:16.5
字数:260 千字

ISBN 978-7-01-025173-8 定价:78.00 元

邮购地址 100706 北京市东城区隆福寺街 99 号
人民东方图书销售中心 电话 (010)65250042 65289539